Horst-Eberhard Richter

LEBEN STATT MACHEN

Einwände gegen das Verzagen

Aufsätze, Reden, Notizen
zum »neuen Denken«

Hoffmann und Campe

CIP-Kurztitelaufnahme der Deutschen Bibliothek

Richter, Horst-Eberhard:
Leben statt Machen: Einwände gegen d. Verzagen
Aufsätze, Reden, Notizen zum »neuen Denken« /
Horst-Eberhard Richter. – 1. Aufl. – Hamburg:
Hoffmann und Campe, 1987.
   ISBN 3-455-08662-4

Inhalt

Ärzte für den Frieden

Über Leiden, Selbsthilfe und Therapie

Der Mensch muß einsehen, daß seine Geschicke mit denen seiner Mitmenschen in allen Teilen der Welt eng verknüpft sind.

Albert Einstein, 1948

Vorwort

Wer aus Scheitern nicht lernen kann, gefährdet sich. Unfähig, sich zurückzunehmen, rennt er sich wahrscheinlich irgendwann den Kopf ein. Er büßt für seine Weigerung, den Grund für sein Mißlingen in sich selbst zu bearbeiten. Er mag ein besonderes Maß an Unerschrockenheit und Durchsetzungswillen darstellen. In Wirklichkeit hält er es nicht aus, an sich selbst zu zweifeln. Sich eines schwerwiegenden Irrtums zu überführen schreckt ihn. So ist seine Unbeirrbarkeit nichts anderes als Resignation. Die Ahnung, daß er tatsächlich irrt, bekämpft er durch eine ewige Flucht nach vorn.

Dieses Verhaltensmuster mit einem Zug des Zeitgeistes in Parallele setzend, möchte ich eine Hypothese besser verständlich machen. Die Hypothese nämlich, daß es von einem wahrhaftigeren Umgang mit dem Scheitern abhänge, ob wir und unsere Nachfolger noch eine längere Zukunft haben werden.

Noch sind wir dabei, uns die Möglichkeit zum Scheitern überhaupt auszureden, indem wir, wo wir eklatant versagen, allenfalls Begriffe wie Katastrophe oder Unfall zulassen. Damit fallen Bhopal oder Tschernobyl in eine ähnliche Kategorie wie Erdbeben oder Überschwemmungen. Die Natur hat ihre, die Technik andere spezifische Restrisiken. Irgendwann wird es wieder einmal ein Erdbeben in der Gegend um San Francisco geben. Und mit einer Chance von fünfzig zu fünfzig wird jedes in diesem Jahr geborene Kind irgendwann einen Super-GAU erleben oder auch eben nicht überleben. Das besagen die offiziellen Berechnungen. Technischer Fortschritt ist für uns eine andere Art von Natur geworden. So stürzen Bhopal, Tschernobyl, vergiftende Emissionen die meisten in keine aufwühlenden Selbstzweifel. Geglaubt wird paradoxerweise, der technische Fortschritt sei selbst das beste Rezept gegen das, was er an Unheil anrichtet.

Natürlich erregt Tschernobyl Angst. Aber einzugestehen, daß hier eine fahrlässige Grundhaltung in der Handhabung moderner Technologien bestraft werde, davor bewahrt eine noch größere Angst. Nämlich die, daß wir uns einem falschen Mythos verschrieben haben könnten. Eine Minderheit, die diesen Zweifel zuzulassen wagt, bedroht die Verdrängung der Mehrheit und gerät unter die Anklage der Fortschrittsfeindlichkeit. Aber was ist dieser uns zur Zeit eher beherrschende als von uns geleitete Fortschritt wirklich wert? Er scheint diese Frage zu verbieten, da er sich bereits als die Antwort ausgibt, nämlich seinen Sinn in sich selbst zu haben.

Diese blinde Auslieferung, die der Fortschritt offensichtlich verlangt, hat Max Scheler vor einem halben Jahrhundert auf ein »tiefes Bewußtsein der Seinsunwürdigkeit und der metaphysischen Verzweiflung« zurückgeführt. Im Fortschrittsmythos werde die Idee des Todes zugunsten der Illusion eines endlosen Fortganges des Lebens verdrängt.

Diese Interpretation hat viel für sich. Die Hektik des Fortschrittsbetriebs erinnert den Psychoanalytiker an das Benehmen mancher unheilbar Kranker, die insgeheim den Tod zu besiegen meinen, indem sie mit einer Überfülle von Unternehmungen die Zeit anhalten oder überholen zu können meinen. So drückt sich auch in dem sich ständig beschleunigenden technischen Expansionismus ein abgründiger Zukunftspessimismus aus. Im Zukunftsbild steckt irgendwie die Vision eines Feindes, dem man, wenn man sich seiner nicht von vornherein bemächtige, hilflos erliegen werde. Indem Technik erlaubt, alles zu beschleunigen, in der Zeiteinheit immer mehr zu erledigen und zu produzieren, kann Zukunft – gemeint ist der Termin des Sterbens – stetig weiter hinausgeschoben werden. Nirgends lassen wir sie, so es möglich ist, noch unprogrammiert und unbewältigt auf uns zukommen. Wenn schon Zukunft, dann wollen wir sie auf jeden Fall gewinnen – so wie es in einem aktuellen politischen Werbespruch heißt. Als passe für unseren Lebensprozeß, zu dem ja eben auch die Vergänglichkeit gehört, ausschließlich die Vorstellung des Siegens.

So verbirgt sich im blinden, dranghaften Fortschritt – der beileibe mit Schreiten nichts zu tun hat – im Grunde Flucht vor der Zukunft: wie bei jenen rastlosen unheilbaren Kranken letztlich Flucht vor dem Tod. Es ist ein verrückter, wahnhafter Kampf gegen die Vergänglichkeit.

Die Verrücktheit wird darin offenbar, daß das automatische Machen des technisch Machbaren statt zur Sicherung zu einer immensen Bedrohung des künftigen Lebens führt. Wir erleben – oder verdrängen –, daß die bedeutendsten wissenschaftlichen und technischen Kapazitäten der Industrieländer zur stetigen Vermehrung und Modernisierung von Waffen vereinnahmt sind, die zu nichts anderem als zu einer vielfachen Auslöschung allen Lebens geeignet sind. Anstatt die unerläßliche Todesidee zu akzeptieren, hat unsere Kultur als Ersatz das Phantom eines absoluten Weltfeindes erfunden, den man mit einer gigantischen Rüstung in Schach halten will. Im Grunde ist der gesamte gigantische Aufwand gegen den fiktiven Verfolger ein unbegriffenes Versagen an der Aufgabe, sich mit der Endlichkeit auszusöhnen. So rechtfertigt sich die Analogie mit Wahnkranken, die, einen vermeintlichen äußeren Verfolger bekämpfend, sich selbst zu zerstören in Gefahr sind – solange ihre Selbstheilungskräfte darniederliegen oder nicht hinreichend therapeutisch unterstützt werden. Aber wie ist es mit *unseren* Selbstheilungskräften? Und wer unterstützt sie?

Anzeichen gibt es wohl, daß die Minderheit der Nachdenklichen anwächst, die z.B. Tschernobyl und die Umweltzerstörungen als Mahnungen zu einer grundsätzlichen Umorientierung verstehen. Bezeichnenderweise sind es diejenigen, die keine Genugtuung über das eigene bisherige Davongekommensein verspüren, vielmehr sich mit denen verbunden fühlen, die es getroffen hat. Etwa mit den 135 000 Bewohnern der Region Tschernobyl, die Krebs oder andere Gesundheitsschäden zu erwarten oder bereits erlitten haben. Es sind die gleichen Nachdenklichen, die mit den Hunderten von Millionen in den armen Ländern mitfühlen, mit deren Elend Billionenprogramme wie SDI erkauft werden. Es sind die, die den Mut haben, den Widersinn eines mechanischen Fortschritts zu durchschauen, der, indem er gewisse Gruppen noch eine Weile größer, stärker und mächtiger macht, Armut, Krankheit und Hunger in weiten Teilen der Welt in beschleunigtem Tempo fördert.

Aber auch für die immer noch Verdrängenden wird es schwerer zu verweigern, was wir in der Medizin Krankheitseinsicht nennen. Allzu deutlich hinkt der halbherzige Umweltschutz hinter dem enormen Tempo der unübersehbaren Umweltzerstörungen her. Und dann versagt neuerdings die Medizin bei einer neuen Krankheit in ihrer Funktion, dem Tod die Notwendigkeit abzusprechen. Gegen Krebs und Herzinfarkt gibt es unter Umständen rettende Operationen, Medikamente oder andere Heilmaßnahmen. Aber nun ist Aids über Hunderttausende gekommen, die keine ärztliche Technik, kein Medikament heilen kann. Sie sterben im Grunde nicht anders als jedermann sonst. Aber das Scheitern der Medizin, so unvermeidbar es auch in jedem Einzelfall irgendwann ist, tritt hier in schockierender Deutlichkeit zutage. Lächerlich oder erbärmlich wirkt die Anstrengung einiger Politiker, auch im Falle von Aids ein kriegerisches Szenario zu entwickeln, um die sich ausbreitende Betroffenheit in aggressivem Machen zu ersticken. Da bliebe dann nur übrig, zur Jagd auf die Infizierten zu blasen. Man hebt an zu fahnden, auszusondern, zu isolieren. Eine Epidemie der Berührungspanik droht in Schulen, Betrieben, selbst in manchen Krankenhäusern.

Allgemeines Verwundern erregt es, daß die massenhafte Information über die sehr begrenzten spezifischen Ansteckungswege eine Mehrheit nicht daran hindert, sich vor jeglichem noch so unbedenklichem Umgang mit Virusträgern schützen zu wollen. Selbst in Kreisen fachlich Gebildeter grassiert diese irrationale Abgrenzungsobsession. Es ist, als ob mittelalterlicher Aberglaube wieder auferstehe. Im Kopf – so sagen viele – weiß ich sehr wohl, daß mir, wenn ich mit Aids-Infizierten am Tisch sitze oder ihnen die Hand gebe, nichts passiert. Trotzdem reagiere ich panisch, wenn ich mir solche Situationen auch nur vorstelle.

Was da in Wahrheit nicht ausgehalten wird, ist nicht der fremde, vermeintlich gefährliche Virusträger, sondern das Abbild der eigenen Verletzlichkeit und Sterblichkeit. Aids ist die zur Zeit am schwersten abweisbare Bedrohung der allgemeinen Todesverdrängung. Mit Infizierten in humaner Form kommunizieren kann nur, wer sich mit der eigenen Sterblichkeit auszusöhnen gelernt hat. Dieses Lernen wird nun aber zu einer der dringendsten sozialen Zukunftaufgaben, da wir vor der Wahl stehen, entweder überall in humanitärer Solidarität mit großen Zahlen von Infizierten zusammenzuleben oder in die Barbarei der Ausgrenzung »unwerten Lebens« nach faschistischem Muster zurückzufallen.

Aber Aids ist eben auch in einem noch viel weiteren Sinne eine Herausforderung, nämlich zur Revision unseres kulturell internalisierten Größen- und Allmachtswahns. Aids ist nur eine neue, unheimliche Variante innerhalb millionenfacher Behinderung, Krankheit, Gebrechlichkeit, Ohnmacht, die uns umgeben oder auch selbst betreffen, während wir uns in phantastischer Verblendung ein Fortschreiten zu immer größerer Fitneß, Stärke und Großartigkeit suggerieren bzw. suggerieren lassen.

»Was das Leben eigentlich ist«, sagte ein Aids-Kranker, »fühle ich erst, seitdem ich weiß, daß ich die Infektion habe. Jetzt habe ich zum erstenmal einen Frühling gespürt. Ich höre die Vögel singen. Ich freue mich über die Sonne. Ich nehme Menschen ganz anders wahr als früher und achte darauf, wie ich mit ihnen umgehe. Ich habe nie gewußt, was lieben eigentlich heißt.« Verwundert hat ihn, daß ihm jetzt, in der Nähe des Todes, die kranken Wälder und das atomare Rüsten mehr zu Herzen gehen als vorher. So ist ihm die Rettung einer Zukunft wichtig, die ihm persönlich versagt ist. Er fühlt sich für anderes und ferneres Leben viel mehr verantwortlich, seitdem er das eigene Ende vor sich sieht. Mancher Außenstehende deutet das als Kapitulation oder Resignation. Für den Kranken ist es eine belebende Erneuerung.

Niemand weiß genau, wo und warum Aids jetzt über uns kommt. Aber wir wissen, was wir selber dazu beitragen, daß sich in unserer Umwelt Gifte anhäufen, die uns in einem dem Aids-Virus vergleichbaren Maße bedrohen. Obendrein sehen wir, daß die zur Abwendung dieser selbst produzierten Gefahr einzusetzenden Gelder in die gigantische Rüstung, also zur Erzeugung einer weiteren tödlichen Bedrohung, abfließen. So fehlt es wahrhaftig nicht an schrecklichen Befunden. Aber das tiefgreifende Erschrecken, das wie bei jenem Aids-Kranken eine neue Ehrfurcht vor dem Leben bahnen könnte, findet noch zu selten statt. Noch mangelt es am Mut, sich das gemeinsame Scheitern einzugestehen. Jene seltsame narzißtische Megalomanie heizt nach wie vor einen gewaltträchtigen Aktionismus an, der fast zielsicher herbeizuführen strebt, was er zu verhindern vorgibt.

Immerhin scheint die Kraft nachzulassen, die selbstzerstörerische Illusion zu verteidigen. Tschernobyl ließ sich schon schwerer verdrängen als Hiroshima. Jetzt erschüttert Aids von anderer Seite her unsere gepanzerte Selbstsicherheit. Aids wird, wenn die Voraussagen stimmen, noch lange vor unseren Augen stehenbleiben als Spiegelbild unserer wahren Zerbrechlichkeit, als Symbol für das letztlich nicht wegzuerfindende, wegzuplanende, wegzumanagende Sterbenmüssen. Irgendwann sollte das Entsetzen ausreichen, um jene fruchtbare Umbesinnung zu erzwingen, wie sie von Albert Einstein, Albert Schweitzer, Günther Anders, Alfred Kastler und anderen hellsichtigen Geistern seit langem beschworen worden ist. Hoffnungsvolle

Anzeichen mehren sich. Die fast magisch anmutende Faszination des Begriffs vom »neuen Denken«, der sich von Ost nach West fortpflanzt, beweist die Sehnsucht, die sich an ihn knüpft.

Das Gebot des »neuen Denkens«

Hoffnungen
nach dem Moskauer Friedensforum

Mir scheint, daß der von Gorbatschow geprägte Begriff des »neuen Denkens« die von ihm ausgehende Faszination verdient. Das Frappierende ist, daß sich mit einer visionären Idee unmittelbar politische Handlungskonzepte verbinden. Allerdings ist es vorerst nur ein Ansatz mit sehr ungewisser Prognose. Aber nach dem Erlebnis des Moskauer Friedensforums, an dem ich teilnehmen durfte, kann ich meine Hoffnung nicht verschweigen, daß sich hier eine entscheidende Chance auftut, die rasch begriffen und entschlossen genutzt werden sollte.

Das »neue Denken« und das mit ihm verbundene politische Programm erfordern von einer Gesellschaft, die sich mit einer untauglichen Stärke- und Allmachtsphilosophie über ihre Zerbrechlichkeit und Endlichkeit hinweglügt, einen unerhörten Mut, nämlich die Umkehr von einer mißtrauischen Panzerung zu einer scheinbaren Unsicherheit von Offenheit und Vertrauen. Das eingefahrene militaristische Denken setzt diese Unsicherheit mit Wehrlosigkeit und Kapitulation gleich. Genau in diesem Sinne hat unlängst Frau Thatcher Gorbatschows Vorschlag einer schrittweisen Verschrottung aller Nuklearwaffen zurückgewiesen, weil sie sich Sicherheit grundsätzlich nur mittels atomarer Bedrohung, verharmlosend Abschreckung genannt, vorstellen kann. Sie repräsentiert das vorherrschende und quasi offizielle Unverständnis, gegen das Gorbatschow anzutreten wagt.

Gorbatschow – wer hätte ausgerechnet dem ersten Mann im Kreml je zugetraut, daß von ihm die neue visionäre Initiative ausgehen könnte? Das ideologisch und bürokratisch verkrustete

Sowjetsystem schien am allerwenigsten geistiger und sozialer Erneuerung fähig. Statt dessen hat offenbar das Leiden eben an dieser Erstarrung einen großen Erneuerer hervorgebracht, dessen Ideen und Maßnahmen nunmehr im eigenen Machtbereich fruchtbare Unruhe stiften und weltweite Hoffnungen beleben.

Die internationalen Beziehungen, so fordert Gorbatschow, sollen sich vermenschlichen. In der Weltpolitik solle sich ein »neues Denken« durchsetzen. Neunmal hat er in seiner großen Rede vor dem Friedensforum im Februar 1987 im Kreml die Dringlichkeit dieses neuen Denkens beschworen: Unsere Vorstellungen und Strategien hinkten erschreckend hinter den unumkehrbaren Veränderungen der menschlichen Lebensbedingungen her. Wir beharrten darauf, die politischen und sozialen Weltkonflikte im Nuklearzeitalter mit Rezepten zu lösen, die aus der Steinzeit stammten. Entweder wir rafften uns auf, die Strategie der wechselseitigen tödlichen Bedrohung aufzugeben, oder wir würden bei anhaltender Militarisierung des Denkens und der Politik auf eine dann unabwendbare Katastrophe zusteuern.

Nur durch Anerkennung der gleichberechtigten Interessen aller Völker der Weltgemeinschaft, nur durch eine universale Demokratisierung des Denkens sei der Weg in den Untergang zu stoppen. Dazu bedürfe es allerdings zuerst eines Abbaus der Overkill-Rüstungen, die als übermächtige materielle Drohung verhinderten, die großen Probleme im neuen Geist zu lösen.

Neues Denken und neues Handeln müßten Hand in Hand gehen. Rücknahme der militärischen Bedrohung und Überwindung der destruktiven Abschreckungsideologie müßten sich wechselseitig kreisförmig unterstützen.

Sollen aber praktische Politik und Geist dieser Art kooperieren, dann geht das nur, wenn die Politiker mit den am öffentlichen Bewußtsein mitwirkenden gesellschaftlichen Gruppen in neuem Stil zusammenarbeiten. Wann hat je ein hauptverantwortlicher Staatsmann der Neuzeit so klar begriffen, »daß das Schicksal der wichtigsten Aufgabe der Gegenwart [Gorbatschow meint die Bewältigung der Atomgefahr, der Verf.] nicht in die Hände ausschließlich der Politiker gelegt werden darf«? Daß daran Wissenschaftler und Publizisten, Schriftsteller, Künstler, Ärzte, Kirchenvertreter teilhaben, daß vor allem die Frauen und nicht zuletzt auch die Kinder dazu gehört werden müßten?

Das von Gorbatschow initiierte »Friedensforum« in Moskau war ein modellhafter Versuch, ein solches Zusammenwirken vorzuführen: Naturwissenschaftler, Ärzte, Schriftsteller, Künstler, Theologen, Ökologen, Wirtschaftsexperten, Militärs und Politikwissenschaftler untersuchten zwei Tage lang, was sie zur Schaffung »einer Welt ohne Kernwaffen für das Überleben der Menschheit« beisteuern könnten. Dann teilte man einander und der versammelten sowjetischen Führung die Resultate mit. Nach einer großen Rede Gorbatschows – von Dürrenmatt als »Meisterstück« gewürdigt – führte ein Empfang die Forum-Teilnehmer mit den Politikern zu informeller Aussprache zusammen, die nicht dem konventionellen Muster folgte: Gäste fragen, Politiker antworten. Zugehört wurde wechselseitig. Was man in den unterschiedlichen sozialen Bereichen zur Schaffung eines neuen Denkens beitragen könne, hatte die verschiedenen Gruppen des Forums schon zuvor beschäftigt: die Naturwissenschaftler – gemeinsam mit Sacharow – ihre Verantwortung für die Verträglichkeit oder Unverträglichkeit der Anwendung ihrer Entdeckungen; Theologen und Ärzte die Untrennbarkeit ihrer Ethik von den Normen politischen Handelns im Nuklearzeitalter; die Wirtschaftsexperten die friedenspolitische Bedeutung blockübergreifender ökonomischer Vernetzungen. Parallel dazu hatten die Schriftsteller die Untauglichkeit der herkömmlichen Doktrinen zur Erfassung der modernen Wirklichkeit bekräftigt. Neues kritisches Fragen an Stelle anachronistischer doktrinärer Antworten seien Kennzeichen des alternativen Geistes, mit dem allein der Weg in den Abgrund abgewendet werden könne, hatte Max Frisch gesagt – und: »Nun sehe ich zur Zeit wenige Staatsmänner im Amt, die den Geist für alternatives

Denken besitzen. Unter den Staatsmännern von Weltverant-
wortung sehe ich einen, und der arbeitet hier, deswegen sind wir
nach Moskau gekommen.«

Kann man hoffen, daß, was hier angestoßen wurde, sich fort-
pflanzt? Sind die Russen den Konflikten gewachsen, die Gorbatschow ihnen mit seiner Demokratisierungskampagne zumutet?
Begreifen wir im Westen, daß wir nicht zum faszinierten
Zuschauen, sondern zu aktiver Reaktion herausgefordert sind?
Daß unserer von Amerika bestimmten Stärkepolitik die moralische Basis – wenn es die je gab – durch Gorbatschows ehrliche
Offerten entzogen wird? Zu einer Einigung über den Mittel-
streckenraketenabbau wird es kommen. Aber wie steht der
Westen dann mit seinem SDI da, wenn Gorbatschow unentwegt
die Verschrottung der Systeme anbietet, die abzuwehren der
alleinige Sinn von SDI wäre? Wohin dann mit den militaristischen heroischen Mythen, die von der unwandelbaren Bösartigkeit eines kommunistischen Feindbildes zehren?

So wäre es manchem schon lieb gewesen, hätte sich Gorbatschow als propagandistischer Taktiker à la Goebbels enttarnen
lassen. Geht das nicht, und das müssen selbst eingefleischte
Antikommunisten inzwischen zähneknirschend einsehen, würde es diesen vielleicht nicht minder passen, wenn das System
schließlich den großen Erneuerer stürzte. Man wäre die Sorge
los, die liebgewordene ideologische Schlachtordnung preisgeben
zu müssen. Scheitert aber auch diese Hoffnung, dann bewahrt
uns im Westen kein teuflischer Weltfeind länger vor der Konfrontation mit den Problemen, die wir projizierend an ihn delegiert hatten. Unweigerlich stieße uns die Aggressivität unserer
eigenen Kultur auf, unser nunmehr des Notwehrargumentes
beraubter Machtwille, der immer nur Stärke, Größe, wirtschaftliche Herrschaft anstrebt, um die innere Leere und Armut eines
platten Konsumhedonismus zu verdecken. Muß man dann nicht
die Versuchung für gewisse Stärkepolitiker und ihre Geheimdien-
ste fürchten, drüben ein wenig nachzuhelfen, das große Experiment platzen zu lassen? Oder reicht es etwa schon hin, wenn der

Westen zwar die Mittelstreckenraketen mit verschrottet, aber in den Fragen ABM und SDI starrköpfig bleibt und Gorbatschow mit seiner Initiative für eine kernwaffenfreie Welt bis zum Jahre 2000 leerlaufen läßt? Wer glaubt schon, daß die Moskauer Falken unter solchen Umständen ewig stillhalten werden?

Auf den ersten Blick erscheint es als Paradoxon, daß Scharen nichtkommunistischer westlicher Wissenschaftler, Intellektueller, Wirtschaftsleute, Politologen auf der Suche nach einem neuen Denken und nach einer Vermenschlichung der Politik ausgerechnet dorthin pilgern, wo man noch unlängst die starrsinnigsten Gegenkräfte zu erwarten gehabt hätte. Das Gorbatschow-Experiment – ein Wunder? Oder waltet hier vielmehr ein dialektisches Prinzip, daß ein entscheidender Anstoß gerade von dort kommen mußte, wo das revolutionäre Ideal einer unterdrückungsfreien humanisierten Gesellschaft unübersehbar gescheitert war? Mußte der mächtigste Impuls zum Umdenken zwangsläufig dem System entspringen, in dem der Widerspruch zwischen dem Leitbild gesellschaftlicher Befreiung und bürokratistischer Entdemokratisierung den größten Leidensdruck hervorgerufen hatte?

Noch hält sich der Westen bei Gorbatschow daran, was ihn selbst bestätigt. Man wähnt sich am Ziel demokratischer Offenheit und blickt auf den sowjetischen Reformator als einen krampfhaft nacheifernden Schüler herab, der einen unendlichen Rückstand ein wenig zu verkürzen sich anschicke. Aber irgendwann wird der Westen über seine eigene Stagnation erschrecken müssen. Er besitzt zwar offenere Strukturen, mehr pluralistischen Wettbewerb, eine effizientere Wirtschaft, dafür produziert er zunehmende geistige Öde und Stumpfheit. Freiheit geht von den Menschen an die Wirtschaft über, die in hektischer technischer Entwicklung bestimmt, wen oder was sie von den Menschen noch braucht. Da ist die wie automatisch laufende technische Revolution, die immer weniger danach fragt, wie viele Menschen arbeiten wollen und wie Arbeit menschlichen Bedürfnissen gerecht wird. Die neue technische Welt bestimmt, wie die Menschen zu sein haben, nicht umgekehrt. Und die Ziele? Nicht zufällig hat die westliche Führungsmacht sich SDI (Strategic Defense Initiative) als dem teuersten Projekt aller Zeiten verschrieben. Da feuert die Supermacht mit Billionen ihren mächtigsten Wirtschaftszweig, die Rüstung (deren Lobby den Staat auf diesen Weg gebracht hat), dazu an, in Jahrzehnten den Weltraum militärisch zu erobern. Wozu? Angeblich, um Raketen abzufangen – anstatt sich über deren weltweite Verschrottung zu verständigen.

Aber in Wahrheit dient SDI keiner rationalen Strategie. Es ist nur Ausdruck des irrationalen Größen- und Machtwahns, der die geistig entleerte Maschinengesellschaft noch in Gang hält. Mit SDI die Grenzen des Wissens und des Raums zu sprengen, hat der mächtigste Mann im Westen seinem Volk versprochen. Und es gab kein Entsetzen darüber, daß die Billionen fehlen würden, um dem immer mehr verarmenden Teil der menschlichen Gemeinschaft zu helfen und um die universalen ökologischen Probleme endlich entschlossen in Angriff zu nehmen.

Größenwahn, Machttrieb, hedonistische Konsumversessenheit und soziale Gleichgültigkeit sind die Krankheit des Westens, den der Stalinismus, GULAG, Afghanistan, Sacharow lange vor dem Leiden an sich selbst bewahrt haben. Aber was ist jetzt, wenn Gorbatschow mit den Resten des Stalinismus aufräumt, die Dissidenten freiläßt, aus Afghanistan abzieht und die Raketen abzubauen vorschlägt, die SDI allein einen Schein von Rechtfertigung geben würden? Dann entgehen wir im Westen nicht länger dem Leiden an der eigenen Krankheit. Das sollte uns nicht ängstigen. Denn erst die Aufhebung unserer gigantischen Verleugnungen kann uns dafür reif machen, uns aus der derzeitigen selbstgerechten Stumpfheit aufzuraffen, die in Wahrheit Resignation bedeutet. Wozu könnten wir fähig sein, würden wir unsere Energien, statt sie weiterhin in einer gigantischen Militarisierung zu verschleudern, ernstlich für uns selbst nutzen, für ein ebenbürtiges, sozial gerechteres Zusammenleben und eine gemeinsame Anstrengung zur Regenerierung der tödlich gefährdeten Umwelt! Verstehen wir Gorbatschow schon jetzt als großen Ansporn auch für uns!

Noch regieren im Westen mittelmäßige Politiker mit Ideen von gestern. SDI ist in Wahrheit anachronistisch. Psychologisch gesehen eine grandiose pubertäre Überkompensation. Eine megalomane Vision aus dem vorökologischen Heilsglauben an eine omnipotente Technik. Natürlich eine amerikanische Erfindung, für welche die Rüstungslobby wahrhaftig keinen idealeren Werber als jenen Präsidenten finden konnte, der sich selbstverständlich, wenn es ginge, Amerika auch noch als Weltraum-Sheriff wünscht.

Wo aber ist der westeuropäische Politiker in verantwortlichem Amt, der sich diesem törichten Unterfangen offen widersetzt? Der nicht nur gegen die technischen Schwierigkeiten und die militärischen Risiken des Programms argumentiert, sondern dessen menschenverachtende Perspektive geißelt? Er ist nicht da, eben weil der Zwang zu einem neuen Denken von den Wählermehrheiten bisher nicht begriffen wurde. Noch liegt SDI in der Richtung anachronistischer Fortschrittsträume, und die amerikanischen Beschützer durch Kritik zu verärgern erscheint vielen Europäern, zumal den Deutschen, obendrein als tollkühne Zumutung.

Die intelligenteste Variante westlicher Resignation ist vorläufig die von Leuten wie Kissinger und Schmidt betriebene Methode der skeptischen Konfliktberechnung. So rechnet Kissinger aus, daß Gorbatschow angeblich an der Rigidität seiner privilegierten kommunistischen Führungsschicht scheitern werde. Aber weder er noch Schmidt haben vorher berechnet, daß in Moskau ein Gorbatschow mit Initiativen, wie sie in der Sicherheitspolitik bereits durchschlagen, möglich sein würde. Typisch ist auch, daß Kissinger beharrlich vor einer Null-Lösung bei den Mittelstreckenraketen und sogar vor einem Abkommen zur Begrenzung von SDI warnt. Der Westen werde mit solchen Abmachungen die Sowjets über Gebühr von ihren inneren Schwierigkeiten entlasten und dafür eigene Machtvor-

teile preisgeben. Kissinger, Weinberger und viele mit ihnen ver-
harren bei der Logik der Bedrohung. Nur mit Erpressung könne
man den Gegner immer wieder an den Verhandlungstisch zwingen, mit Hilfe der Pershings nach Genf, mit Hilfe von SDI nach
Reykjavík und so fort.

Wie auch immer, selbst Kissinger prognostiziert, daß zu seinem Leidwesen die Mittelstreckenraketen aus Europa verschwinden werden, daß man die strategischen Systeme um
50 Prozent reduzieren und sich auf eine Begrenzung von SDI
einigen werde: »Nur einige Sonderlinge wie ich werden dagegen
sein.« Vielleicht schätzt er insoweit die Entwicklung korrekt ein,
als die Zeit der großen mißtrauischen Rechner, der skeptischen
Technokraten, die immer nur in Machtgleichungen denken, zu
Ende geht, was hieße, daß sich neben Gorbatschow politische
Erneuerer westlicher Prägung durchsetzen könnten, die sich –
gestützt auf einen entsprechenden breiten Konsens – ernstlich
auf eine Vermenschlichung der militarisierten Politik und speziell auch der internationalen Beziehungen einlassen würden.
Eine vage Hoffnung zwar, aber eine, für die zu engagieren sich
lohnt.

Literatur

Dürrenmatt, F.: Interview mit Sonntags Blick, Nr. 8, 22. 2. 1987, S. 31
Frisch, M.: Diskussionsvotum auf dem Moskauer Friedensforum am
    15. 2. 1987
Gorbatschow, M.: Ansprache vor den Teilnehmern am Internationalen
    Forum »Für eine Welt ohne Kernwaffen, für das Überleben der
    Menschheit« am 16. 2. 1987 in Moskau
Kissinger, H.: Eine Zeitbombe für die Zukunft. Interview mit Manfred
    Geist, zit. aus dem Tagesanzeiger Zürich, 2. 3. 1987

Kann Menschlichkeit
die Stärkepolitik ersetzen?

Zwei Gespräche mit Valentin Falin

Rasch hatte man bei uns im Westen griffige, verflachende Definitionen für Gorbatschows »neues Denken« gefunden: Auflockerung des sowjetischen Bürokratismus, Milderung autoritärer Zwänge, etwas offenere und kritischere Berichterstattung in den Medien. Aber dann kam Gorbatschows große Abrüstungsinitiative, die weiter reicht, als mit ihrer Funktion zur Entlastung der lahmenden sowjetischen Wirtschaft zu erklären ist. Ausdrücklich beruft sich diese Initiative auf das neue Denken mit dem Anspruch, einen Wandel in der politischen Grundhaltung auszudrücken. Daran gewöhnt, allenfalls auf Begrenzungen oder Reduzierungen einzelner Waffenkategorien zu hoffen, mißtrauen viele zunächst Gorbatschows Vision einer atom- und chemiewaffenfreien Welt im Jahre 2000. Eher neigt man dazu, die von Reagan initiierte zusätzliche Weltraum-Militarisierung als eine zwar unerfreuliche, aber realistischere Wahrscheinlichkeit hinzunehmen. Ausgerechnet von den Sowjets zu hoffen, daß sie ihre martialische Bedrohung des Westens zugunsten einer reinen Verteidigungskonzeption aufgeben sollten, erscheint phantastisch. Oder will der Westen Gorbatschow nur nicht glauben, was er selber nicht wagt, nämlich von einer auf totale Vernichtungsdrohung abgestellten sogenannten Sicherheitspolitik abzugehen?

Ist Gorbatschow mit seiner propagierten Vision einer atomwaffenfreien Welt – so er diese ernst meint – ein weltfremder Spinner, oder sind vielleicht umgekehrt die Millionen Atom- und SDI-Gläubigen in einem selbstmörderischen Wahn befangen, wenn sie sich einbilden, auf ihrem Wege sei ein längerfristiges Überleben der Menschheit möglich?

Einsteins Formel, daß sich die Menschheit nur mit einer völlig neuen Art des Denkens retten könne, ziert als Motto zahlreiche Schriften, Urkunden und Friedensveranstaltungen. Einem führenden – zumal einem sowjetischen – Staatsmann scheint man es fast zu verübeln, daß er als politisches Prinzip beherzigen will, was Einstein keineswegs als utopischen abstrakten Imperativ gemeint hat. Aber was Gorbatschow genau beabsichtigt und wie er mit seinem faszinierenden Begriff die Praxis verändern will, ist in der Tat erst umrißhaft erkennbar.

Mein Glück war es, 1986 anläßlich des Kölner Kongresses der »Internationalen Ärzte für die Verhütung eines Atomkrieges« einen bestinformierten Vertrauten Gorbatschows kennenzulernen, der sich inzwischen mehrfach von mir geduldig befragen ließ. Valentin Falin war Botschafter der Sowjetunion in Bonn, leitet heute in Moskau die Agentur Nowosti und gehört zu den Beratern des Generalsekretärs. Obwohl er immer wieder in hohen Ämtern tätig war und ist, empfinde ich ihn mit seiner Neigung zur historischen und soziologischen Analyse eher als einen kritischen Intellektuellen. Ohne Frage aber ist Gorbatschows neues Denken zugleich Falins persönliche Konfession. Mir scheint es, als sei er in gewissem Sinne geradezu eine Verkörperung dieser neuen politischen Philosophie, indem er ungewöhnlich untechnokratisch und undogmatisch zuerst darüber nachsinnt, wie in der Politik das Verhältnis zwischen den Menschen und zwischen Mensch und Natur grundsätzlich verbessert werden könne.

So offen, wie er denkt, so habe ich ihn auch im Umgang kennengelernt. Spürt er verbindendes echtes Interesse an den Problemen, überläßt er sich seinen Einfällen mit einer bemerkenswerten Spontaneität. Dabei verzichtet er auf die Demonstration jener fassadären Scheinsicherheit, hinter der so viele unserer Fernseh-Politiker die Sorgen um die gemeinsame Zukunft verbergen, wenn sie »ohne Wenn und Aber«, »mit allem Nachdruck«, »ohne die geringsten Zweifel« täglich ihre Unfehlbarkeit beteuern.

»Machen Sie damit, was Sie wollen!« sagte Falin, als ich ihm die Protokolle zweier längerer Gespräche, die ich mit ihm im Februar und im Juni 1987 in Moskau führen konnte, zur kritischen Durchsicht zu schicken anbot. »Ich habe Vertrauen!«

Obwohl chronologisch das spätere, zitiere ich das folgende Gespräch vom Juni 1987 zuerst, weil es unmittelbar Gedanken aus dem vorigen Kapitel aufnimmt.

R: Herr Falin, können Sie mir die Philosophie des neuen Denkens genauer erläutern?

F: Vor allem bedeutet das neue Denken, die kritische Urteilsfähigkeit weiterzuentwickeln: Was geschieht im eigenen Haus, was geschieht rund um das eigene Haus herum, und was geschieht überhaupt in der Welt? Deshalb liegt der Schlüssel zur Erneuerung *im Menschen selbst.* Die Welt hat sich gewandelt und wandelt sich weiter, das müssen wir beobachten und überlegen, ob die uns aus der Vergangenheit überkommenen Axiome und Dogmen den Herausforderungen der Gegenwart noch entsprechen. Bei dieser Überprüfung haben wir mit viel Mühe und auch manchen Enttäuschungen entdeckt, daß manche bei uns festgeschriebene Dogmen nicht gerade die besten waren. Ich würde sogar noch weitergehen und sagen: Dogmen sind im Grunde überhaupt falsch. Es sind Fetische. Es sind – ich möchte richtig verstanden werden – psychologische Ikonen, die zur ewigen Anbetung auffordern und ein gesundes, individuelles Denken behindern, das nötig wäre, um Antworten auf neue Herausforderungen zu finden.

R: Könnten Sie ein Beispiel geben für ein solches revisionsbedürftiges Dogma?

F: Ja. Nehmen wir ein aktuelles, besonders kompliziertes Problem: die Verteidigung. Zu lange haben wir geglaubt, die beste Strategie sei, immer nur mit den Waffen der Amerikaner gleichzuziehen. Jetzt ist es beinahe jedem Schüler klar, daß wir –

wahrscheinlich schon seit zehn Jahren – den Amerikanern hätten besser eine andere Antwort geben sollen. Jetzt haben wir eine neue Position, und die wird bleiben. Übrigens ist sie schon einmal 1976 oder 1977 formuliert worden. Wir erstreben keine Parität auf beliebigem Niveau, geschweige denn Überlegenheit. Unsere Vorstellung ist die Begrenzung auf vernünftige Verteidigungspotentiale, wie sie der normalen Vernunft einleuchten. Vor zehn Jahren war das nur ein Wunsch, eine Vorstellung. Heute ist das unsere entschiedene Position. Wir möchten, daß letzten Endes alle Staaten nur reine Verteidigungspotentiale besitzen. Selbst wenn in irgendeinem Staat ein Abenteurer an die Macht käme, darf er nicht imstande sein, materiell nicht imstande sein, einen gefährlichen Angriffskrieg zu führen. Das ist unsere Idee. Vielleicht kann dieses Beispiel illustrieren, daß neues Denken sehr tiefgreifende Veränderungen in gesellschaftlichen, Erziehungs-, wissenschaftlich-technischen, wirtschaftlichen und militärischen Strukturen der Staaten verlangen würde.

R: Erlauben Sie mir eine kritische Frage dazu. Bisher scheint es doch so, daß sich Menschen und Völker immer wieder Gegner suchen, über die sie triumphieren können. Das Siegenwollen ist ein enorm starker Antrieb zur Selbststabilisierung. Kinder wollen größer und stärker sein als andere. Gesellschaftliche Systeme wollen über andere siegen. Darin steckt doch auch immer eine Kampf- und Angriffsbereitschaft. Wäre es, vielleicht im Sinne des neuen Denkens, vorstellbar, daß die Völker diese offensive Kampfbereitschaft nur noch an gemeinsamen Gegnern abreagieren, also z. B. gegen Umweltgefahren, gegen bestimmte Krankheiten oder dergleichen?

F: Ich verstehe Sie sehr gut. Der Mensch ist zum Menschen geworden, weil er zuerst gegen die Natur zu kämpfen hatte. Da war er verurteilt zu siegen oder zu sterben. Dann begannen die Menschen, gegen die Menschen zu kämpfen – aus verschiedenen Gründen –, und schließlich wurde diese Gewohnheit zu kämpfen zu einer Art zweiter Natur des Menschen. Aber der Mensch ist kein reines Instinktwesen. Er kann auch seiner Vernunft folgen und muß dies tun im Interesse der Erhaltung der Zivilisation. Früher hatte er gegen die Natur zu kämpfen, weil diese stärker war als er. Heute ist sie der schwächere Teil. Die Natur erbittet Gnade vom Menschen. Also müssen wir ihr gegenüber unsere Verhaltensgewohnheiten ändern. Und so gelten auch andere Prämissen im Zusammenleben der Völker. Gestern bin ich gefragt worden, ob Abrüstung eine Utopie sei. Meine Antwort war: Utopie ist heute nicht die Abrüstung. Utopie heißt heute zu glauben, daß wir mit der Fortsetzung der Aufrüstung weiter existieren können. Denn wir leben in einer qualitativ völlig neuen Situation. Wenn der Mensch das nicht versteht, dann verurteilt er sich zu sterben – mit oder ohne Krieg.

Das ist das, was wir heute nicht nur theoretisch erkennen, sondern praktisch beherzigen müssen...

Heute hat die militärische Stärkepolitik ihren Sinn verloren. Die Androhung von Gewalt ist unbrauchbar geworden. Je mehr Staaten auf Gewalt setzen, um so schwächer sind sie, um so unbeweglicher. Die stärksten Länder sind heute im Grunde genommen an Händen und Beinen gefesselt. Sie können sich vieles nicht leisten, was kleinere und schwächere Länder sich erlauben. Das ist ein Paradox.

Es sind zwei große Gefahren, denen wir vorbeugen müssen. Die erste Gefahr heißt Krieg aus Zufall oder Angst oder irgendwelchen unvorhergesehenen Krisen. Die zweite Gefahr ist, daß wir im militärischen Bereich alle Mittel investieren und dabei die Natur berauben, ohne ihr etwas zurückzugeben. Diese beiden Gefahren sind vielleicht gleich. Ich weiß nicht, welche größer ist, vielleicht sogar die zweite. Das Verhalten der Natur gegenüber ist eine Schande für die heutige Generation, weil wir damit auf Kosten der nächsten leben. Wir sind auf dem besten Wege, unseren Enkeln und Urenkeln einen krebskranken Planeten zu hinterlassen. Das ist keine Übertreibung, wahrscheinlich sogar eine Bagatellisierung dessen, was heute geschieht.

Alle diese Erkenntnisse führen uns zu der Perestroika, zu dem neuen Denken. Es geht darum, daß wir uns nicht nur auf das

Morgen, sondern viel verantwortungsbewußter auf die Zukunft einstellen.

R: Das alles ist sehr einleuchtend. Aber nun sehe ich das Problem, daß ein großer Teil der Menschen Ihnen zwar zustimmen würde, sich dennoch mit einer ganz anderen Politik abfindet. Bei sozialwissenschaftlichen Untersuchungen erklärt die Mehrheit: Wir wollen mehr Schutz für die Natur. Wir verlangen, daß die Technik Menschen und Umwelt nicht immer höheren Risiken aussetzt. Wir finden es richtig, wenn viel mehr Geld statt für die Rüstung für soziale Zwecke ausgegeben würde. Wir wollen – sagt die Mehrheit in unserem Lande – konsequente Abrüstung und glauben Gorbatschow, daß er es mit seinen Initiativen ernst meint. Wir wollen in einer Welt leben, in der alternative Werte an die erste Stelle rücken: mehr Menschlichkeit, Beseitigung von Armut, mehr Rücksicht auf die Bedürfnisse von Kindern, alten Leuten, Behinderten. Dennoch wird eine Politik hingenommen, ja, es werden immer wieder Politiker gewählt, die es ganz anders machen.

F: Ich würde so sagen, es ist z. B. immer leichter, die ganze Menschheit zu lieben als die Nachbarn. Und dann ist ein Unterschied, was Menschen allgemein wünschen und was sie, wenn es darauf ankommt, auch persönlich dazu beitragen. Fragen Sie: Was leisten Sie persönlich dazu, dann kommt das große Aber.

Bei Wahlen wird übrigens oft weniger ein Programm als ein Mensch gewählt. Sieht der Mann oder die Frau gut aus, spricht gut und verspricht vieles, zieht er/sie schon deshalb viele Stimmen auf sich. Und dann kommt die Desorientierung in den Wahlkampagnen dazu, in denen den Menschen vieles künstlich eingeredet wird.

R: Ein Hauptproblem ist jedenfalls, daß Menschen zur Unmündigkeit erzogen werden. Sie tun im Konfliktfall nicht, was ihnen vernünftig erscheint, was ihr Gewissen ihnen sagt, sondern was ihnen von oben vermittelt wird. Das habe ich einmal in einem Buch untersucht, das ich »Flüchten oder Standhalten« genannt habe. Von Kindheit auf lernen Menschen, sich willig nach Autoritäten zu richten. Sie sind nicht daran gewöhnt, die Dinge selbst zu überprüfen, und lassen sich dann eben auch von einem imponierenden Schauspieler passiv leiten. Aber diese Unterordnungsbereitschaft funktioniert ja auf unterschiedliche Weise überall, in West wie in Ost.

F: Ja, gewiß. Speziell bei komplizierten Fragen neigt der Mensch dazu, zu vereinfachen. Sehr komplizierte Probleme sieht er meist nicht mehr mit seinen eigenen Augen. Er schluckt das Essen, das ihm vorgesetzt wird. Und wenn ihm das Essen noch besonders schmackhaft erscheint, so schluckt er gerade dieses Essen...

An dieser Stelle war mein Tonband abgelaufen. Wir unterhielten uns noch weiter über das Problem, wie soziale Gängelung den Verantwortungssinn schwächt und Egozentrismus fördert. Totale Fürsorge bewirke eine inaktive Bequemlichkeitshaltung. Hier seien im sowjetischen System dringend Verbesserungen fällig, meinte Falin, die man jetzt in Angriff nehmen wolle.

Ein weiteres Thema war der Sündenbockmechanismus – die Entlastungsfunktion von Afghanistan für die Amerikaner, von Vietnam für die Sowjets. Ich erwähnte die Versuche der Westdeutschen nach dem Krieg, sich dem amerikanischen Antikommunismus anzuschließen, um die verlorene eigene moralische Identität zu kompensieren (s. das Kapitel »Amerikanismus, Antiamerikanismus – oder was sonst?«). Falin schloß sich der kritischen Bewertung der Sündenbock-Projektion an: Wenn man die Schlimmheiten eines Gegners brauche, um sich selbst in Ordnung zu fühlen, aus innerer Unsicherheit heraus, dann könne daraus zwanghaftes Mißtrauen und die Bereitschaft zu unberechenbarer Aggressivität erwachsen.

Man sieht, und das ist das Spannende an diesem politischen Sowjet-Intellektuellen, daß er – darin vielen neueren politischen Soziologen unähnlich – politische Phänomene immer wieder daraufhin prüft, wie sie mit Bedürfnissen, Ängsten, Fähigkeiten des Menschen zusammenhängen. Was dem Menschen – oder auch der Natur – not tut, ist offenbar die zentrale Ausgangsfrage des »neuen Denkens«. Innerhalb der Logik der anonymen Sachzwänge im System von Wirtschaft, Technik, Bürokratie, Militär findet man ja auch sonst nirgends einen Zugang zu einem *grundsätzlichen* Umdenken. Wie anders könnte die Vision einer atomwaffenfreien, humaneren und ökologischeren Welt zu einer gestaltenden Kraft werden, außer daß man *dem Menschen* zu korrigieren zutraut, wohin ihn, das heißt uns alle die eigendynamischen Kräfte des auf blinden Expansionismus eingestellten ökonomisch-militärischen Komplexes sonst treiben – immer näher an den Abgrund.

Das nachstehende zweite Interview mit Falin hatte ich zuvor anläßlich des Moskauer Friedensforums im Februar 1987 aufgezeichnet:

R: Die Abschreckungslogik setzt beiderseits die glaubwürdige Bereitschaft voraus, im Ernstfall die atomare Drohung zu verwirklichen, das heißt, die Zerstörung unserer Zivilisation in Gang zu setzen. Ich möchte Sie fragen, Herr Falin, wie Sie die Chance einschätzen, daß wir aus diesem Dilemma je herausfinden.

F: Wenn ich die Situation analysiere, so sehe ich verschiedene Tendenzen, die wir sehr ernst zur Kenntnis nehmen sollten. Man hat von Anfang an darüber gestritten, ob die Atomwaffe eine politische oder eine militärische sein solle. Die Amerikaner haben im Jahre 1945 darüber debattiert. Da hat sich dann von Roosevelt zu Truman eine Veränderung ergeben. Roosevelt ging davon aus, die Atombombe sei mehr oder weniger eine politische Waffe und würde es auch bleiben, obwohl auch er in Betracht zog, diese Waffe im Kriegsfall eventuell zu gebrauchen, und zwar gegen Japan. Interessant ist, daß zu jener Zeit im Jahre '44, als Roosevelt mit Churchill diese Modalitäten besprach, Deutschland ganz ausgeklammert wurde und nur Japan zur

Debatte stand. Es war für die Amerikaner damals nicht klar, ob Deutschland eine eigene Atomwaffe haben und vielleicht auch gegen die Amerikaner einsetzen könnte.

Die Amerikaner gingen davon aus, daß Japan in keinem Fall eine solche Waffe besitzen würde. Das ist eine sehr wichtige psychologische Note in der amerikanischen Position. Die Amerikaner sind darauf eingestellt – vor kurzem hat das Reagan wieder bestätigt –, Waffen gegen Gegner zu gebrauchen, die keine adäquaten Waffen haben. Besitzt der Gegner eine adäquate Waffe, suchen sie eine neue Waffe, die der anderen Seite nicht zur Verfügung steht. Das ist eine psychologische Einstellung.

Um die amerikanische Position als solche zu verstehen, ist das sehr wichtig. Aber ich kehre zurück, womit wir begonnen haben, nämlich ob die Atombombe eine politische oder eine normale militärische Waffe darstelle – wenn man den Ausdruck normale Waffe überhaupt gelten lassen will. Mit der Zeit hat man in Amerika immer mehr an den praktischen militärischen Gebrauch gedacht. Wenn man heute den amerikanischen Streitkräften die Atomwaffen wegnähme, wären sie nur noch mangelhaft kampffähig. Ihre Kampffähigkeit ist so begrenzt, daß sie wie etwa in Vietnam ihren Aufgaben kaum gewachsen wären. Deswegen müssen wir die Gefahr eines nuklearen Krieges nicht als Propaganda, sondern als eine ganz realistische Möglichkeit betrachten, leider. Ich könnte Ihnen das anhand von Instruktionen beweisen, wenn Sie wollen, aber dazu brauchten wir viel Zeit. Es ist jedenfalls so und nicht anders.

Zum zweiten: Wenn Herr Weinberger jährlich dem Kongreß berichtet, und das macht er sehr gern, dann sagt er: Wären die Amerikaner einmal gezwungen, die Atomwaffe zu gebrauchen, dann würden sie das nur in minimalem Maßstab tun... Das widerspricht aber den Instruktionen für die amerikanischen Truppen. Nach diesen Instruktionen sollen sie in kürzester Zeit die meisten Atomwaffen einsetzen und in kürzester Zeit der Sowjetunion maximalen Schaden zufügen. Dieses Konzept wurde zum erstenmal zu Zeiten des Präsidenten Eisenhower offiziell formuliert: In dreißig Minuten sollten etwa sechzig Millionen Menschen in der Sowjetunion getötet oder gefechtsunfähig gemacht werden, um den Widerstandswillen zu brechen. So gilt es bis heute weiter, mit einer Korrektur: Jetzt geht es um 25 Minuten, und getötet werden sollen nunmehr über siebzig Millionen. Das ist die Instruktion, das ist die offizielle Position. Deshalb müssen wir das ganz ernst nehmen.

Zum dritten: Dieses amerikanische Programm SDI, offiziell reklamiert als eine Defensive gegen Atomwaffen, ist kein Modell der Verteidigung. Schon deswegen nicht, weil dieses Programm nur für landgestützte Raketen gilt. Dieses Programm ist extra auf die Sowjetunion zugeschnitten, nicht auf andere Nationen. Es berücksichtigt, daß 80 Prozent unseres atomstrategischen Potentials landgestützte Raketen sind, während es beim Amerikaner umgekehrt ist. Dort sind 80 Prozent des Potentials auf U-Boote und Bomber verteilt.

Die Amerikaner sagen, es sei ein universales Programm, für alle Fälle, für alle möglichen Länder. Das ist nicht wahr. Ganz einfach nicht wahr. Dieses Programm oder diese Technik, die heute entwickelt ist, ist nicht imstande, Cruise-Missiles abzufangen. Sie ist nicht imstande, Bomber abzufangen. Sie ist nicht imstande, U-Boote zu orten und zu treffen. Deshalb lautet unser Argument: Dieses System ist ausschließlich gegen die Sowjetunion gerichtet. Es ist ein Teil des amerikanischen Programms zur Bildung des Potentials für einen Erstschlag. Das ist keine propagandistische Einschätzung. Das ist die wahre, seriöse Besorgnis. Sagt man Besorgnis?

R: Ja, Sorge oder Besorgnis.

F: Die Sorge, Sorge. Wenn es so ist, dann wird verständlich, warum wir die Position in Reykjavík eingenommen haben und keine andere, wir hatten praktisch keine andere Wahl.

Wir haben den Amerikanern in Reykjavík Abrüstungsschritte vorgeschlagen, die bewirken würden, daß es in zehn Jahren in der Sowjetunion gar nicht mehr die Atomwaffen geben würde, gegen die sie mit ihrem SDI kämpfen wollen. Wozu also brauchen sie das SDI, wenn es das nicht mehr gibt, wogegen die Verteidigung gemeint ist?

Die Antwort der Amerikaner klang wie ein Scherz: »Wenn sich nun aber jemand in einem dritten Land, also nicht in der Sowjetunion, heimlich Atomwaffen verschaffe, dann wäre zu deren Abwehr SDI dennoch brauchbar.« Man denke – ein Programm, das über eine Trillion Dollar kosten wird!

Zum vierten: Auch wenn es gar nicht zu einem Nuklearkrieg kommen wird, wenn nur so weiter gerüstet wird wie heute, nur das, wenn es so weitergeht, dann ist die Menschheit in absehbarer Zeit verloren.

R: Herr Falin, Wettrüsten und Umweltschutz sind nebeneinander schwer möglich. Eine vernünftige ökologische Politik kostet viel Geld. Was kann die Sowjetunion trotz ihrer gewaltigen Rüstungsausgaben gegen die Umweltzerstörung tun?

F: Unsere und einige amerikanische Forscher sagen, daß die Menschheit höchstens noch zehn Jahre Zeit hat, um mit der heutigen absurden Politik aufzuhören. Es wird viel zu wenig investiert, um die Umwelt zu schützen, um den Boden zu schützen und so weiter und so fort. In zehn Jahren werden unwiderrufliche, unkorrigierbare Veränderungen in den Ökosystemen eingetreten sein. Dann gibt es keinen Weg mehr zurück. Das heißt, der Mensch macht sich selbst arm und kaputt. Deshalb ist Abrüstung nicht nur dringend zur Vorbeugung eines Krieges notwendig: Auch ohne Krieg können wir zugrunde gehen, wenn so unvernünftig weitergerüstet wird.

R: Das heißt, die Gelder, die jetzt in den Rüstungswettlauf gesteckt werden, müßten für ökologische Vorhaben verwendet werden?

F: Um die Natur zu schützen, weil die Natur schon extrem verletzt ist. Sie ist in so katastrophalem Zustand, daß es unverantwortlich wäre, sie weiter so zu behandeln wie bisher.

R: Das betrifft alle Länder, betrifft somit auch die Sowjetunion...

F: ... betrifft auch die Sowjetunion, ganz genau. Wir sind hier keine Engel. Wir sind nicht imstande, einen Kuchen zweimal zu essen, einmal in der Rüstungsindustrie und einmal in der zivilen Industrie. Wenn wir gezwungen sind zu rüsten, dann tun wir zu wenig für die Natur und für die Zivilindustrie. Das gebe ich offen zu.

R: Glauben Sie, daß diese Probleme Sie mehr drücken als die Amerikaner?

F: Wir in unserem System denken in viel langfristigeren Kategorien. Wir gehen davon aus, daß wir verantwortlich sind nicht nur für uns selbst, sondern auch für die Generationen, die nach uns kommen. Die Amerikaner aber leben – nach Mentalität und Tradition – konzentriert auf das Heute. Ein Präsident denkt in Vier-Jahres-Kategorien. Der jetzige zum Beispiel ist in zwei Jahren kein Präsident mehr, und für ihn ist es ziemlich egal, wie es weitergeht. Deswegen gibt es diese Zickzacklinien in der amerikanischen Politik, eben weil die Präsidenten nur in Legislatur-Zeitabschnitten denken.

R: Daß bald unwiderrufliche Schäden des Wassers, der Wälder, der Luft, der Böden da sein werden, daß man die Ozonschicht zerstört, und was Sie alles eben angesprochen haben, ist das Bewußtsein für diese Gefahr nicht allgemein noch unterentwickelt? Auch in unserem Land wird vieles versäumt, was geschehen müßte, um Industrien verträglicher zu machen, um Schadstoffemissionen der Kraftwerke und der Autos drastisch zu verringern. Da scheitert vieles an ökonomischen Interessen.

F: Für Sie, für die Bundesrepublik sind einige der größten Gefahren die Düngemittel und die Herbizide.

R: Und Pestizide.

F: Ja, diese Bekämpfungsmittel. Das sind Gefahren für alle entwickelten Nationen. Wenn es so weitergeht, wenn wir die Erde weiter so wie bisher mit Chemie überlasten, dann sinkt diese Chemie immer tiefer in das Erdreich ein, und in zehn, zwanzig, dreißig Jahren wird sie das Grundwasser vergiftet haben. Und was dann? Dann wird genießbares Süßwasser für Sie die kostbarste Substanz überhaupt sein!

R: Im Westen wurde bislang das Umweltbewußtsein in der Sowjetunion nicht besonders hoch eingeschätzt. Man fragt sich zum Beispiel, warum man in der Sowjetunion weitere Kernkraftwerke baut. Stimmen Sie nicht der Auffassung zu, daß die Kernkraftwerke so gefährlich sind, daß man sie abschaffen sollte?

F: Nach dem Tschernobyl-Unglück, dieser Tragödie, sind die Diskussionen nicht immer in der richtigen Richtung gelaufen. Im Grunde genommen, das ist meine persönliche Meinung, sind diese Atomkraftwerke nur eine Interimslösung. Das ist keine Lösung für immer, weil Technologie, selbst die vollkommenste, in gewissem Maße gefährlich bleibt. Außer der Technologie bleiben die Gefahren, die mit Menschen verbunden sind, mit menschlichen Unzulänglichkeiten, wie wir es in Tschernobyl gerade erlebt haben.

Aber wir müssen uns auch darüber im klaren sein, daß die herkömmlichen Kohlekraftwerke in mancher Hinsicht sogar noch schädlicher sind als die Atomkraftwerke. Gefährlich auch im Sinne der Radioaktivität. Auch dort wird im Rauch radioaktiver Staub ausgestoßen – neben allem anderen, was da ausgestoßen wird, z. B. an krebserzeugenden Stoffen.

Und noch eins: Wir müssen auch an die Menschen in den armen Drittländern denken. Die verbrauchen zehn- bis zwölfmal weniger Energie als entwickelte Länder. Wenn sie die Armut überwinden möchten, dann müßten sie die Produktion steigern. Das heißt zugleich, sie müßten die Produktion von Energie um ein Vielfaches steigern, um das Lebensniveau annähernd an das heutige Niveau von Westeuropa anzupassen. Was wird dann aus der Erde? Gibt es keine Alternative? Da ist die Alternative Sonne. Aber die Sonne, das ist ein Hilfsmittel, keine Lösung. Wind ist ein Hilfsmittel, keine Lösung – und so weiter. Da wird Kernenergie neben der Sonnenenergie gebraucht werden.

R: In der Tat ist die Technik der Sonnenenergie-Gewinnung noch wenig entwickelt...

F: ...aber die Gelehrten, die daran arbeiten – ich habe sehr gute persönliche Kontakte –, haben Hoffnung. Gerade in Fragen der Technik bin ich kein Pessimist. Bis Ende des Jahrhunderts werden wir technische Lösungen haben. Dann müssen wir noch ein paar Jahrzehnte für die Schaffung der Betriebe rechnen.

R: Wenn wir so über die Zukunft philosophieren, frage ich mich, ob wir die notwendigen ökologischen Lösungen finden können, solange das Rennen der Technik eigentlich darum geht, daß man immer noch stärker und größer und schneller wird. Wo gibt es denn das Verantwortungsgefühl gegenüber den armen Völkern der Dritten Welt? Suchen wir denn einen technischen Fortschritt, um untereinander und mit der Natur verträglicher zusammenzuleben? Sind wir zu der Bescheidenheit, die dazu nötig ist, tatsächlich bereit?

F: Sie sprechen von Bescheidenheit. Ich würde das gleiche sagen mit einem anderen Ausdruck: Es geht darum, demokratischer zu denken. Da glaubt jemand, ihm gehöre die ganze Welt. Woher aber ist er sicher, daß diese Welt gerade ihm gehört, nicht seinem Nachbarn? Die Amerikaner sind sieben Prozent der Weltbevölkerung. Sie verbrauchen aber 30 bis 40 Prozent aller Rohstoffe und aller Energie, die in der Welt produziert werden. Sie glauben, das ist ihr Recht. Wenn sie mehrfach soviel wie die anderen verbrauchen, dann sollen die anderen eben weniger verbrauchen. Das soll dann Demokratie sein?

Man muß vor allem lernen, anders zu denken.

R: Und was könnte dieses Denken fördern?

F: Man muß sich auf eine ganz neue Welle einstellen. Und diese Welle heißt Priorität der Vernunft, nicht Priorität der Stärke; Priorität der Menschlichkeit, nicht Priorität der Willkür, der Gewalt.

Wenn jemand sagt, ich habe recht, weil ich stark bin, dann ist das schon nicht recht. Es gibt so ein Sprichwort: Wenn der Starke zu reden beginnt, ist der Schwache sofort im Unrecht. Deshalb erklärt die Sowjetunion: Wir sind bereit, auf den nuklearen Rüstungsstatus zu verzichten. Das ist für uns kein Problem. Aber die einzige und alleinige Bedingung ist, daß die anderen diesen Status mit uns teilen. Sagt man uns, wir seien zu stark in der konventionellen Rüstung, dann, bitte schön: Auch in diesem Punkt liegen unsere Vorschläge auf dem Tisch.

R: Also die Bereitschaft auch zum Abbau im konventionellen Bereich?

F: Ja. Wir sind praktisch bereit, jedes Angriffspotential im konventionellen Bereich abzuschaffen. Warum nicht? Bedenken Sie, was wir alles akzeptiert haben: die verschiedenen vorgeschlagenen atomwaffenfreien Zonen in Europa, bitte: in Nordeuropa, auf dem Balkan, im Mittelmeer. Akzeptiert haben wir eine atomwaffenfreie Zone Afrika, eine atomwaffenfreie Zone Indischer Ozean. Wir haben uns den Protokollen angeschlossen, die den Südpazifik zur atomwaffenfreien Zone erklären. Und die Amerikaner? Sie haben nur eine atomwaffenfreie Zone akzeptiert: Zentral- und Südamerika.

Also eine Zone, die nah an ihrem Haus ist. Je weiter weg von ihrem Haus, desto weniger Interesse haben sie an atomwaffenfreien Zonen. Das ist nationaler Egoismus und nationale Unverantwortlichkeit.

R: Ein Problem ist, daß die Medien im Westen überwiegend kein differenzierteres Bild über die Sowjetunion vermitteln. Der durchschnittliche Amerikaner etwa hat kaum eine Ahnung davon, was sich hier unter Gorbatschow zur Zeit abspielt. Über den Übergriff, den es hier gerade auf einer Straße in Moskau gegeben hat, haben amerikanische Zeitungen ausführlicher berichtet als über das bedeutende Friedensforum. Wie kann sich so etwas ändern?

F: Das ist eine schwierige, langfristige Aufgabe. Wenn Sie Menschen pazifistisch und friedlich erziehen, dann machen Sie einen Krieg unmöglich. Nur eine Generation, mehr brauchen Sie nicht. Wenn die Amerikaner aber die Politik der Stärke fortsetzen möchten, ich meine die amerikanische Administration, dann werden sie ihre Menschen weiter so informieren, wie sie das bis heute getan haben. Denken Sie darüber nach.

Neuerdings wird in vielen dortigen Schulen ja sogar Darwin

zur Unperson erklärt. Man wendet sich gegen die Erkenntnis, daß sich der Mensch in der Evolution entwickelt hat. Auch das hat eine gewisse politische Dimension: Wenn der Herrgott die Amerikaner als die Besten geschaffen hat, dann hat er auch die Vereinigten Staaten als die beste Variante der demokratischen Organisation eines Staates geschaffen. Nun haben sie vom Herrgott das Recht erhalten, alle anderen zu belehren, wie diese denken und leben sollen. Kissinger hat sich das Recht genommen zu sagen, wenn die Chilenen für Allende stimmen, dann benimmt sich die chilenische Nation unverantwortlich. Und wir haben das Recht und die Pflicht, diese Nation zu belehren, wie sie leben muß. Wenn heute Außenminister Shultz praktisch das gleiche über Nicaragua sagt, dann müssen wir uns Gedanken machen.

An welchem Punkt der Entwicklung stehen eigentlich die Vereinigten Staaten? Hinsichtlich der sozialen und der politischen Reife ist das im Grunde eine der unterentwickeltsten Nationen. Die meisten großen Gefahren der Welt sind dadurch zu erklären.

R: Das klingt für mich recht pessimistisch – so, als erwarteten Sie alsbald keine nennenswerten positiven Veränderungen.

F: Das habe ich nicht gesagt, daß sich da nichts verändern kann. Das soll sich verändern. Denn der Friede ist ja auch für die Amerikaner Voraussetzung für ihr Überleben. Wenn die Amerikaner als Nation – eine sehr merkwürdige Nation der Emigranten – weiter existieren wollen, dann müssen sie begreifen, daß nicht der Kommunismus, sondern der Krieg ihr größter Feind ist. Das ist unser aller Hoffnung.

R: Es mehren sich ja auch in Amerika die kritischen Stimmen. Der Widerstand gegen Reagans SDI im Kongreß nimmt zu, auch der Unwille über die fortgesetzten Atomtests. Da gab es ja die eindrucksvollen Protest-Demonstrationen am Rande des Testgeländes in Nevada. Auch die amerikanischen Ärzte der Internationalen Ärzte-Friedensbewegung haben mit demonstriert.

Unser ärztliches Argument lautet: In einem Atomkrieg wird

es keine nennenswerte medizinische Hilfe mehr geben. Was man als Zivilschutz ausgibt und organisieren will, verdient diesen Namen nicht. Deshalb prangern wir den Bau von Bunkern und andere Zivilverteidigungsmaßnahmen als Irreführung der Bevölkerung an. Lassen sich die Leute erst weismachen, sie könnten mit Hilfe von Schutzbauten oder systematischer medizinischer Vorkehrung einen Atomkrieg vielleicht doch überstehen, dann werden sie sich die wahnwitzigsten Risiken einer atomaren Stärkepolitik eher gefallen lassen.

F: Es stimmt. Es gibt keinen wirksamen Schutz. Es würde so kommen, wie es zum erstenmal, glaube ich, Hemingway gesagt hat: Die zunächst noch Überlebenden würden die Toten beneiden.

Im Moment entwickeln die Amerikaner Konzepte, daß in einem U-Boot tief im Ozean ein paar Leute jahrelang schwimmen können, solange die Radioaktivität sie bedroht.

R: Verrückt und verantwortungslos.

F: Ja, ja, aber die entwickeln solche Projekte.

R: In unserem Lande werden in einem tiefen Stollen dokumentarische Kassetten gehortet, damit irgendwelche Wesen später herauskriegen könnten, wie unsere Kultur einmal ausgesehen hat. Gibt es so etwas auch bei Ihnen?

F: Wer weiß?

R: Jedenfalls freue ich mich gemeinsam mit vielen anderen, daß Sie Ihre wichtige Stimme hier zur Geltung bringen können. Wenn ich richtig informiert bin, gehören Sie zu dem Kreis derer, die zum Generalsekretär näheren Zugang haben?

F: Ja, Ich habe die Gelegenheit, mit ihm gerade auch diese Fragen zu diskutieren. Ich schätze sehr, daß er offen für neue Ideen ist, daß er gern und gründlich zuhört und oft auch selbst fragt. Er interessiert sich dafür, wie Kollegen, die eigenständig und freimütig nachdenken, die Zukunft einschätzen. Deswegen ist das heutige Klima hier für offene Diskussionen sehr fruchtbar, sehr menschlich, sehr, würde ich sagen, für alle Seiten, die dabei teilnehmen, sehr erfreulich. Wir können auch mit ihm streiten. Ich tue das gern. Und niemand ist dem anderen böse. Alle verstehen, daß Streit nicht schadet, wenn die Wahrheit geboren werden soll. Ich meine Streit, nicht Polemik. Polemik schafft neue Probleme. Die Wahrheit wird im Streit geboren.

R: Dieses offene Klima haben wir auch sehr am Stil des großen Friedensforums gespürt. Das ist ein Stil, zu dem Mut gehört, der sehr hoffnungsvoll stimmt. Ich finde es auch beispielhaft, wie ernsthaft sich Ihre Regierung dafür interessiert, was auf diesem Forum lauter Nichtpolitiker wie Ärzte, Naturwissenschaftler, Wirtschaftler, Schriftsteller, Theologen darüber denken, wie die atomare Stärkepolitik gestoppt werden könnte. Ich wünsche mir, daß dieses Beispiel Schule macht. Ich danke Ihnen ganz herzlich, daß Sie sich die Zeit für dieses Gespräch genommen haben.

F: Im vorigen Jahr habe ich dem »Spiegel« in einem Interview gesagt: »Geben Sie mal unserem Generalsekretär ein Jahr.« Jetzt würde ich sagen: »Geben sie ihm zwei weitere Jahre, dann werden Sie sehen...«

Der gespaltene Zeitgeist

Antwort auf einen ZEIT-Aufsatz von Odo Marquard*

Der Zeitgeist ist gespalten. Die einen haben Angst vor dem Bestehenden, die anderen Angst vor jenen, die gegen das Bestehende, das sie ängstigt, protestieren – etwa in der ökologischen und in der Friedens-Bewegung. Jede Seite hat ihre bestätigenden Philosophen. Hier Günther Anders, radikaler Vordenker der neuen Protestbewegungen; dort Odo Marquard, der jenen Bewegungen zerstörerische Heilserwartungen und eine totale Verkennung der bestehenden modernen Welt vorwirft.

Repräsentative Untersuchungen wie die Shell-Studie »Jugendliche und Erwachsene '85« lassen in der Tat keinen Zweifel daran, daß zumal in der Jugend Beunruhigung über die Atomrüstung und die Umweltgefährdung durch Chemie und Technik weit verbreitet ist. Aber nun entdeckt Odo Marquard in dieser Stimmung den Ausdruck einer »fortschrittstheoretischen Gegenwartsnegation«. Diese bedeute einen gefährlichen Bruch mit der Moderne, einen destruktiven »Antimodernismus«. Die Revolte gegen das Bestehende gebe sich lieb und freundlich, sei indessen in Wahrheit keineswegs echt friedliebend. Marquard erinnert an Freuds Demaskierung von Alpträumen als geheime Wunschträume. Also: Wer sich vor Krieg massiv ängstige, könne sehr wohl durch ihn fasziniert sein. Entsprechend schätzt Marquard die Friedensbewegung und mit ihr die gesamte »anti-

---

* Odo Marquard: Die arbeitslose Angst. Die Zeit, Nr. 51, 12. 12. 1986, S. 47 f. – Die Replik des Verf. erschien unter dem Titel: Wenn ihr nicht werdet wie die Kinder. Die Zeit, Nr. 4, 16. 1. 1987, S. 39

modernistische« alternative Strömung als unbewußt martialisch und gefährlich ein.

Auch ihm ist natürlich nicht verborgen, daß die vor allem auf die Umweltgefährdung und die Atomrüstung bezogenen Bedrohungsgefühle sich nicht von geschichtsphilosophischer Reflexion herleiten, daß die neuen Prosteste überhaupt viel weniger als die 68er Revolte theoriebezogen sind. So füllt er dieses Defizit selber aus, indem er in die neuen sozialen Bewegungen eine gemeinsame leitende Theorie hineindeutet. Da für ihn die Friedens- und die grüne Bewegung nur eine Fortschreibung der Studentenbewegung darstellen, ermittelt er einen beide verbindenden theoretischen Nenner, nämlich eine »futural antimodernistische Geschichtsphilosophie« auf marxistischer Grundlage. Die neue Variante bestehe nur darin, daß man als revolutionäres Subjekt die unterdrückte Natur an die Stelle der unterdrückten Proletariatsklasse gesetzt habe.

Wenn der ökologische und der Atomprotest sich indessen ganz anders als die 68er Revolte auf solcher Theorieebene nicht definieren, sondern darauf insistieren, aus spontaner Besorgnis über akute gesellschaftliche Bedrohungen initiativ geworden zu sein, dann muß man diese Besorgnis natürlich untersuchen. Als Kritiker der neuen Bewegungen findet Marquard eine anthropologische Erklärung dafür, warum deren Ängste angeblich keineswegs zu dem positiven Bestehenden passen. Diese Erklärung ist näherer Beachtung wert.

Marquard gelangt dabei zu einer originellen metapsychologischen Angsttheorie. Er registriert als anthropologischen Besitzstand eine allgemeine Angstbereitschaft. Was er beschreibt, ist allerdings mehr als eine bloße Bereitschaft, vielmehr ein regelrecht triebhaftes Bedürfnis nach Angst. Diese Disposition wirke sich so aus, daß der Mensch bei Fortfall realer Bedrohungen neue Angstgründe suche oder sogar notfalls erfinde. Dazu geschaffen, Angst haben zu müssen, sei der Mensch außerstande, den Entzug von Widrigkeiten, auf die er früher habe angstbereit gefaßt sein müssen, mit entspannter Genugtuung aufzunehmen. So erkläre sich, daß die moderne Kultur, indem sie immer mehr Gefahren und Nöte, Krankheiten und Unbequemlichkeiten besiege, gleichwohl dadurch keine Angstminderung zustande bringe. Vielmehr bestehe das Angstbedürfnis sogar darauf, gerade dort, wo Bedrohungen schwänden, weiter Angst zu haben, anstatt sich an andere Gegenstände zu heften. Die Entlastung durch den Fortschritt werde selbst als die größte Gefahr uminterpretiert. Die Entlastung vom Negativen führe zur Negativierung des Entlastenden.

Eine solche Verkehrung der Realität ins Gegenteil, wie sie Marquard annimmt, käme freilich einem psychotischen Mechanismus nahe. Es geschähe Ähnliches wie bei jenen Wahnkranken, die ihre speziellen Wohltäter als peinigende Verfolger fürchten. Marquard sieht seine Interpretation durch folgende Beispiele bestätigt: »Je mehr Krankheiten die Medizin besiegt, um so größer wird die Neigung, die Medizin selber zur Krankheit zu erklären; je mehr Lebensvorteile die Chemie der Menschheit bringt, um so mehr gerät sie in den Verdacht, ausschließlich zur Vergiftung der Menschen erfunden zu sein; je länger Kriege vermieden werden, desto bedenkenloser gilt die vorhandene Friedensvorsorge als pure Kriegstreiberei...«

Mit seiner kühnen Hypothese zur Angstdynamik konkurriert Marquard nur scheinbar mit der Psychoanalyse. Denn innerhalb dieser meldet sich neuerdings gerade umgekehrt ein Votum für eine Rehabilitierung der Angst. Statt diese voreilig zu pathologisieren, gesteht man ihr in einem viel weiteren Umfang als je zuvor eine echte Signalfunktion zu. Hat man an sozialen Ängsten bislang hauptsächlich den Anteil an neurotischen Projektionen studiert, würdigt man jetzt betont ihre kognitiven Fähigkeiten. In der neuen psychosozialen Perspektive nimmt man die soziale Blickrichtung Geängstigter allemal ernst und läßt sich auf sie ein. Eines der Ergebnisse ist, daß Offenheit für Angst in dem Sinne, daß Angst ausgehalten und durchgehalten werden kann, als wesentliche Bedingung zur Erfassung von hintergründigen sozialen Problemen anerkannt wird. Sogar Ängsten von klinischem Ausmaß wird eine bislang oft unterschätzte Komponente von Hellsichtigkeit zugesprochen. Wie viele Schriftsteller und Künstler haben in der Tat, während man ihre Alpträume psychiatrisch einstufte, in ihren Erzeugnissen die Probleme ihrer Zeit bei weitem klarer und gründlicher gesehen als ihre Umwelt. Wie lange hatte es gedauert, ehe ein größerer Teil des anfangs nur befremdeten Publikums Edvard Munchs »Schrei« als den profundesten Ausdruck der psychosozialen Situation des modernen Menschen verstanden hat.

Wer behauptet, die Ängste der ökologischen und der Friedens-Gruppen verfehlten die Realität, muß dieser gewiß sein. Er muß zeigen, daß das Bestehende dort in Ordnung ist, wo es als bedrohlich empfunden wird. Marquard postuliert indessen einfach die Evidenz der Vorteile durch die moderne Chemie, die moderne Medizin, die moderne Technik und die herrschende Rüstungspolitik. Er geht nicht auf die Chemieunfälle ein, nicht auf die Verseuchung von Wasser, Luft und Böden, nicht auf das Waldsterben, nicht auf Tschernobyl. Er verrechnet nicht die Rüstungskosten mit den in den vernachlässigten Elendsgebieten täglich sterbenden 40 000 Kindern. Die Warnungen der Expertenmehrheit vor den tödlichen Risiken des atomaren Wettlaufs übergeht er. Die ausdrücklich genannte Medizin sieht er nur auf dem Wege, immer mehr Krankheiten zu besiegen, verschweigt dafür ihre Niederlagen: die starke Häufung umweltbedingter Krankheiten; die Ausbreitung »hausgemachter« Infektionen durch resistent gemachte Keime in Krankenhäusern (wodurch nach Berechnungen kompetenter Hygieniker schon mehr Menschen sterben als durch Verkehrsunfälle); die Aids-Bedrohung für 70 000 bis 100 000 Infizierte allein in der Bundesrepublik; die Stagnation in der Krebs- und Infarktbekämpfung; die stetige Zunahme psychosomatischer Krankheiten usw.

Gerade in den Disziplinen, auf deren Entwicklung sich ungebrochener Fortschrittsglaube vor allem stützt, wachsen indessen die Zweifel unter den Experten selbst. Ökologische und ethische Bedenken sind zu einem zentralen Diskussionsthema unter

Medizinern, Chemikern, Humangenetikern, Computerwissenschaftlern und vor allem auch unter Physikern geworden. Da sind die großen Nobelpreis-gekrönten Physiker, die bereits vor Jahrzehnten zu beschwörenden Warnern vor der militärtechnischen Anwendung der kernphysikalischen Entdeckungen geworden sind – ohne diese Anwendung verhindern zu können: Einstein, Blackett, Born, Kastler etwa. Sie haben uns das Fürchten vor den Atomwaffen gelehrt, nicht weil ihr Blick von Angstbereitschaft getrübt, sondern weil er schärfer die Bedrohlichkeit der von den Politikern und dem Publikum nur verschwommen wahrgenommenen Realität erfaßte. Mancher warf sich im nachhinein vor, daß er nicht eher Alarm geschlagen habe, als die bedenkenlose Ausnützung der Kernspaltung zu einem atomaren Rüstungswettlauf sich angedeutet habe. Jedenfalls waren es ausgerechnet führende Naturwissenschaftler, also Pioniere des Fortschritts und keineswegs technikkritische Eiferer, die sich durch die Pugwash-Initiative als Pioniere der Friedensbewegung hervorgetan haben. In ähnlicher Weise beanspruchen heute die »Internationalen Ärzte für die Verhütung des Atomkrieges«, daß sie nicht aus antimodernistischen Affekten, vielmehr aus spezieller Expertenkenntnis der horrenden medizinischen Wirkungen atomarer Katastrophen initiativ geworden sind.

Damit ist indessen keine Relativierung der Laienängste intendiert. Die große Mehrheit der Bevölkerung ist inzwischen etwa über die Tatsachen der atomaren Bedrohung hinreichend im Bilde. Bemerkenswert ist hier ein großer Anstieg von Ängsten in einem Bevölkerungsteil, dem am wenigsten unterstellt werden könnte, daß er ausgerechnet im politischen Bereich Beschäftigung für »arbeitslose Angst« suchen müßte: Ich meine die Kinder. Systematische Studien in den USA, in Finnland, Schweden, Dänemark, der Bundesrepublik und auch in der UdSSR zeigen eine erschreckende Verbreitung von Atomkriegsangst bereits unter Dreizehn-, Vierzehnjährigen.* Ihre relative soziale Ohn-

* Literatur s. Angaben zum Beitrag »Umgang mit aktuellen Kinderängsten«

macht und Abhängigkeit böte Kindern doch wahrhaftig hinreichende Gründe, näherliegende Gefährdungen ernster zu nehmen. Wie will man erklären, daß die Kinder selbst in neutralen Ländern vielfach mehr politische als private Ängste bekunden, daß sie sich vor Atomkrieg und Umweltzerstörung mehr fürchten als vor persönlichen Unglücksfällen, Krankheit und Tod in der Familie?

Traut man ernstlich den Eltern zu, daß sie ihren Kindern deren häufige Phantasie, vorzeitig einer atomaren Katastrophe zu erliegen, eingeben würden? Oder ist nicht die Annahme viel plausibler, daß die Kinder in ihrer alterstypischen seismographischen Sensibilität und ihrer geringeren Verdrängungsbereitschaft durchlässiger für die echten Bedrohungen sind, unter denen wir leben? Nach psychotherapeutischer Erfahrung sind Eltern zumeist konsterniert, wenn sie bei Gelegenheit erfahren, welche Rolle solche Ängste in der Psyche ihrer noch ahnungslos unbeschwert vermuteten Kinder spielen. Nie hätten sie erwartet, so gestehen selbst die kinderpsychiatrischen Verfasser der besonders eingehenden repräsentativen finnischen Studie, wie früh und intensiv Kinder selbst in diesem block- und atomwaffenfreien Land von Kriegsängsten beschwert werden.

Schon die 68er Protestgruppen bekamen zu hören, sie rebellierten nur gegen das Bestehende, weil es ihnen zu gut gehe. Ähnlich klingt nun Marquards Theorie, das gegenwärtige Unbehagen am Bestehenden sei lediglich eine paradoxe Verarbeitung von fortschrittsbedingten Lebenserleichterungen. Als sporadischer Sonderfall ist ein vergleichbares Reaktionsmuster der Psychoanalyse freilich bekannt: Gelegentlich reagieren Menschen gerade dann mit finsteren Besorgnissen und Verstimmung, wenn sie irgendein Hindernis überwunden, ein positives Ziel erreicht haben. Freud hat diesen sporadisch auftretenden »moralischen Masochismus« eingehend untersucht und in seinen speziellen psychopathologischen Hintergründen aufgeklärt. Indessen haben weder er noch seine Kollegen damals oder heute je Belege dafür gefunden, daß ein masochistisches Bedürfnis, Angst zu haben und Positives negativ zu verarbeiten, generelles Merkmal unserer anthropologischen Ausstattung sei.

Nicht neu ist schließlich die von Marquard produzierte These, bei der er sich ausdrücklich auf Freud beruft, die Protestierenden seien womöglich insgeheim besonders positiv davon fasziniert, wogegen sie protestierten. Gewiß sind Friedensbewegte, Alternative und engagierte Umweltschützer von Natur aus nicht weniger mit Aggressivität behaftet als alle anderen. Aber die Annahme einer regelhaften Wechselbeziehung zwischen unbewußter Destruktivität und ökopazifistischem Engagement ist ebenso spekulativ und unhaltbar wie einst Nietzsches Versuch, christliche Sanftmut als Ausdruck giftigen Ressentiments zu entwerten.

Aber inzwischen sind es nicht zuletzt sozialkritische Psychoanalytiker, die davor warnen, politisches Verhalten zugunsten seiner psychologischen Motive zu relativieren. Es geht um die Maßnahmen, gewaltträchtige Verhältnisse zu verändern. Der Kampf um die Motive darf sich nicht dahingehend verselbständigen, daß die Verteidiger und die Kritiker des Bestehenden sich immer schärfer durch den wechselseitigen Vorwurf der bewußten oder unbewußten Martialität polarisieren. Es sind nicht die einen, die Krieg, Chemiekatastrophen und Umweltzerstörung wollen, und die anderen, die eben dies nicht und statt dessen das Leben schützen wollen. In solcher Perspektive würde uns ein Kampf mit verfehlter Frontstellung ewig daran hindern, die umstrittenen großen Probleme gemeinsam – und es geht nur gemeinsam – zu bewältigen. Dazu gehören nun einmal fraglos die Überwindung der tödlichen atomaren Risiken und die Zügelung umwelt- und sozial unverträglicher Techniken. Gelingt es, hierfür überzeugende Strategien zu finden und durchzusetzen, wird man sich kaum mehr den Kopf darüber zu zerbrechen haben, wo die dadurch arbeitslos gewordenen Ängste verbleiben.

Literatur

Freud, S. (1924): Das ökonomische Problem des Masochismus. Ges. Werke, Bd. 12. Imago Publishing Co. Ltd., London 1940, S. 369–383

Jugendwerk der Deutschen Shell (Hg.): Jugendliche und Erwachsene '85. Jugendwerk der Deutschen Shell. Überseering 35, 2000 Hamburg 60, Bd. 1, 1985

Richter, H.-E.: Zur Psychologie des Friedens. Rowohlt Verlag, Reinbek bei Hamburg 1982. Rowohlt Taschenbuch Verlag, Reinbek bei Hamburg 1984

Umgang mit aktuellen Kinderängsten

Als ich 1962 nach zehnjähriger Erfahrung in einer Beratungs-
und Forschungsstelle für seelische Störungen im Kindes- und
Jugendalter das Buch »Eltern, Kind und Neurose« schrieb, lautete die wichtigste Beobachtung, die ich vermitteln wollte: Kinder reagieren viel stärker darauf, wie ihre Eltern *sind*, als darauf,
was die Eltern ihnen *sagen*. Kinder spüren im allgemeinen ganz
genau, was sogar im Unbewußten ihrer Eltern vor sich geht.
Ihnen bleibt selten verborgen, was die Eltern an Ängsten, an
Zweifeln, an Verbitterung verdrängen. Entscheidend für die
Kinder ist also, was die Eltern ihnen glaubhaft *vorleben*. Kinder
brechen nicht zusammen, wenn Eltern ihnen eigene Probleme
und Sorgen offen eingestehen. Eltern, die hingegen ihr Elend
verstecken, dafür aber verlangen, daß ihre Kinder sie durch
Demonstration unbekümmerten Lebensmutes von der eigenen
Bedrücktheit entlasten, übertragen auf diese eine unzumutbare
Belastung.

Wenn man einen solchen Zusammenhang jahrelang erforscht
und wenn man erprobt hat, daß man Eltern von diesem in
psychotherapeutischer Arbeit zu überzeugen vermag, dann
kann man sich einreden: Das müsse man nur mit genügendem
Nachdruck bekannt machen, dann werde sich eine solche
Erkenntnis ausbreiten und weithin die pädagogischen Einstel-
lungen beeinflussen. Aber das ist eine naive Annahme. Es gilt
zwar für naturwissenschaftliche Entdeckungen, daß man diese,
wenn irgend möglich, sofort in der technischen Praxis anwendet. Psychologische Erkenntnisse hingegen werden nur dann

zeitweilig wirksam, wenn sie auf eine momentan geneigte Stimmungslage stoßen bzw. wenn sie keineswegs mit dem Bild kollidieren, das die Mehrheit gerade von sich aufrechtzuerhalten wünscht. Das entspricht einer gut studierten psychoanalytischen Regel: Eine analytische Deutung mag richtig sein, sie wird niemals akzeptiert, wenn sie nicht auf eine entsprechende emotionale Bereitschaft stößt. Zu dieser Bereitschaft gehört eine gewisse Lockerheit und Offenheit derer, die man erreichen will. Umgekehrt ist die Neigung zur Abwehr des Gehörten um so größer, je mehr sich die Empfänger unter Spannung befinden.

Im Hinblick auf das angesprochene Eltern-Kind-Verhältnis beobachten wir Psychotherapeuten: Je mehr Eltern unter innerem Druck stehen, um so mehr glauben sie, ihren Kindern die ihnen selbst richtig scheinende Denk- und Lebensweise vorschreiben zu müssen. Wenn die Kinder ihnen statt dessen durch Verhaltensschwierigkeiten ihre eigene Bedrängnis zurückspiegeln, so meinen sie, sie müßten die Kinder nur noch energischer disziplinieren, um sie auf den richtigen Weg zu bringen.

Vieles spricht dafür, daß genau diese Reaktionsweise momentan vorherrscht. Skeptische, wenn nicht pessimistische Zukunftsvorstellungen haben eine weitverbreitete Verunsicherung erzeugt, die einen massiven Verdrängungsaufwand mobilisiert hat. Die Mehrheit der erwachsenen Bevölkerung will nichts mehr hören von steigender Umweltzerstörung, von Raketen und Atomkriegsgefahr. Sie verlangt von den Medien, durch eher unterhaltsame und erbauliche Stoffe beschwichtigt zu werden. Und sie ist der politischen Kassandra-Rufer überdrüssig, welche das Verdrängte wieder rücksichtslos ans Licht zerren. Wehe, wer die mühsam errungene und höchst brüchige oberflächliche Zuversicht stört. Und wehe, wer die Kinder etwas anderes lehrt als den Glauben, daß die Welt im Grunde in Ordnung sei und weiter gut funktionieren werde, wenn alle nur weiter brav mitmachen würden. Wehe den kritischen Eltern und Lehrern, die den Kindern angeblich unnötige Zweifel und Bedenken in den Kopf setzen.

Aber es sollte uns nachdenklich machen, daß Kinder und

Jugendliche bereits seit Ende der siebziger Jahre, also vor der Veröffentlichung von »Global 2000« und vor dem Aufflammen der Friedensbewegung, in steigendem Maße pessimistische Zukunftsvisionen entwickelt haben. Die Veranstalter des Jugend-Schreibwettbewerbs »Unsere Zukunft« waren erstmals 1979 entsetzt über die Düsternis der beschriebenen Szenarien. Sie sahen sich genötigt, Beiträge auszuzeichnen, die einen computerisierten Überwachungsstaat oder einen atomaren Holocaust darstellten. Und es erschreckte sie, bereits bei Zwölf-, Dreizehnjährigen ein Überwiegen unheilvoller Zukunftserwartungen zu ermitteln. Diese Tendenz hat sich mit Schwankungen fortgesetzt. Die letzte repräsentative Jugendstudie, im Auftrag der Shell AG 1985 veröffentlicht, ergibt düstere Zukunftserwartungen bei 46 Prozent der Jugendlichen. Umweltzerstörung und Atomkriegsangst sind die vorherrschenden Angstthemen. 74 Prozent der Jugendlichen halten für wahrscheinlich, daß Technik und Chemie die Umwelt zerstören werden. Exakt genauso hoch war in der Sinus-Studie von 1983 der Anteil der Jugendlichen, welche die Jugendarbeitslosigkeit als großes Problem benannten. Allerdings fühlten sich von diesem Problem nur 20 Prozent der Befragten persönlich betroffen.

Bei einer repräsentativen Jugendlichen-Befragung im Lande Niedersachsen, veranlaßt vom niedersächsischen Kultusminister, wurde ähnlich wie bei der Shell-Studie noch mehr Angst vor Umweltzerstörung als vor der Atomkriegsgefahr ermittelt. Die Zahlen lagen bei 77 Prozent bzw. 61 Prozent. 41 Prozent äußerten sich besorgt, keine Lehrstelle zu bekommen.

Die jüngste Studie ist 1985 durch eine Arbeitsgruppe unter Leitung von Horst Petri durchgeführt worden. Befragt wurden 3499 Kinder und Jugendliche im Alter von neun bis achtzehn Jahren. Das Durchschnittsalter lag bei 14,6 Jahren. Auf diese von den Autoren als »epidemiologische Feldstudie von annähernd repräsentativem Charakter« bezeichnete Untersuchung möchte ich etwas näher eingehen. Wie bei allen sonstigen nationalen und internationalen Erhebungen sind die Ängste bei den

Mädchen etwas stärker ausgeprägt als bei den Jungen. Auffallend ist, daß die politischen Ängste die sogenannten privaten Ängste übertreffen. 53 Prozent der Mädchen und 47 Prozent der Jungen glauben, daß Deutschland in den nächsten fünf bis zwanzig Jahren in einen Atomkrieg verwickelt wird, der also noch vor der Lebensmitte dieser Kinder oder Jugendlichen eintreten würde.

Anstatt die Einzelresultate dieser Erhebung weiter zu referieren, lasse ich die Autoren in ihrer Auswertung zu Wort kommen: »Wie unsere Studie zeigt, würde es ... eine Verkürzung des Problems bedeuten, wollte man die Bedrohungsängste hauptsächlich auf die nukleare Bedrohung zurückführen. Wenn dieser auch im bewußten Erleben die wichtigste Bedeutung zukommt, scheint die enorme Dimension und die neue Qualität der Bedrohungsängste vielmehr durch die wechselseitige Abhängigkeit und Verzahnung von hauptsächlich vier Gefahren auszugehen: 1. der atomaren Überrüstung, 2. der exponentiellen Entwicklung neuer Technologien, 3. der rasanten Zerstörungsprozesse im Bereich der Ökologie und 4. der wachsenden Arbeitsplatzprobleme. Die Krisenentwicklungen in der Dritten Welt, wie Hunger und Überbevölkerung, habe die junge Generation in ihren persönlichen Erfahrungen und Gefühlsreaktionen offenbar noch wenig erreicht.«

Weiter heißt es: »Unsere Studie über Zukunftshoffnungen und Bedrohungsängste von Kindern und Jugendlichen aus dem Jahre 1985 hat durch die Katastrophe von Tschernobyl eine bestürzende Aktualität bekommen. Die gleiche Studie, zum heutigen Zeitpunkt erhoben, würde noch radikaler als die jetzigen Befunde die Illusion in breiten Teilen der Erwachsenengeneration zerstören, unsere Kinder lebten in einer heilen und friedlichen Welt. Neben den kurzfristigen Reaktionen auf die wachsenden Bedrohungen sind es besonders die langfristigen psychischen Auswirkungen und psychopathologischen Folgen für die Entwicklung der jungen Generation, die uns mit großer Sorge erfüllen.«

Diese bundesdeutschen Erfahrungen seien durch einige internationale Forschungsergebnisse ergänzt. Von 950 befragten Schülern einer High-School in Newton/Massachusetts glaubten 34 Prozent, daß ein Atomkrieg noch während ihres Lebens stattfinden werde. 52 Prozent erklärten sich als unsicher. 1982 veranstalteten Lisa Goodman und John E. Mack gründliche Interviews mit 31 Jugendlichen zwischen vierzehn und neunzehn Jahren aus dem Gebiet um Boston. Ihnen ging es darum, über die üblichen Fragebogenresultate hinaus einen tieferen Einblick in die Phantasie und Erwartungen der Jugendlichen zu gewinnen. Die Interviewten entstammten unterschiedlichen sozioökonomischen und religiösen Gruppen. Bei allen Jungen und Mädchen der Gruppe spielten Phantasien von einem drohenden Atomkrieg eine Rolle. Ich zitiere den Autor Mack: »Einige schienen auf zwei unterschiedlichen Ebenen zu leben. Einerseits planten sie ganz normal für ihre Zukunft, andererseits bedrückte sie die Vorstellung einer unvermeidlichen nuklearen Vernichtung. Jeder der befragten Jugendlichen glaubte, daß Zivilschutz wirkungslos sei und daß ein Atomkrieg nicht begrenzt werden könnte. Daß die Ausrüstung mit Nuklearwaffen Sicherheit schaffen könne, erschien ihnen zweifelhaft, obwohl sie nicht wünschten, daß ein von Atomwaffen entblößtes Amerika einer nuklear gerüsteten Sowjetunion gegenüberstände.«

Eine interessante Vergleichsuntersuchung zwischen amerikanischen und sowjetischen Kindern hat in enger Zusammenarbeit zwischen amerikanischen und sowjetischen Ärzten stattgefunden. Die wissenschaftliche Leitung lag in den Händen der Amerikaner E. Chivian, J. Goodman und J. Mack. Untersucht wurden 293 sowjetische und 200 amerikanische Kinder zwischen neun und siebzehn mit einem Durchschnittsalter von dreizehn Jahren. Auf die Frage, ob sie während ihrer Lebenszeit einen Atomkrieg zwischen den USA und der Sowjetunion erwarteten, antworteten mit Ja 38,4 Prozent der amerikanischen, hingegen nur 11,8 Prozent der sowjetischen Kinder. Immerhin sagten noch 44,8 Prozent der amerikanischen und 33,7 Prozent der sowjetischen Kinder, daß sie unsicher seien. Andere Verhältnisse ergaben sich bei Fragen nach den Überlebenschancen im Falle eines Nuklearkrieges. 80,7 Prozent der sowjetischen, aber nur 41,3 Prozent der amerikanischen Kinder gaben sich und ihrer Familie keine Chance, einen atomaren Krieg zu überleben. Ob man einen solchen Krieg verhindern könne, beurteilten die amerikanischen Kinder wiederum weniger optimistisch als die russischen. Hier betrug das Verhältnis 65,2 Prozent zu 93,3 Prozent.

Unter Berücksichtigung einer gleichzeitig durchgeführten vergleichenden Interviewstudie gelangten die Autoren zu folgenden Schlußfolgerungen. Ich zitiere:

1. »Sowjetische und amerikanische Kinder sind ziemlich detailliert informiert über die Wirkungen von Atomwaffen. Die Informationen stammen aus den Medien, aus der Schule und z. T. von den Eltern.«

2. »Sowohl die sowjetischen wie die amerikanischen Kinder beschäftigen sich mit der Möglichkeit eines Atomkrieges, wobei die sowjetischen Kinder darüber sogar mehr beunruhigt sind als die amerikanischen. Beiderseits sind Gefühle von Verzweiflung und Hilflosigkeit mit dem Gedanken verbunden, daß ein Atomkrieg irgendwann ausbrechen könnte.«

3. »Bei geringem Vertrauen in Zivilschutzmöglichkeiten geben die sowjetischen Kinder im Vergleich zu den amerikanischen sich und ihren Familien geringere Überlebenschancen.«

Bemerkenswerter als die signifikanten *Differenzen* finden die Autoren die *Ähnlichkeiten* zwischen den Kindern beider Nationen. Jedenfalls werde das Vorurteil widerlegt, daß die sowjetischen Kinder etwa schlechter informiert und weniger besorgt über die atomare Bedrohung seien.

Interessant ist eine sehr ausgedehnte Studie über Kinderängste im neutralen Finnland. Dort hat man nach Geburtsdaten eine repräsentative Erhebung bei Zwölf- bis Achtzehnjährigen vorgenommen. Insgesamt wurden 2167 Kinder schriftlich befragt. Die Rücklaufquote betrug 81 Prozent, war also sehr hoch.

Obwohl Finnland ein atomwaffenfreies neutrales Land ist, waren die Resultate bestürzend. Auf die Frage nach Ängsten wurde die Kriegsangst von 60 Prozent der Kinder an erster Stelle genannt. Interessanterweise fand sich bei den zwölfjährigen Jungen mehr Kriegsangst als bei den älteren, jedoch zeigte sich mit wachsendem Alter ein zunehmendes Vertrauen, zur Verhinderung eines Krieges beitragen zu können. Mädchen bekundeten in allen Altersgruppen mehr Betroffenheit als die Jungen. Es kam heraus, daß sie offenbar auch häufiger über ihre Kriegsängste als die Jungen Gespräche führen.

Mit besonderer Betroffenheit reagierten aber auch die *Autoren* dieser Untersuchung, darunter die finnische Sozialministerin Vappu Taipale, eine bekannte Kinderpsychiaterin. In der Zusammenfassung der Arbeit heißt es: »Das Ausmaß der Kriegsängste, das in der vorliegenden Studie nachgewiesen wird, übertrifft alle Erwartungen der Erwachsenen und sogar der ›mental health workers‹ in Finnland.«

Aber eben nicht nur in Finnland, sondern auch in vielen anderen Ländern wie in dem unsrigen besteht zweifellos dieses Mißverhältnis zwischen den *Vorstellungen* der Erwachsenen über die Kinder und deren *wirklicher psychischer Verfassung*. Wir Erwachsenen wollen zu einem großen Teil nicht wissen, mit welchen Bedrohungsphantasien sich unsere Kinder beschäftigen, eben weil wir selbst zu verdrängen bemüht sind, was die Kinder uns zurückspiegeln könnten. Dabei hätten wir allen Grund, genau hinzusehen und hinzuhören, was unsere Kinder in dieser Hinsicht wahrnehmen und fühlen. Wir Älteren verfügen über Mechanismen, uns realistischen Bedrohungsvorstellungen auf fragwürdige Weise zu entziehen:

Wo technischer Fortschritt mit seinen Produkten sich gefährlich gegen uns wendet, suchen wir meist widersinnigerweise blindlings in ihm selbst den Schutz gegen das Unheil, das er stiftet. Gegen gefährliche Technik wollen wir uns durch noch mehr und noch modernere Technik schützen. Denn an die Technik haben wir die Potenz delegiert, die wir uns selbst nicht mehr zutrauen. Sie soll sich gegen sich selbst schützen, damit wir geschützt sind. So ist es nur logisch, wenn die Supermächte der atomaren Gefahr bislang nicht durch Abbau, vielmehr durch laufende Erweiterung und Modernisierung ihrer Nuklearrüstung begegnen. Die technischen Monstren, die zum Vernichten gebaut sind, sollen den Frieden garantieren, den zu hüten wir unserem Verständigungswillen nicht zutrauen. So pervers es ist: Die stetig modernisierten Raketen werden zur Vermittlung der Sicherheit gesucht, die sie am meisten bedrohen. Dazu benötigen wir den Gegner, der uns gar nicht überfallen will, als Projektion einer dämonisch unheimlichen Welt, in der wir nur überleben zu können glauben, wenn wir bis an die Zähne technisch gerüstet sind. Da Menschen am Ende mit der Kontrolle der gigantischen Arsenale total überfordert sind, ist es ebenso konsequent, wenn an automatische Computerwarn- und Befehlssysteme Entscheidungskompetenzen delegiert werden, obwohl diese im Falle technischer Pannen leicht einen atomaren Weltkrieg aus Versehen bescheren könnten. Entsprechend warnen uns jedenfalls führende Computerwissenschaftler fortlaufend vor der Anfälligkeit der Systeme, in deren Hand wir absurderweise unser Schicksal haben legen lassen.

Wenn Tschernobyl hochgeht, dann lassen wir uns von dem Versprechen technischer Verbesserungen durch diejenigen Experten beschwichtigen, die uns vorher die praktische Unmöglichkeit jener Katastrophe weisgemacht hatten. In unserem Lande gelten die Kernkraftwerke – wenn überhaupt – offiziell jedenfalls als eine sehr viel geringere Gefahr für die Gesellschaft als diejenigen, die gegen die atomare Bedrohung protestieren. Im Zweifelsfall wird, wenn eine Hochtechnologie offenkundig zu riskant wird, immer eher ihre technische Weiterentwicklung als ihre Einschränkung oder gar ihr Abbau als Heilsweg gesucht.

Aber selbst wenn einigermaßen dramatische Ereignisse wie seinerzeit die Mittelstreckenraketen-Stationierung oder unlängst die Katastrophe von Tschernobyl oder die Chemieunfälle am Rhein weithin massive Ängste und *grundsätzliche* Zweifel an der Sicherheits-, Energie- bzw. Chemiepolitik aufrühren, ist immer wieder zu beobachten, daß solche verheißungsvollen Reaktionen über kurz oder lang wieder verebben. Die physiologische Alarmreaktion der Erregung, welche die Menschen für eine Weile sensibel und hellsichtig macht, erlischt unaufhaltsam, wenn die erschreckenden Informationen spärlicher werden oder sich nur gleichförmig wiederholen. Da spielt keine Rolle, ob die Gefahr anhält oder sich sogar schleichend erhöht – wie z. B. durch die Nachnachrüstung der Russen nach der Pershing-Stationierung oder durch den Bau neuer Kernkraftwerke nach Tschernobyl –, irgendwann kommt die große Ermüdung. Das läuft ähnlich ab wie das physiologische Abklingen irgendeiner Erregung nach einer beliebigen schockierenden Erfahrung. Etwas bleibt, wie wir zu sagen pflegen, im Hinterkopf haften. Es bleiben vielleicht auch Spuren in tiefen Schichten unseres Lebensgefühls: ein bißchen mehr Pessimismus. Aber man hat keine Lust mehr, mit dem heiklen Thema ewig weiter geplagt zu werden. In den Medien spürt man das. Da ist Tschernobyl oder Sandoz irgendwann out. Das Publikum verlangt nach anderen Reizthemen zur Ablenkung des verbliebenen Erregungspotentials. Das sollen möglichst sinnfällige, umschriebene, möglichst auch eher vermeidbare oder bekämpfbare Gefahren sein: irgendwelche spektakulären Delikte, terroristische Anschläge, Epidemien, Unfälle, politische Skandale. Daß augenblicklich Aids die Menschen beunruhigt, versteht sich. Aber bedenklich ist, wenn dahinter ein Problem wie die persistente atomare Bedrohung vollständig verschwindet. Wen hat noch die lapidare Meldung der Agentur Reuter beschäftigt, wonach die Nukleare Sicherheitskommission der USA als Folge von Tschernobyl 135 000 schwer Gesundheitsgeschädigte und 10 000 Krebstote in der UdSSR und in Europa weitere 4000 Krebstote erwartet?

Hier stoßen wir also erneut auf einen Mangel unserer psychophysiologischen Ausstattung. So wie wir einer verläßlichen inneren Alarmanlage ermangeln, die uns frühzeitig warnt, wo wir mit unseren technischen Eingriffen in die Natur das uns bzw. dem Leben zuträgliche Maß überschreiten, so hindert uns eine physiologische Abstumpfungsbereitschaft, eine anhaltende große Gefahr mit angemessener Sensibilität im Auge zu behalten. Die uns eingeborene Verdrängungsbereitschaft mag psychohygienisch nützlich sein. Es ist gut für unseren Schlaf und unseren Appetit, wenn die Raketen, Tschernobyl, Sandoz, das Waldsterben usw. nicht zu einem psychischen Dauerstreß werden. Aber es ist natürlich für die Zukunftsperspektive unserer Gesellschaft fatal, wenn wir uns psychophysiologisch an die schädliche Realität anpassen, anstatt die schädliche Realität nach Maßgabe unserer legitimen Ängste zu verändern.

Das heißt also, wir Erwachsenen sollten unsere Unzulänglichkeiten in der Reaktion auf reale Bedrohungen selbstkritisch bedenken. Unsere Kinder scheinen mit ihren Phantasien und Gefühlen oft hellsichtiger zu registrieren, wo unsere größten Gefahren liegen. Aus den Träumen und Tagträumen unserer Kinder wie auch aus den Bildern mancher hochsensibler, besonders durchlässiger Künstler dürften wir mitunter mehr erfahren, was uns bevorsteht und was wir zu bewältigen haben, als aus manchen Befunden und Hochrechnungen von Experten. Wenn jetzt in verschiedenen Ländern immer mehr Untersuchungen darüber angestellt werden, wie sich Kinder die Zukunft vorstellen und welche Bedeutung sie speziell den atomaren und den ökologischen Bedrohungen beimessen, so heißt das vielleicht, daß wenigstens hier und da das Zutrauen in die seismographische Fähigkeit der Kinder zunimmt. Daß man von den Kindern manches davon erfahren möchte, was man selbst verdrängt und gerade darum in beunruhigendem Maße den Kindern vermittelt.

Aber diese Sichtweise ist eben nicht nur kein Allgemeingut, sondern widerspricht der herrschenden Gewohnheit, die kritische Sensibilität der Jugend maßlos zu unterschätzen. Ungläubigkeit findet man insbesondere bei Vertretern der politischen Führungsschichten, wenn man sie mit den zitierten Ergebnissen der internationalen Jugendstudien konfrontiert. Undenkbar erscheint den Betreffenden, daß z. B. schon so viele Zwölfjährige von Atomkriegsängsten geplagt werden könnten, da man ihnen doch ständig Zuversicht in die eigene Sicherheitspolitik einimpfe. Allenfalls behilft man sich mit der Erklärung, daß diese beunruhigten Kinder von unverantwortlichen Panikmachern irregemacht worden seien oder daß gar die untersuchenden Wissenschaftler unkorrekt gearbeitet hätten.

Für diese Vorurteilsbereitschaft auf hoher Ebene fallen mir als Beispiele zwei Erlebnisse ein, die ich in Moskau bzw. in Bonn hatte.

Als ich vor Jahren zusammen mit einigen anderen Mitgliedern der westdeutschen Friedensforschung und Friedensbewegung Gelegenheit hatte, in Moskau mit ziemlich hochrangigen außenpolitischen Experten zu sprechen, diskutierten wir auch über die Jugend in unseren beiden Ländern. Ich erwähnte deutsche Untersuchungen, u. a. die zitierte Shell-Studie, und fragte die Russen, ob sie ähnliche repräsentative Erhebungen in der Sowjetunion kennen würden. Die Antwort lautete: Man wisse auch *ohne* statistische Ermittlungen, was die sowjetische Jugend denke. Denn schließlich erkläre man ihr tagtäglich, daß sie durch die Fortschritte der sozialistischen Gesellschaft allen Grund habe, der Zukunft mit Optimismus und Zuversicht entgegenzusehen. Und selbstverständlich mache sich die Jugend zu eigen, was man ihr sage.

Ein paar Stunden später hörte ich allerdings etwas ganz anderes in privatem Kontakt mit einer älteren Russin. Sie berichtete mir von ihren Kindern und deren Freundeskreis: Ihr eigener Sohn und manche anderen jungen Leute wollten später keine Kinder haben, weil sie das Risiko für die nachfolgende Generation als zu hoch einschätzten.

Das zweite Beispiel: Der vormalige Bundeskanzler lud mich kurz vor Ende seiner Amtszeit nach Bonn ein. Er wollte von mir Näheres über die Motive der neuen Jugendproteste und insbesondere der Friedensbewegung hören. Ich kam nur gerade dazu, ihm zu versichern, daß ich die Beunruhigung dieser Teile der Jugend im wesentlichen als eine spontane Reaktion auf gespürte

Bedrohungen einschätze. Da fuhr er mir ins Wort, knallte mit beiden Handflächen auf seine Stuhllehne: »Spontan? Da ist nichts spontan. Wenn ich das Wort spontan schon höre!« Dahinter stecke doch nur eine gezielte Aufwiegelung durch Väter, Lehrer und selbst durch einige Politiker seiner eigenen Partei, die da ein unverantwortliches Spiel trieben.

Frappierend ist das gemeinsame Vorurteil: Was die Jugend glaube, habe man ihr vorher planmäßig eingeredet. Das Wort »spontan« erscheint als Fremdwort. Ein Unterschied zwischen Ost und West besteht freilich darin, daß dort die Staatspartei bislang das Monopol für die propagandistische Beeinflussung hat, während hier – unter welchen offenen oder verdeckten Schwierigkeiten auch immer – jene kritische Gegenpropaganda möglich ist, über die sich mein zitierter Bonner Gesprächspartner so sehr aufregte. Aber in der Unterstellung, daß die Jugend sich automatisch zu eigen mache, was ihr von dieser oder jener Autorität gezielt aufoktroyiert werde, zeigt sich eine beklemmende Einigkeit.

Allerdings ist dieses Vorurteil eben nicht nur unter Politikern, sondern in der Elterngeneration überhaupt weit verbreitet. Wir Familientherapeuten begegnen auf Schritt und Tritt Eltern, die nur das wenigste davon spüren, was ihre Kinder von der Welt wahrnehmen und worüber diese sich bereits kritische Gedanken machen. Sie denken, was sie den Kindern gegenüber verschweigen, existiere für diese nicht. Tatsächlich sehen Kinder sehr oft ihre Eltern viel klarer, als diese sich selbst begreifen oder zumindest begreifen wollen. Sie fühlen auch deren nicht eingestandene Verstimmungen und Konflikte. Schönfärbende Sprüche, in denen ein optimistisches Zukunftsbild von der Welt entworfen wird, nützen gar nichts, wenn die Kinder einen Widerspruch zwischen dem Gesagten und der wahren Verfassung der Eltern bemerken. Leiden die Eltern insgeheim unter den Umständen, an die sie die Kinder mit allen pädagogischen Anstrengungen anzupassen versuchen, so dürfen sie sich über ihren Mißerfolg nicht wundern.

Unsere psychotherapeutische Erfahrung entspricht hier jedenfalls genau den geschilderten Untersuchungen über Bedrohungsängste der Kinder in verschiedenen Ländern. Überall sind das Publikum und zugleich die Mehrzahl der Experten bestürzt über die vorher nicht annähernd in diesem Ausmaß verbreiteten Besorgnisse der Kinder über die Umweltzerstörung und die Gefahr eines atomaren Krieges. Was müssen wir Älteren nun daraus für uns ableiten?

Ganz sicher müssen wir uns angewöhnen, mit den Kindern offener über das zu sprechen, was sie ohnehin bereits beschäftigt und bedrückt. Diffuse Phantasien, um Andeutungen herum gesponnen, sind für die Kinder viel belastender als klare Informationen. Im übrigen vermitteln wir, wenn wir freimütig über die Tatsachen zu sprechen wagen, allein schon durch die Offenheit mehr Sicherheit als durch die übliche fürsorglich gemeinte Heimlichtuerei.

Zu der Frage, was man Kindern zumuten darf oder gar soll, hat eine Fernsehjournalistin mit Lehrerinnen und Schülern einer Montessori-Schule ein instruktives Experiment veranstaltet. Mit Genehmigung der Schulleitung haben drei Lehrerinnen mit den Schülerinnen und Schülern einer fünften Klasse drei Monate lang Aspekte des Problems Tschernobyl als Projekt bearbeitet. Die vorher befragten Eltern der Kinder waren einverstanden. Die Kinder beschäftigten sich mit der Kernenergie und den alternativen Energieformen. Sie orientierten sich über die Radioaktivität und ihre möglichen biologischen Wirkungen. Man machte ihnen verständlich, wie sich Tschernobyl auswirkt und wie man den Gefahren zu begegnen hat. Von den Lehrerinnen ermutigt, suchten die Kinder in Gruppen zuständige Dienststellen in der Stadt auf, um sich über behördliche Schutz- und Vorsichtsmaßnahmen zu unterrichten. Im Kunstunterricht malten sie, was sie zu Tschernobyl phantasierten: Da tauchte immer wieder der Tod in Landschaften voller Verbotsschilder auf – Spielplätze, die man nicht betreten, Milch, die man nicht trinken, Gemüse und Früchte, die man nicht essen durfte. Beklemmend deutlich wurde die Mühe, das bedrohlich Unsichtbare sichtbar zu machen. Kreuz und quer liefen durch die Bilder Worte der Angst und der Warnung. Sich in Bildern auszudrücken genügte nicht. Die innere Spannung mußte zugleich in Worte gefaßt werden, aber die Kunstlehrerin verstand, daß die Kinder gegen die Angst auch ihre Hoffnungen und Wünsche stärken wollten. So entstanden zugleich lebhafte Bilder zum Thema Wünsche, freilich nicht selten in Gegenüberstellung von heiler und zerstörter Umwelt, von gesunden und kranken Bäumen, von Liebe und Gewalt.

Von der Fernsehjournalistin zu einem Diskussionsabend mit den Eltern und Lehrerinnen eingeladen, fragte ich die Eltern, wie sich dieses Projekt denn nun auf die Elf- und Zwölfjährigen ausgewirkt habe. Nahezu einstimmig bekam ich zu hören: Den Kindern habe dieser Prozeß außerordentlich gutgetan. Besonders wichtig sei für sie die Erfahrung gewesen, daß man sie bei diesem Problem, das alle innerlich beschäftigte, so ernst genommen habe. Auch die Ermutigung, sich auf den Behörden Auskünfte zu verschaffen und dort kritische Fragen zu stellen, habe Positives bewirkt. Die Kinder hätten dabei das Zutrauen gefaßt, daß sie auch selber etwas tun könnten. Im Eifer, die Reaktionen ihrer Kinder darzustellen, ließen die Eltern ihre eigene Teilhabe an den Prozessen spüren. Zeitweilig redeten sie überhaupt nur noch über sich, über den eigenen Umgang mit der Angst: Tschernobyl irgendwann verdrängen oder sich weiter engagieren? Verdecken wir Erwachsenen mit unserer Frage nach der Belastungsfähigkeit der Kinder nicht die Sorge um die eigene Belastungsfähigkeit? Wie kann man Kinder ermutigen, sich mit Tschernobyl auseinanderzusetzen, wenn man selber mit Verzweiflung und Ohnmacht zu kämpfen hat?

Jedenfalls schien es, als hätten in diesem Projekt alle voneinander profitiert: Kinder, Eltern und Lehrerinnen. Sie hatten sich wechselseitig in zahlreichen Gesprächen unterstützt. Fazit einer Lehrerin: So müßte Schule sein! Sie müßte die großen Lebensprobleme bei aktuellen Gelegenheiten aufgreifen und mit den

Schülern bearbeiten, aber da sei der sture Zwang der Lehrpläne, die weitgehend daran vorbeiliefen, womit sich die Kinder innerlich beschäftigten und oft abquälten...

Da stand man nun vor dem Thema: Ist man ohnmächtig, oder kann man sich wehren? Die Kinder hat man zu den Behörden geschickt, damit sie kontrollieren, ob genügend zum Schutz der Menschen geschieht. Aber was machen die Lehrer, die Eltern? Gehen sie mit ihrer Kritik an der Schule, an der Kernenergie, an der Atomrüstung zu den Aufsichtsbehörden und den Politikern? Nützen sie alle Möglichkeiten aus, um auf Veränderungen zu dringen?

Jedenfalls hat dieses Experiment bewiesen, daß schon elf-, zwölfjährige Kinder dafür bereit sind, sich eingehend mit Tschernobyl und allgemeinen Zusammenhängen der Atomenergie zu beschäftigen. Sie können ihre Ängste besser verarbeiten, wenn sie Vorstellungen zu entwickeln vermögen, wie die Bedrohung zustande kommt und was man dagegen tun kann. Wichtig ist, daß man auf ihre Art von Fragen eingeht und sich in ihre Phantasien einfühlt, die sie etwa in ihren Bildern ausdrücken. Es geht ja darum, daß die Kinder die Tatsachen in ihre *eigene* geistige Welt und in ihre Sprache aufnehmen, wobei sie durchaus das Wesentliche treffend erfassen können. Nur solche Eltern oder Lehrer werden Kinder dabei überfordern, die – wie unabsichtlich auch immer – an diesen abreagieren, was sie selber nicht bewältigt haben. Es ist ja einer der geläufigsten psychosozialen Abwehrmechanismen, daß man andere erschreckt, um eigene Angst niederzuhalten. In vielen Varianten beobachten Psychotherapeuten diesen Vorgang alltäglich zwischen Mann und Frau, aber eben auch zwischen Eltern und Kindern.

Bevor man also danach fragt, wie man am besten mit Kindern über die Tatsachen der atomaren Bedrohung redet, sollte man sich zunächst prüfen, wie man selbst zu den Dingen steht und wie man mit der eigenen Angst zurecht kommt. Im Vorteil sind da natürlich solche Eltern, die sich von solchen Gefahren nicht passiv überwältigt fühlen, sondern irgendeinen eigenen aktiven

Beitrag zu deren Abwendung zu leisten versuchen. Dazu fällt mir jene kleine Geschichte ein, die ich vor Jahren von einer amerikanischen Kollegin hörte und die inzwischen auch hierzulande die Runde macht. In einer amerikanischen Stadt fragte eine Lehrerin ihre Schüler, ob sie schon einmal von einem Atomkrieg gehört hätten und was sie darüber dächten. Alle Kinder sagten, daß sie davon schon gehört hätten und daß sie deswegen Angst hätten. Aber *ein* Mädchen erklärte, sie hätte gar keine Angst, weil ihr Daddy jede Woche zu einer Bürgerinitiative gehe, die für den Frieden kämpfe.

Diese kleine Geschichte ist instruktiv. Es kommt darauf an, mit den Tatsachen zugleich die Hoffnung zu vermitteln, daß die Bedrohung überwunden werden kann. Aber glaubwürdig werden Kinder ihre Eltern darin immer nur dann erleben, wenn diese sich irgendwie aktiv mit dem Problem auseinandersetzen.

Daß wir uns an diesem Punkt alle in einer äußerst schwierigen Lage befinden, ist offensichtlich. Wie können wir unsere Kinder wirklich glauben machen, daß wir alles tun, um ihnen später einmal günstige Lebensbedingungen zu sichern? Wir können privat alle mögliche Vorsorge treffen, zum Vorteil der Kinder sparen, Versicherungen abschließen, ihnen so viele Bildungshilfen wie möglich zukommen lassen. Wir können sie gut ernähren, sie anspornen, ihnen vielerlei Anregungen bieten. Aber wie sollen wir ihnen plausibel machen, daß für jeden Erdenbürger, also auch jedes Kind, schon umgerechnet mehrere Tonnen Dynamit gestapelt sind? Daß täglich etwa 40 000 Kinder in den armen Ländern verhungern müssen, während pro Minute zweieinhalb Millionen Mark für die Rüstung verpulvert werden? Daß beide Supermächte einander und uns alle mit immer gefährlicheren Waffen bedrohen und alle anderen Völker mittelbar in ihre Feindschaft mitverwickeln? Eine Enkeltochter, die in unserem Haushalt lebt, hat mich ganz schlicht gefragt: Warum geht es nicht, daß sich die Amerikaner mit den Russen versöhnen?

Sie stellt sich ja nicht zu Unrecht vor, daß die führenden

Politiker probieren müßten, was sie selbst in der Schule bei Streitigkeiten mit anderen Kindern als die befriedigendste Lösung herausgefunden hat. Es ist ja nur quälend, wenn zwei voreinander immer nur Angst haben und ausschließlich daran denken, wie sie sich *gegen* den anderen behaupten können. Wenn man miteinander leben muß und aufeinander angewiesen ist, dann soll man eben lernen, *miteinander* auszukommen. Wenn nun aber Russen und Amerikaner zur Verhinderung einer Weltkatastrophe so sehr wie nie aufeinander angewiesen sind, warum sprechen sich dann ihre Spitzenleute nicht häufiger miteinander aus? Warum ringen sie nicht ernsthaft um eine echte Verständigung?

Eine solche Unterhaltung mit Kindern kann schnell zu dem Punkt kommen, daß man die Unvernunft des mörderischen Wettrüstens eingestehen muß. Natürlich erwarten Kinder nun von ihren lange Zeit idealisierten Eltern und Großeltern, daß diese etwas tun, um diese Unvernunft aus der Welt zu schaffen. Manche von uns haben sich ja nun auch irgendwo aktiv engagiert, etwa in unserer Friedensbewegung. Auf jüngere Kinder kann das immerhin so beruhigend wirken, wie das von der zitierten amerikanischen Schülerin berichtet wurde. Aber wie ist es nun, wenn die Kinder älter werden und merken, daß z. B. Daddy immerfort in dieser Sache rührig ist, aber keine durchgreifenden Erfolge melden kann? Unlängst hat mir eine in der Friedensbewegung wacker engagierte Mutter davon berichtet, daß ihre fünfzehn und sechzehn Jahre alten Töchter ihr vorgehalten hätten: Mutti, wir finden ja ganz phantastisch, was du da machst. Aber du rackerst dich da ab, und nun sag uns mal, hast du damit irgend etwas erreicht? Es ist doch alles vergeblich!

Aber ist wirklich alles vergeblich? Die besagte Mutter glaubt es weiterhin nicht. Und sie hat ihren Kindern entsprechend geantwortet. Aber sie hat durchaus mit sich zu kämpfen, um gelegentlich Gefühle von Entmutigung zu überwinden, die vielen von uns geläufig sind. Und diese Mutter gesteht ihren Kindern auch zu, daß sie sich manchmal sehr ohnmächtig fühle.

69

Aber sie hat eine Einschätzung von einem möglichen Erfolg ihres Engagements, die ihr immer wieder Kraft verleiht.

Sie denkt nicht nur an heute und morgen. Sie denkt daran, daß sie um sich herum noch viele andere Frauen und Mütter, aber auch Männer aufrütteln will. Und ihre Idee ist: Wenn die Zahl der aufwachenden und protestierenden Menschen allmählich millionenfach anschwillt, dann wird daraus eines Tages doch einmal eine Macht werden, gegen die keine Politik mit unverantwortbaren atomaren und ökologischen Risiken mehr betrieben werden kann. Wie unsicher die Aussicht auf dieses Gelingen auch immer sein mag, so sieht es diese Mutter als einen selbstverständlichen Teil ihrer Lebensaufgabe an, das ihr Mögliche dazu beizutragen.

An dieser Denkweise finde ich einen Aspekt beispielhaft: die Fähigkeit, in einer langfristigen Perspektive zu denken. Auf den ersten Blick erscheint dies paradox. Wachsen die Gefahren nicht von Monat zu Monat, ja von Tag zu Tag? Werden nicht täglich Millionen für neue Waffen verpulvert und neuerdings sogar für eine Militarisierung des Weltraums? Was nützt es da noch, wenn der Bevölkerungsanteil allmählich anwächst, der zu zweifeln und umzudenken beginnt? Hängt nicht alles davon ab, daß wir übermorgen und möglichst schon morgen den Lauf der Dinge wenden? Ist es sonst nicht zu spät?

Diese Ungeduld kann sich auf triftige logische Gründe berufen. Zugleich droht sie an sich selbst zu scheitern. Erstens, weil die Machtverhältnisse einen schlagartigen Erfolg nicht zulassen. Zweitens aber auch, weil in dem hektischen augenblicksbezogenen Denken bereits ein Prinzip reproduziert wird, das die Destruktivität an sich enthält.

Wenn wir darauf schauen, welche Mentalität den atemlosen Rüstungswettlauf und die umweltzerstörende Technikpolitik unterhält, so ist es gerade eines ihrer wesentlichen Merkmale, daß sie nirgends mehr abwarten will und kann. Das Spiel mit den schwindelerregenden Risiken der atomaren Bedrohung z. B. beruht auf der absurden Vorstellung, die Konflikte zwischen den politischen Systemen berechtigten, ja verpflichteten die *heute* Macht tragende Generation, die Zukunft aller nachfolgenden Generationen aufs Spiel zu setzen. Darin steckt eine größenwahnsinnige und verantwortungslose Entmündigung der Jugend und der noch Ungeborenen. Dabei verschieben sich diese Konfliktkonstellationen laufend und eröffnen da oder dort kooperative Lösungsmöglichkeiten, wo man gestern noch allein auf Bedrohungsstrategien gebaut hatte. Wer hätte denn noch unlängst – ein Beispiel – der Sowjetunion einen Gorbatschow zugetraut, dessen heutige Abrüstungsinitiativen alles übertreffen, was dem Westen eingefallen ist?

Jene Mutter tut recht daran, wenn sie ihr Engagement nicht mit dessen momentanen Effekten, sondern einfach mit der Überzeugung rechtfertigt: Wenn ich auch persönlich nicht viel zu erreichen vermag, so will ich doch nichts versäumen, was ich dazu beitragen kann, daß meine Kinder und Enkel in Sicherheit und in einer vor dem Schlimmsten bewahrten Umwelt leben können. Das bin ich ihnen schuldig. Und nur so bin ich mit mir selbst im reinen.

Literatur

Chivian, E. u. J. Goodman: What Soviet children are saying about nuclear war. IPPNW Report, Bd. 2, Nr. 1, 1984

Chivian, E., J. E. Mack, J. P. Waletzky, C. Lazaroff, R. Doctor u. J. M Goldenring: Soviet children and the threat of nuclear war: A preliminary study. American Journal of Orthopsychiatry 55, 1985, S. 484–502

Jugendwerk der Deutschen Shell (Hg.): Jugendliche und Erwachsene '85. Jugendwerk der Deutschen Shell, Überseering 35, 2000 Hamburg 60, Bd. 1, 1985, S. 116, 118

Mack, J. E.: Research on the impact of the nuclear arms race on children in the USA. IPPNW Report, Bd. 2, Nr. 1, 1984

Niedersächsischer Kultusminister (Hg.): Lebensbedingungen von Jugendlichen und jungen Erwachsenen in Niedersachsen. Manuskript, Hannover 1985

Petri, H.: Kriegsangst bei Kindern – Atomkrieg und Erziehung. psychosozial 26, 1985, S. 46–60

Petri, H., K. Boenke, M. Macpherson u. M. Meador: Bedrohtheit bei Jugendlichen, psychosozial 29, 1986, S. 62–71

Richter, H. E.: Eltern, Kind und Neurose. Klett Verlag, Stuttgart 1963, 3. Aufl. 1972. Rowohlt Taschenbuch Verlag, Reinbek bei Hamburg 1969, 18. Aufl. 1984

Sinus-Institut: Die verunsicherte Generation. Leske u. Budrich Verlag, Opladen 1983, S. 40

Solantaus, T., M. Rimpelä u. V. Taipale: The threat of war in the minds of the 12–18 year olds in Finland. Manuskript, 1983

Reaktionen auf Tschernobyl

Tschernobyl hat kurzfristig Ängste freigelegt, wie sie in dieser Tiefe in unserer Bevölkerung seit langer Zeit nicht mehr vorgekommen sind. Ausgebreitet hat sich zeitweilig eine bis in den Grund erschütternde Stimmung der Hilflosigkeit und Verzweiflung. Häufiger Frauen, aber auch Männer schilderten uns Psychotherapeuten, daß sie von plötzlichem Weinen überfallen wurden, sich eigentümlich lustlos und apathisch fühlten – oder bei sich umgekehrt hektische Umtriebigkeit oder Flucht in allerlei sinnlose Ablenkungen bemerkten. Manche beschrieben das Empfinden, in einer gefährlichen Welt ohnmächtig verloren zu sein. Sichtbar wurde ein Zustand auf der Stufe eines profunden Ur-Mißtrauens. In einzelnen von mir geleiteten Selbsterfahrungsgruppen erinnerten sich Ärzte und Psychologen an unbegriffene und kaum verarbeitete Brutalitätserfahrungen aus ihrer Kindheit. Die Vergewaltigung seiner Mutter durch einrückende fremde Soldaten, die ihn als Vierjährigen getroffen hatte, assoziierte ein Psychologe zu dem Entsetzen, das ihn nach der Reaktorkatastrophe ergriffen hatte: die gleiche Lähmung und Ratlosigkeit gegenüber einer kaum faßbaren übermächtigen Gewalt.

Sechs Tage nach dem Unglück saß ich neben einem Strahlenbiologen, einem Nuklearmediziner und einem Politiker der Grünen auf dem Podium im überfüllten Saal unserer Kongreßhalle: Thema Tschernobyl. Selten habe ich ein Publikum von mehr als tausend Menschen in ähnlicher ängstlicher Verwirrung erlebt. Geradezu flehentlich suchte man jemand, der sicher wüßte, was vor sich ging und wie man sich vielleicht schützen könne. Die beiden Naturwissenschaftler fanden sich etwa in die Rolle von Magiern versetzt, die um Himmels willen das Unfaßbare wenigstens auf Begriffe und Zahlen bringen sollten. So etwa, dachte ich, dürften sich die Menschen im ausgehenden Mittelalter an die Zahlenmystik geklammert haben, um die Angst aus ihrem schwindenden Vertrauen in eine gottgelenkte Welt zu bannen. Die Namen Becquerel und Rem, verbunden mit Grenz- und Meßwerten, erhielten plötzlich Geisterkraft. Würde man wenigstens alles messen und bezeichnen können, was da jetzt an unsichtbarer Bedrohung heranschwebte oder herunterregnete? Würde man es doch vielleicht damit auch beherrschen können? An Stelle einer kritischen Diskussion leistete sich das verschüchterte Publikum nur ergebene Fragen an die idealisierten Experten. Ein Teilnehmer sprach es für alle aus: Wir können und wollen heute abend nicht über das Für und Wider der Kernenergie reden, sondern nur von den Experten ihre Ergebnisse und Ratschläge hören, was wir machen können. Soll man Jod- oder Kalziumtabletten schlucken? Hat es Sinn, Obst und Gemüse einzufrieren? Sollen wir die Gartenerde umgraben? Darf man Brunnenwasser trinken? Sind Schwangerschaften gefährlich? Warum wird nicht noch viel mehr gemessen, und warum werden so wenige Zahlen bekanntgegeben?

Neben beschwichtigender Belehrung und Rat suchten die tausend vor allem die Wärme in der Menge. In dem unerwarteten riesigen Zustrom war eine Flucht aus der Isolation spürbar, in der man die Angst nicht aushalten konnte. Eine Solidarität der Verzweiflung in gemeinsamer Not.

Solche Reaktionen machten aber zugleich deutlich, warum es wieder einmal schwer werden würde, die aufgebrochene Erregung in bedachte politische Aktivitäten umzuleiten. Die mobilisierten tiefreichenden Ängste bereiteten eher den Boden für erneute *passive Resignation* oder für *spontane Impulsdurchbrüche*. Rasch waren dann auch die geübten Beschwichtiger am Werk, die ewigen Warner vor »Dramatisierung« oder »Überreaktion«. Wieder und wieder ertönte die listig halbwahre Formel von der Nichtexistenz einer »*akuten* Gefahr«, als ob hierzulande nicht ohnehin nur chronische statt akuter Schäden zu erwarten wären. Aber sicher haben Minister Zimmermann und seine Mediengehilfen wieder für einige Millionen suggestive Verdrängungshilfe geleistet. Man distanzierte sich von den »Hysterikern« und »Panikmachern«.

Auf der anderen Seite rotteten sich in vielen Städten, vor allem in besonders gefährdeten Gebieten, die Scharen der Sensibilisierten zusammen, die sich ihr legitimes Mißtrauen nicht ausreden ließen. Diesmal, anders als vor der Stationierung, machten sich vor allem Frauen und Mütter zu Wortführerinnen und bildeten in zahlreichen Initiativen die Hauptgruppe. Sie spürten leibhaftig, was es heißt, wenn die mütterliche Erde nicht mehr heil ist, wenn man Milch und grüne Nahrung fürchten muß und wenn die Zellen, aus denen neues Leben entspringt, entarten können. So wurden wieder Hunderttausende von Unterschriften gesammelt, Briefe an die Politiker geschrieben, und landauf, landab sprossen Protestinitiativen empor oder erwachten alte Friedensgruppen zu neuem Elan.

Aber die Kluft zwischen den atemberaubenden Vitalängsten und der Fähigkeit zu organisiertem politischem Widerstand ist tief. Und sie ist abgesichert durch zementierte Strukturen, die kritische Stimmungen und Forderungen von unten davon abhalten, in die politische Entscheidungsebene vorzudringen. Dazu erzogen, diese Entmündigungsmechanismen nur auf der Seite des Gegners zu entlarven, verleugnen wir sie in unserem »Reich der Freiheit«. Trotz Flick durchschauen viele nur zögernd die gewaltige Übermacht des Kartells aus Atomwirtschaft, Rüstungsindustrie und einer Ordnungspolitik, welche die Atomgegner flugs als Feinde von Recht und Ordnung verfolgt. Wenn sich am Rande der Massen legitim Geängstigter und Verzweifelter ein paar hundert in ohnmächtige Gewalttätigkeiten hineinsteigern, dann heißt es – pars pro toto –: hier zeige der Widerspruch gegen die Atomwirtschaft sein wahres Gesicht. Die Zigtausende, die stellvertretend für viele Millionen in Brokdorf und Wackersdorf demonstrieren, werden gezielt als Sympathisanten staatsgefährdender Krawallmacher diffamiert. Keine Frage danach, ob sich vielleicht in den chaotisch aggressiven Formen der Verbitterung die übermächtige Unterdrückung abspiegele, die geordneten Ausdrucksformen kritischen Massenwillens in der »Zuschauerdemokratie« so wenig Chancen läßt.

Gewiß eine der sanftesten Initiativen im Spektrum der internationalen Friedensbewegung bilden die »Internationalen Ärzte für die Verhütung des Atomkrieges«. Dadurch, daß der große internationale Kongreß dieser Organisation in Köln unmittelbar der Tschernobyl-Katastrophe folgte, gerieten diese Ärzte unversehens in den Brennpunkt des öffentlichen Interesses. Würden die Mediziner eine klare Antwort auf Tschernobyl geben oder sich davor drücken? Im Führungsgremium der bundesdeutschen IPPNW-Sektion (»Internationale Ärzte für die Verhütung des Atomkrieges«) einigte sich eine Mehrheit rasch auf den Standpunkt: Wir dürfen jetzt nicht schweigen, nachdem wir bisher bereits in Hunderten von Veranstaltungen die Bevölkerung über die Wirkungen radioaktiver Verseuchung und insbesondere der Strahlenkrankheit aufgeklärt haben. Das nukleare Risiko ist *seinem Wesen nach kriegerisch,* wie es sich jetzt aus der massiven Gefährdung der Menschen über viele Grenzen hinweg erweist. Der Öffentlichkeit ohnehin als »Ärzte gegen die atomare Bedrohung« vertraut, haben wir uns unverzüglich dem Votum der kritischen Naturwissenschaftler anzuschließen und unsere Einwände gegen die Kernenergie öffentlich zu machen.

Außerstande, in wenigen Tagen die Meinung von über fünftausend Mitgliedern zu erfragen, beschloß das Führungsgremium der bundesdeutschen Antiatomärzte mit großer Mehrheit immerhin, einen Aufruf zu veröffentlichen, den ich wie folgt formulierte:

Ippnw, Sektion Bundesrepublik Deutschland
Arbeitskreis Atomenergie
Zeit zum Aufwachen!

Die Folgen des Reaktorbrandes von Tschernobyl haben die Bevölkerung hier wie in zahlreichen anderen Ländern tiefer geschockt als irgendein Ereignis der letzten Jahrzehnte. Daran zeigt sich, in welchem Maße die Gefahr atomarer Katastrophen bisher mit Hilfe fragwürdiger Sicherheitsversprechen gewisser Politiker und Experten unbekannt geblieben oder verdrängt worden ist. Wir bemühen uns seit Jahren, durch Broschüren, Bücher, Aufrufe und Veranstaltungen über die regionalen und die überregionalen Wirkungen radioaktiver Verseuchung und der Strahlenkrankheit präzis aufzuklären. Der aktuelle erschreckende Anlaß konfrontiert nun viele Millionen schlagartig mit dem bislang weit unterschätzten Ausmaß einer radioaktiven Bedrohung, die vor Jahren in Harrisburg beinahe, jetzt in Tschernobyl definitiv zu einer furchtbaren Wirklichkeit geworden ist. Die schwerwiegenden Fehler der sowjetischen, aber auch die widersprüchliche Informationspolitik unserer hiesigen Behörden wecken zusätzliches Mißtrauen. Dieses Mißtrauen, wie es sich jetzt gegenüber der zivilen Atomwirtschaft als berechtigt erweist, verdient erst recht die militärische Nukleartechnologie mit ihrer Koppelung an anfällige Computer-Warnsysteme.

Wir warnen die Öffentlichkeit davor, sich von den aufgebrochenen verständlichen Ängsten zur Resignation oder auch zu erneuter Verdrängung verleiten zu lassen. Noch ist Zeit, das Schlimmste zu verhüten, indem wir uns alle für folgende Forderungen an die Politiker aktiv engagieren:

1. Sorgen Sie in weltweiter Zusammenarbeit für einen Abbau der lebensgefährlichen Atomwirtschaft zugunsten alternativer Energieträger, und organisieren Sie eine internationale Sicherheitskontrolle!

2. Leiten Sie in unserem Land einen Ausstieg aus der Kernenergie ein, und verzichten Sie auf die Plutonium-Wirtschaft!

3. Sorgen Sie für einen sofortigen internationalen Stopp aller Kernwaffentests und für ein atom- und chemiewaffenfreies Europa!
4. Machen Sie zusammen mit den Ärzten der Bevölkerung klar: Nur indem wir gemeinsam einen Atomkrieg verhindern, nicht aber indem wir eine utopische Bekämpfung seiner Folgen trainieren, können wir unser und unserer Nachgeborenen Überleben sichern.
5. Setzen Sie an die Stelle einer Politik der atomaren Bedrohung eine Politik der »Ehrfurcht vor dem Leben« (Albert Schweitzer)!

Unterschrieben: *Bastian, Hoevener, Richter*

Am 15. Mai übergaben wir diesen Aufruf den Agenturen, nachdem unsere Berliner Ärzteinitiative bereits ein instruktives Informationspapier über Begriffe und Daten der Radioaktivität veröffentlicht hatte, das für viele angesichts der verwirrenden offiziellen Informationspolitik eine wichtige Orientierungshilfe bot.

Einzelne aus unserer Ärzteorganisation zögerten zunächst, sich außer gegen die nukleare Rüstung nun auch noch gegen die zivile Atomwirtschaft zu engagieren. Sie fanden anfangs Unterstützung bei führenden Vertretern der amerikanischen und sowjetischen Ärzte, die auf dem internationalen Kölner Kongreß das Thema Tschernobyl eher im Hintergrund halten wollten. Aber dieses Vorhaben mißlang: Unter dem Druck der großen Tagungsmehrheit kam es zu einer erregten Plenumsdiskussion über die Risiken der Kernreaktoren, und fast einstimmig beschlossen die anwesenden paar tausend Teilnehmer eine Resolution, die sich im wesentlichen an die Forderungen unseres Aufrufs vom 15. Mai hielt. Es war wie ein Dammbruch, aus dem die allgemeine Überzeugung erwuchs: Entscheidend ist nicht, ob unverantwortbare nukleare Risiken aus militärpolitischen oder anderen Motiven eingegangen werden: *Die Folgen sind so oder so ein Krieg gegen die Menschen und die Natur.* In einem

Krieg würden sich Kernkraftwerke wie feindliche Atombomben auswirken: Drei bis zur Kernschmelze beschossene Kernkraftwerke, geographisch passend ausgewählt, würden die gesamte Bundesrepublik radioaktiv verseuchen. Eine einzige Bombe, die den Reaktorkern von Neckarwestheim zum Verdampfen brächte, würde – Südostwind vorausgesetzt – die dichtest besiedelten Gebiete von Rhein, Main, Ruhr und den Niederlanden für lange Zeit unbewohnbar machen. Wir würden mit unserer Ärztebewegung unglaubwürdig, würden wir die destruktive Gewalt der ungenügend beherrschbaren »zivilen« Atomkraft nicht beim Namen nennen. Die Bevölkerung müßte unser Verschweigen sogar als Beschwichtigung mißverstehen.

Daß für mich selbst Nuklearrüstungen mit Atomwirtschaft und anderen umweltgefährdenden Industrien (Seveso, Bhopal) ohnehin Symptome der verhängnisvollen kulturellen Gigantomanie darstellen, habe ich im »Gotteskomplex« zu erläutern versucht. Dort habe ich im Vorwort u. a. geschrieben:

»Die Macht unserer wissenschaftlich-technischen Mittel mißbrauchen wir zur rasch fortschreitenden Umweltzerstörung und zur Anhäufung immer schwerer kontrollierbarer atomarer Vernichtungsarsenale. Diese Gefahren erzeugen wir nicht aus Versehen, aus Achtlosigkeit, vielmehr zielstrebig als Ergebnis unserer verfehlten Grundhaltung zur Welt und unseres Selbstverständnisses.

Wir erzeugen sie aus einem zügellosen Bemächtigungsdrang, der uns beherrscht, seitdem wir dereinst unsere Sicherheit in Gott verloren haben. Seit dem Verlust der mittelalterlichen Gotteskindschaft leben wir in einer untergründigen heillosen Angststimmung, gegen die uns nur ein einziges Rezept eingefallen ist: uns die totale Kontrolle über alle Ursachen und Kräfte aneignen zu wollen, von denen uns je Ungemach drohen könnte. Das Entsetzen vor einer unerträglichen Verlorenheit und Ohnmacht in der Welt ist somit die eigentliche Antriebsenergie, die sich hinter dem Drang nach technischer Allmacht verbirgt.

Auf diese Weise haben wir den Sinn für unsere Grenzen

verloren. Deshalb legen wir an die Natur selbst dort Hand an, wo wir sie zum eigenen Schutz dringend unangetastet lassen müßten. Deshalb lassen wir, nachdem wir uns schon heute gegenseitig mehrfach atomar auslöschen könnten, immer noch gewaltigere Zerstörungswaffen bauen und fallen der irrwitzigen Idee des amerikanischen Präsidenten anheim, auch noch zur Militarisierung des Weltraums die Mittel zu verschleudern, mit denen wir Hunger und Elend in weiten Teilen der Erde wirksam lindern könnten.«

Es paßt meines Erachtens zu dieser Interpretation, daß viele nach Tschernobyl schon wieder bereit sind, ihr Mißtrauen gegen die Kerntechnik genau durch die Mittel und Leute beschwichtigen zu lassen, die dieses Mißtrauen rechtfertigen. Sie lassen sich einreden, daß nur noch mehr Technik in die Reaktoren eingebaut werden müsse, und das sollen die Experten zustande bringen, die genau dieselben sind, die im Osten wie im Westen den Reaktor von Tschernobyl für besonders sicher erklärt hatten. Gewöhnt daran, daß Roboter und viele andere computergesteuerte Systeme längst mehr als Menschen zu vermögen scheinen, trauen wir in magischem Glauben dem Fortschritt der Hochtechnologie zu, daß er die Anfälligkeit und Versehrbarkeit endgültig eliminieren könne, die wir bei uns selbst verdrängen. Je unerträglicher uns unsere eigene kreatürliche Schwäche und Verletzbarkeit wird, um so wahnhafter überschätzen wir die Vollkommenheitsmöglichkeiten einer technischen Entwicklung, in welcher sich in Wirklichkeit unsere Unzulänglichkeiten ewig widerspiegeln müssen. Aber diese fatale Illusion verbindet nun einmal beide Supermächte und unsere Industriegesellschaften generell. Es ist ein verhängnisvoller Prozeß einer undurchschauten Selbstentmündigung gegenüber der technischen Entwicklung, die von ihrem menschlichen Nutzen her zu bestimmen und zu zügeln uns immer weniger gelingt.

Unbeirrbar bemühte sich das Bundesinnenministerium darum, die westdeutschen »Ärzte gegen den Atomtod« als Vortruppe von Moskau gesteuerter Organisationen anzuprangern. Davon, diesen Vorwurf beharrlich auszustreuen, ließ sich Staatssekretär Spranger auch nicht durch einen anderslautenden Bericht des Verfassungsschutzes abhalten, der uns lange penibel observiert hatte. Geradezu tragikomisch waren nun die Verrenkungen, mit denen die offizielle Propaganda uns Ärzten nach Tschernobyl einen neuen Strick zu drehen versuchte. Als bemerkt wurde, daß eine kleine Minderheit unter uns Tschernobyl nicht mit dem Kampf gegen die atomare Rüstung verbinden wollte, hieß es in den entsprechenden Medien: Aha, die wollen über Tschernobyl nicht reden, um ihre Moskauer Freunde zu schonen, die ihr Versagen natürlich undiskutiert lassen wollen! – Dann aber wurde man oben gewahr, daß unser Kölner Kongreß sich Tschernobyl und die gesamte zivile Atomwirtschaft kritisch vorknöpfte und zu einem Ausstieg aus der Kernenergie aufrief. Nun mußte man umschalten und erklären, warum unsere Anti-AKW-Kampagne angeblich genauso Moskauer Interessen diente wie vorher die partielle Zurückhaltung.

Franz Josef Strauß verkündete in München vor viertausend applaudierenden Zuhörern: »Ich werde den Verdacht nicht los, daß den Hintermännern und Drahtziehern der Anti-Atombewegung daran gelegen ist, die Bundesrepublik in ein Chaos zu stürzen, dessen einziger Nutznießer, die Sowjetunion, dann in Europa die Macht übernehmen könnte. [...] Moskau könnte einen großen strategischen Sieg erringen, wenn sich die Sowjetunion ein zweites Reaktorunglück wie in Tschernobyl leisten würde. Das rot-grüne Bündnis, das als Folge davon in Bonn an die Regierung käme, wäre ein Todsünde wider die Zukunft des deutschen Volkes.«

Allen Einsichtigen müßte Tschernobyl klarmachen, wie recht Albert Einstein und Günther Anders damit hatten, als sie sagten, daß wir im Schatten der atomaren Gefahr alle Nächste bzw. Bundesgenossen seien, daß wir über die Blockgrenzen hinweg als Brüder im gleichen Boot säßen. Aber anstatt das Bewußtsein für die Gemeinsamkeit der Bedrohung und für die Notwendigkeit gemeinsamer Abhilfe zu fördern, kämpfen unsere Herrschenden mit ihrer offiziellen Propagandamaschine um so intensiver darum, das antikommunistische Gesinnungssyndrom wachzuhalten. Die heuchlerische Verlogenheit dieser Propaganda wurde diesmal indessen allzu durchsichtig, so daß hoffentlich vielen nie mehr aus dem Kopf gehen wird, was mit dem Satz gemeint ist: »Tschernobyl ist überall.«

Inzwischen ist ein Jahr verstrichen. Viele denken nicht mehr an den GAU oder schämen sich gar ihrer Aufregung unmittelbar nach dem Ereignis. Die heilen Reaktorblöcke von Tschernobyl sind wieder in Betrieb. Andere Kernkraftwerke sind unterdessen ans Netz gegangen. Bis auf unerhebliche Spuren – verstrahltes Molkepulver aus Bayern oder verseuchter Tee aus der Türkei etwa – scheinen die Folgen der Katastrophe überwunden. Oder?

Eine Reuter-Meldung vom 8. 2. 1987 hat an die verdrängte Realität erinnert. Sie enthält das Ergebnis eines Berichts der Nuklearen Sicherheitskommission (NRC) der Vereinigten Staaten: Demnach haben 135 000 Menschen, die nach dem Unglück aus der Umgebung des Reaktors evakuiert worden waren, schwere Gesundheitsschäden zu erwarten. Etwa 10 000 Menschen werden in der Sowjetunion an Krebserkrankungen sterben, die durch das Reaktorunglück ausgelöst wurden. In Europa sind etwa 4000 Tschernobyl-Krebstote zu erwarten.

Was heißt das für uns in der Bundesrepublik? Werden wir vor größeren gesundheitlichen Nachwirkungen bewahrt bleiben? Niemand weiß bis heute genau, welche Schäden hier eingetreten sind oder vielleicht noch eintreten werden. Erste Hinweise auf gehäufte Mißbildungen in stärker verstrahlten Regionen bedürfen noch gründlicher Überprüfung. Da indessen auch sogenannte Niedrigstrahlung biologisch zu schädigen vermag, könnte Tschernobyl unter uns und vor allem unter unseren Kindern wesentlich mehr angerichtet haben, als uns viele Offizielle glauben machen wollen.

Wie war es denn, als vor über dreieinhalb Jahrzehnten die

ersten amerikanischen Experten auf die krebsgefährdende Wirkung starken Zigarettenrauchens hinwiesen? Einem Kollegen und mir, die wir diese Befunde über Rundfunk bekanntmachten, warf man verantwortungslose Panikmache vor. Mein Kollege wurde von dem Intendanten des betreffenden Senders ausdrücklich gerügt und verwarnt. Die Zigarettenindustrie drohte mit riesigen Schadenersatzforderungen. Als sich später die Beweise für die Gefährlichkeit des Kettenrauchens häuften, behinderte eine Allianz von Wirtschaft und Politik noch über viele Jahre eine systematische Aufklärungskampagne: Mehr als um das Leben der Raucher sorgte man sich um das Gedeihen der Tabakindustrie als Volkswirtschaftsfaktor. – Ob man die vor den Niedrigstrahlen warnenden Experten, heute noch als schädliche Schwarzseher bezichtigt, einst wird ähnlich rehabilitieren müssen wie die Pioniere der Zigarettenkrebs-Forschung?

Die weitere Frage ist: Wann ist ein zweites Tschernobyl fällig? Ein jetzt geborenes Kind hat nach der *offiziellen deutschen Risikostudie* für Atomkraftwerke des Biblis-Typs bei weltweit 350 Atommeilern *eine Chance von fünfzig zu fünfzig*, eine Atomkatastrophe vom Ausmaß eines Super-GAUs zu erleben – oder eben nicht zu überleben.

Wollen wir eine Politik weiter dulden, die uns und vor allem unsere Kinder und Enkel weiterhin einer Gefahr dieses unverantwortbaren Ausmaßes aussetzt? Oder müssen wir uns nicht alle dafür engagieren, eine drastische Wende in der Energiepolitik herbeizuführen? Was heißt, daß viele für die sinnlose Hochrüstung verschwendete Milliarden endlich in die Entwicklung und die Installierung alternativer Energietechniken umgeleitet werden müssen. Wir Anti-Atomärzte werden jedenfalls nicht darin nachlassen, das Spiel der Atomwirtschaft mit dem Leben von Hunderttausenden oder gar Millionen – dies ist keine Übertreibung – unserer Bevölkerung immer wieder bewußt zu machen.

Literatur

Anders, G. (1959): Die atomare Drohung. C. H. Beck Verlag (Beck-'sche Schwarze Reihe, Bd. 238), München 1981, S. 94 f.

Einstein, A. (1948): Frieden. Lang Verlag, Bern 1975, S. 459

Felter, St. u. K. Tsipis: Nukleare Katastrophen: ein Vergleich. Spektrum der Wissenschaft, Juni 1981, S. 131–137

Reuter-Meldung: zit. nach Frankfurter Allgemeine Zeitung, Nr. 33/7D, 9. 2. 1987

Westdeutscher Rundfunk: Die Ängste unserer Kinder. WDR-Fernsehen, 3. Programm, 26. 4. 1987

Zur Verdrängung des Gewissens

Ein Interview in Wien*

profil: Sie haben in Wien einen Vortrag über die psychologischen Aspekte der Atomgefahr gehalten und dabei einen Mangel in unserer psycho-physiologischen Ausstattung festgestellt – wir erschrecken zwar über die atomare Überrüstung, über SDI, über Tschernobyl, über die Rheinvergiftung, über den Waldtod; aber dann kommt nach all den Ängsten und Schrecken die große Ermüdung, eine Bereitschaft zu lähmender Abstumpfung, denn der Mensch kann sich nicht ununterbrochen fürchten. Kennen Sie diese große Ermüdung auch bei sich selber? Und wenn ja, wie bekämpfen Sie als Psychoanalytiker diese Mutlosigkeit bei sich selber?

Richter: Auch ich fühle mich manchmal sehr erschöpft und bedrückt. Es ist nicht leicht, mitanzusehen, wie nach Tschernobyl manche große Initiativen schon wieder versacken. Aber in meinem letzten Buch »Die Chance des Gewissens«** habe ich beschrieben, daß Angst und selbst pessimistische Gedanken nicht lähmen müssen. Ich habe gelernt, daß das jedenfalls für mich besser ist, mir Bedrücktheit über die echten Bedrohungen zuzugestehen, unter denen wir leben. Aus Max Horkheimers Rede über den Pessimismus habe ich ein Rezept entnommen, das für mich gilt: Man kann dem eigenen theoretischen Pessimismus

* Das Gespräch, geführt mit Sigrid Löffler, ist erschienen in: profil, Wien, Nr. 52/53, 22. 12. 1986
** Die Chance des Gewissens – Erinnerungen und Assoziationen. Hoffmann und Campe Verlag, Hamburg 1986

durch optimistische Praxis widersprechen. So nutze ich die Chance, in der Friedensbewegung intensiv mitzuarbeiten. Im Vorstand der westdeutschen Sektion der »Internationalen Ärzte für die Verhütung des Atomkrieges« bin ich ja schon so etwas wie ein Friedensprofi. Ich sehe aber nicht nur bei mir, sondern auch bei vielen anderen, die praktische Friedensarbeit machen, daß dies vor Resignation schützen kann. Wir tun das miteinander, weil wir unheimlich am Leben hängen und dabei vor allem auch an unsere Kinder und Enkel denken. Wenn wir beispielsweise bei der kürzlichen Blockade eines Cruise-Missile-Depots im Hunsrück zusammensitzen und singen, dann fühlen wir uns gegenüber der geharnischten Polizei eigentlich stärker als die, weil die Vernichtungswaffen, wir aber das Leben schützen wollen.

profil: Sie engagieren sich bei den Friedensärzten, Sie fahren blockieren, Sie halten Vorträge gegen den Rüstungswahnsinn, Sie mahnen. Sie warnen, Sie sind der Friedensprofi, die Kassandra vom Dienst. Befürchten Sie nicht manchmal, daß Sie eine Ihnen zugewiesene Rolle spielen? Daß diese Proteste – und ihre garantierte Wirkungslosigkeit – ins Spiel der Mächtigen fix eingeplant sein könnten? Was können singende Blockierer im Hunsrück denn an der wachsenden Militarisierung unserer Gesellschaft ändern, die momentan den Hauptteil ihrer Kräfte für die Weltraumrüstung bündelt?

Richter: Wir brauchen einen langen Atem. Aber es gibt Spuren in den Köpfen der Menschen. Auch in den Köpfen mancher eher konservativer Politiker und Wirtschaftsbosse, mit denen ich gelegentlich durch meine Tätigkeit in Kontakt komme, entdecke ich in den letzten Jahren wachsende Unsicherheit über ihr Tun. Hinter der Fassade unbeirrter Zuversicht und klirrender Appelle für Stärke, Härte und Sich-Wappnen, gegen den Feind im Osten, sind auch bei einigen dieser harten Macher und Siegertypen Bedenken spürbar. Einige fühlen sich schon recht einsam und vor allem von der Jugend entfremdet. Das macht sie unsicher. Da empfinde ich mich nach manchen solcher Gespräche nicht unterlegen, sondern bekümmert über die Gespaltenheit und Uneindeutigkeit dieser Leute, freilich auch verärgert über ihren Mangel an Ehrlichkeit und Mut. Warum können diese Bosse nicht öfter mal zugestehen, daß sie Angst haben vor dem, was sie da machen – vor dem Rüstungsbetrieb und vor der vergiftenden Chemie? Ihre Versicherungen, sie würden auch lieber sanftere und friedlichere Dinge produzieren, ändern praktisch nichts. Sie müssen lernen, anders zu *handeln*, anstatt irgendwo diskret ihre Skrupel zu beichten. Immerhin spüre ich, daß hinter der martialischen Fassade der Militarisierung unserer Gesellschaft manches bröckelt und daß so arg viel gar nicht fehlt, daß das noch einmal sehr gründlich umkippen könnte.

profil: Könnte es sich bei Ihren Erfahrungen mit den politischen und wirtschaftlichen Machteliten nicht um ein »aufgestocktes falsches Bewußtsein« im Sinne Peter Sloterdijks und seiner »Kritik der zynischen Vernunft« handeln? Man gibt sich taktisch flexibel, veruntreut die Sprache des politischen Gegners, redet von Skepsis, Zweifeln und Angst vor der Hochrüstung und der Umweltzerstörung. Was ändert sich denn an der tatsächlichen Politik, wenn sich Politiker unter vier Augen mit einem prominenten Wissenschaftler und Friedenskämpfer sensibel und nachdenklich geben?

Richter: Es gibt die taktierenden Heuchler, jedoch auch echt beunruhigte Zweifler. Ich rede hier ja auch nur davon, was ich psychologisch spüre. Ich bin kein Heilsdenker. Als Psychoanalytiker nehme ich viel in mich auf von Menschen verschiedener Generationen und Schichten. Und dann strenge ich mich an, zu verstehen, was nicht nur einzelne, sondern größere Teile der Gesellschaft innerlich bewegt und wohin das zielt. Wenn ich da so etwas wie gesellschaftliche Selbstheilungskräfte verspüre – was ich jedenfalls dafür halte –, versuche ich das zur Ermutigung zurückzuspiegeln.

profil: Sie sind ja sehr früh von der Individual- zur Sozialanalyse übergegangen, Sie haben sich als Psychoanalytiker nicht nur mit dem individuellen, sondern auch sehr intensiv mit dem kollektiven Unbewußten befaßt. Manchmal, etwa bei Ihrer Darstellung des »Gotteskomplexes«, haben Sie eine ganze Gesellschaft auf den Punkt gebracht. In Ihrem Vortrag über die psychologischen Atomgefahren haben Sie die These aufgestellt, nicht die gegenseitige Bedrohung der beiden Supermächte sei die eigentliche Gefahr. Bedrohlicher sei, wo sich beide Seiten einig sind, nicht, wo sie verfeindet sind. Beide Seiten machen das Ideal vom Wachstum zu ihrem Fetisch. Beide Seiten huldigen einem destruktiven Fortschrittsglauben, betreiben eine Hochrüstung und eine Hochindustrie und damit eine Risikopolitik, die lebensfeindliche Züge angenommen hat.

Richter: Nach meiner Erkenntnis haben wir es in Ost und West mit einer Gesellschaft zu tun, die darauf aus ist, Sicherheit durch Bemächtigung zu erlangen. Es handelt sich um einen kollektiven Ohnmacht-Allmacht-Komplex, den ich zusammenfassend als »Gotteskomplex« bezeichnet habe. Ich meine damit den Umschlag von unerträglicher Ohnmacht – aus der Angst der Gottesverlassenheit – in eine Identifikation mit göttlicher Allmacht, den Umschlag von verzweifelter Angst in einen rasenden Bemächtigungsdrang. Die scheinbar unbegrenzten Möglichkeiten der mathematischen Naturerkenntnis und deren technische Anwendung sind die fiktive Stütze einer neuen gigantomanen Selbstgewißheit. Wenn der Mensch Gott nicht mehr haben kann, muß er selber Gott werden. Aus dem Anspruch auf eine totale Verfügungsmacht ergibt sich eine Destruktivität, die auch gewaltsam Hand an die Natur legt.

profil: In Ihrem Buch »Die Chance des Gewissens« schreiben Sie, daß sich hinter der Dynamik der Rüstung weit mehr verbirgt als der Konflikt zwischen den Systemen, als Interessen der Militärs und der Wirtschaft. Die letzte Wurzel sei der Verlust des menschlichen Maßes im Selbst- und im Weltverständnis. Es sei die Verleugnung des Todes, unserer Endlichkeit, die uns zum ewigen Siegenmüssen treibt. Wie soll man diesem Gotteskomplex dann überhaupt noch beikommen können?

Richter: Wenn es im Grunde der Tod ist, den unsere Gesellschaft fortgesetzt besiegen muß, dann führt kein Weg daran vorbei, daß wir erst aufgeben müssen, ihn zu verleugnen, ehe wir Aussicht haben, die zunehmende Militarisierung in allen Bereichen zu überwinden. Erst wenn uns die Ohnmacht nicht erschreckt, uns mit dem uns zustehenden bescheidenen kreatürlichen Maß in der Welt abzufinden, entfiele der Zwang, uns fortgesetzt Feinde suchen zu müssen, um sie zu überwinden und uns damit die Illusion zu bestätigen, daß auch der letzte größte Feind, der Tod, besiegbar ist.

profil: So gesehen wäre dann paradoxerweise der »Krieg der Sterne« der äußerste Versuch, den Tod zu überwinden?

Richter: Der Zusammenhang ist für jedermann greifbar. Das System ist vollständig fixiert auf Vernichtungsangst und Vernichtungsdrohung. Die entfesselte Aggression spiegelt sich in der Projektion als allmächtiger Feind, dem man die eigene aggressive Allmacht entgegensetzen muß. Das amerikanische SDI-Projekt ist das gewaltigste Rüstungsprogramm aller Zeiten, und es setzt sich wie automatisch gegen alle anderen Programme durch, die dem Menschen um vieles dienlicher wären. Auf Jahrzehnte hinaus wird der Großteil der technischen Intelligenz von der Vorbereitung der Militarisierung des Weltraums absorbiert werden. Für den »Krieg der Sterne« werden Hunderte von Milliarden verpulvert werden, mit denen Völker vor dem Verhungern gerettet und viele irreversible Umweltzerstörungen gestoppt werden könnten.

profil: Durch all Ihre Bücher und Vorträge zieht sich ein eher undialektisches, ein dualistisches Gesellschaftsbild. Sie teilen die Menschen in Gewinner und Verlierer, in Flüchter und Standhalter, in die harten Macher in einer entseelten politischen Welt und in die machtlosen Empfindsamen. In Ihrem letzten Buch spitzen Sie das sogar antagonistisch zu in dem Satz: »Die Menschlichkeit entweicht in die Machtlosigkeit, und in den Zentren der Macht schwindet die Menschlichkeit.«

Richter: Ich meine, daß das eine Beschreibung des Ist-Zustandes der Gesellschaft ist. Die Allmachtsillusion kann sich die

Gesellschaft nur dadurch verschaffen, daß das Gegenstück zum Machtdrang, nämlich Ohnmacht und Schwäche, abgespalten wird auf soziale Gruppen, die man abhängt – Gruppen, die durch Aussonderungsprozesse als fremd, minderwertig oder böse an den Rand der Gesellschaft oder aus ihr hinausgedrängt worden sind. Von diesen Ausstoßungs- und Diskriminierungsstrategien sind alle sogenannten »Narren« betroffen, klassischerweise die Frauen, die Gruppen, die diese machtorientierte Gesellschaft nach links und nach unten abspaltet, und natürlich die Völker der armen Länder. Ich würde eine Chance darin sehen, zu begreifen, daß zum Leben beides gehört, Macht und Ohnmacht, Siegen und Unterliegen. Erst in dem Augenblick, in dem wir umgehen lernen mit beiden Seiten in uns, mit der Aggression, aber auch mit der Zartheit und Zerbrechlichkeit, können wir eine neue Position zum Leben gewinnen.

profil: Eine neue Position zum Leben kann man aber auch nur gewinnen, wenn man mit der Vergangenheit ins reine gekommen ist. In Ihrem Buch »Eltern, Kind und Neurose« haben Sie die These aufgestellt, daß das Unausgelebte über mehrere Generationen hin wirksam bleibt, daß die nächste Generation vielfach gerade das Unausgetragene und Verdrängte der Elterngeneration als Belastung aufgebürdet bekommt. Ins Politische gewendet hieße das, daß die unaufgearbeitete Nazivergangenheit in den nächsten Generationen immer wieder hochkommt. Stichwort: Bitburg oder Waldheim.

Richter: Da sind untergründig erhebliche Kräfte wirksam, die Teilnahme am letzten Krieg umzuinterpretieren als eine anständige, zum Wohle des Vaterlandes geschehene tugendhafte Leistung, die sogar im nachhinein dadurch gerechtfertigt würde, daß auch die Amerikaner zu der Meinung umgeschwenkt sind, der eigentliche Hauptfeind stehe im Osten. Vielerorts ist die Idee aufgelebt: Waren wir nicht überhaupt die Pioniere, die das Abendland schon verteidigten gegen den eigentlichen Feind, lange ehe die Amerikaner begriffen, wo die Fronten der Zukunft liegen?

profil: Etwas Ähnliches sagen auch die neuen, revisionistischen Historiker in der Bundesrepublik, die die Hitlerverbrechen relativieren, indem sie sie gegen Stalins Verbrechen aufrechnen. Und das alles im Namen einer Emanzipation, einer Befreiung von der aufgezwungenen Geschichtsdeutung der Sieger.

Richter: Wären die Naziverbrechen tatsächlich so etwas wie bloße Nachbildungen des stalinistischen Vorbildes, könnte man sich leicht einreden, daß man durch strammen Antikommunismus gleichzeitig von der Bürde des nationalsozialistischen Erbes loskäme. Damit würde im übrigen mitnichten eine autonome nationale Identität gefördert. Der Antikommunismus ist doch eine Stütze einer nationalen amerikanisierten Pseudo-Identität, die seit dem Kalten Krieg davor schützt, die eigene Vergangenheit ehrlich aufzuarbeiten.

profil: In Ihrem neuen Buch prägen Sie den Begriff vom »Österreich-Syndrom«. Das liest sich, obwohl es vorher geschrieben wurde, wie auf die Waldheim-Ereignisse gemünzt. Sie meinen damit diese schlagartige ideologische Umpolung, die (sich) die Österreicher 1945 geleistet haben. Da funktionierte die perfekte Verdrängung: Wir waren niemals Täter, wir waren Hitlers Opfer und eigentlich immer schon heimliche, wenn auch unterdrückte Demokraten.

Richter: 1945 bin ich als 22jähriger Soldat aus Italien über die Berge nach Tirol geflohen. In Innsbruck wurde ich von den französischen Besatzern irrtümlich als »Werwolf«, als Nazi-Guerilla, verdächtigt und ein halbes Jahr ins Gefängnis gesteckt. Insgesamt habe ich nach Kriegsende fast ein Jahr in Österreich verbracht und begegnete dort einer Reaktion, die ich später auch in meinem Land wiederfand: Es wurde als Erfüllung langgehegter Sehnsucht umgedeutet, die Naziführer los zu sein. Österreich hat sich da mit einigen formalen Vorwänden eine exkulpierende Opfertheorie eingeredet. Ich dachte damals, mein Gott, diese armen Kerle, die müssen sich jetzt über Nacht als Befreite deklarieren und nehmen sich dadurch die Möglichkeit, sich noch ehrlich mit ihrer Vergangenheit zu konfrontieren. Mein Interesse ist es, den Jüngeren beizubringen, aus unseren Fehlern zu lernen, es besser zu machen und meiner Generation bei der Bewältigung des Verdrängten zu helfen, bevor wir abtreten. Das ist für mich ein ganz starkes Motiv meiner Arbeit.

Psychologische Verteidigung?*

Das psychologische Dilemma der Abschreckung besteht darin, daß nur die allgemeine Bereitschaft, notfalls mit der atomaren Drohung ernst zu machen, Abschreckung glaubwürdig macht. Diese Wehrbereitschaft schwindet in der Bevölkerung aber deutlich in dem Maße, in dem die Folgen eines Einsatzes der modernen Massenvernichtungswaffen begriffen werden. Wenn im Verteidigungsfall kaum mehr etwas davon übrigbliebe, was verteidigt werden soll, darf man sich nicht wundern, daß der Abschreckungseffekt dieses Konzeptes auf die eigene Bevölkerung zurückschlägt. Ich möchte zum Beleg nur an zwei einschlägige Befunde erinnern:

Nach einer EMNID-Umfrage, 1985 veröffentlicht, möchten 79 Prozent der Bundesbürger in einer von einem Atomkrieg zerstörten Umwelt nicht weiterleben. Also selbst wenn sie zunächst persönlich heil blieben, würden sie nicht überleben *wollen*. Des weiteren darf ich an die 1985 erschienene Studie von Braun, Fricke und Klein erinnern, nach welcher 73,4 Prozent der Mannschaftsdienstgrade in der Bundeswehr überzeugt sind, daß nichts einen Krieg rechtfertigen könne, in dem Massenvernichtungswaffen eingesetzt würden. Nur 19,8 Prozent möchten eher im Kampf sterben als in einem kommunistischen Land leben.

---

* Beitrag auf dem Symposium »Sicherheitspolitik als gesellschaftliche Herausforderung«, veranstaltet von der Bundeswehrschule für Psychologische Verteidigung in Waldbröl am 14. 5. 1987

Die bisher gültige psychologische Strategie, mit der man die abnehmende geistige Wehrbereitschaft zu stabilisieren hoffte, kann man nach der simplen Formel definieren: Die massenhaft angehäuften nuklearen und chemischen Waffen sind schlimm, aber die Bedrohung durch die überlegenen und aggressiven Sowjets ist noch schlimmer. Die zitierten Befunde und andere Untersuchungen belegen nun indessen, daß diese Strategie ihre Wirkung im wesentlichen verfehlt hat. Eine Drohung, deren Realisierung den kollektiven Selbstmord einschließt, mag auf ideologisch fanatisierte Gruppen wie im Nahen Osten stimulierend wirken. Hierzulande muß sie auf längere Sicht – wie sich zeigt – eher Unbehagen und Widerwillen erzeugen.

Die neuen Initiativen Gorbatschows verändern nun sowohl die Lage in der rüstungspolitischen Entwicklung wie in der sozialpsychologischen Infrastruktur. Übrigens war es nicht nur mein Eindruck auf dem Friedensforum in Moskau, an dem ich teilgenommen habe, daß die neue sowjetische Führung beide Bereiche, nämlich materielle und psychologische Abrüstung, unlösbar miteinander verbunden sieht. Zum »neuen Denken« rechnet Gorbatschow z. B. – so wörtlich – »eine Vermenschlichung der internationalen Beziehungen« und die Bereitschaft, die Ost-West-Gegnerschaft gemeinsamen Überlebensfragen – wie z. B. der Rettung der Umwelt – unterzuordnen.

Nach dem klassischen Dogma der psychologischen Nato-Strategie müßte man nun alles tun, um das verblassende kommunistische Feindbild neu zu schwärzen. Etwa mit den Argumenten: Gorbatschow trickst nur; er will die Europäer lediglich vom amerikanischen Atomschutz abkoppeln; er will insgesamt den westlichen Widerstandswillen einschläfern; er will nur momentan Geld für seine marode Wirtschaft abzweigen; aber was er auch immer will, jenes System wird sich eher seiner entledigen, als sich vom Kurs des aggressiven Expansionismus abbringen zu lassen.

Vor unseren Augen wird diese Strategie der Feindbild-Stabilisierung in der Tat mit Eifer fortgesetzt, ohne daß man die

Umfrageergebnisse kritisch reflektiert, wonach die Bevölkerungsmehrheit den sowjetischen Abrüstungswillen durchaus ernst nimmt. Da überstürzen sich propagandistische Rückzugsmanöver, provoziert von einem Gorbatschow, der abrüstungspolitisch Schritt für Schritt das oder noch mehr vorschlägt, was der Westen von ihm seit langem verlangt hat. Ich denke an die Methoden der Verifikation, an die Zugeständnisse im Kurzstreckenbereich, bei den Chemiewaffen und an den Vorschlag, im konventionellen Bereich alle Angriffspotentiale wegzuverhandeln.

Ich zitiere Theo Sommer aus der »Zeit«: »Jedesmal, wenn Gorbatschow einen Schritt auf uns zu tut, weichen wir einen Schritt zurück. Bietet er den Abzug der euro-strategischen Waffen an, sagen wir: ›Ja, aber die Raketen geringerer Reichweite...‹ Offeriert er, auch diese wegzuverhandeln, heißt es entweder: ›Da geraten wir auf die schiefe Ebene der Entnuklearisierung Europas!‹, oder: ›Dann wird das konventionelle Übergewicht erdrückend.‹ Redet er von konventioneller Abrüstung, flüchten wir uns in Ausreden: ›Alles Propaganda.‹«

Anläßlich des Moskauer Friedensforums von mir interviewt, äußerte sich Valentin Falin zum Thema der konventionellen Abrüstung wie folgt: »Sagt man uns, wir seien zu stark in der konventionellen Rüstung, dann bitte schön: auch in diesem Punkt liegen unsere Vorschläge auf dem Tisch... Wir sind praktisch bereit, jedes Angriffspotential im konventionellen Bereich abzuschaffen.«

Wie nachgewiesen, wächst in unserer Bevölkerung das Zutrauen, daß die sowjetische Führung im großen ganzen auch will, was sie sagt. Also hoffen die Menschen nunmehr auf einen ungefähren Gleichklang des Wollens in Ost und West, womit sie zugleich ihre Hauptängste mildern könnten, die sich eben – wie Untersuchungen zeigen – vorrangig auf die Atomwaffen selbst und auf die Umweltzerstörung richten. Die Aussicht, die dem atomaren Wettrüsten entzogenen Mittel könnten endlich zur Rettung der bedrohten Umwelt eingesetzt werden, verspricht einen zusätzlichen enormen psychologischen Entlastungseffekt. Was also spricht dagegen, vom Westen aus mit Gorbatschow, anstatt auf ihn defensiv zu reagieren, vielmehr im Wegverhandeln der Overkill-Potentiale zu wetteifern, die im Grunde den Selbstbehauptungswillen der Menschen lähmen, als dessen Instrumente sie fälschlich und – wie sich zeigt – vergeblich gepriesen worden sind? Dagegen könnte höchstens sprechen, daß man selber nicht will, was man, der östlichen Ablehnung gewiß, viele Jahre lang propagiert hat. Sollte dies offenbar werden, müßten sich die Verantwortlichen auf einen Protest gefaßt machen, der alles in den Schatten stellen dürfte, was vor der Stationierung abgelaufen ist.

Literatur

Braun, M., W. Fricke u. P. Klein: Erziehung in der Bundeswehr. BMVg-Studie 2/85

Emnid-Institut Bielefeld: Zit. nach Gießener Anzeiger, Nr. 10, 12. 1. 1985

Falin, V.: s. S. 27 ff. in diesem Buch

Gorbatschow, M.: Ansprache vor den Teilnehmern am Internationalen Forum »Für eine Welt ohne Kernwaffen, für das Überleben der Menschheit« am 16. 2. 1987 in Moskau

Sommer, Th.: Die Angst vor der eigenen Kühnheit. Die Zeit, Nr. 17, 17. 4. 1987

Vision einer psychosozialen Gesundheit

Zweimal ist Weltangst von ungeheurem Ausmaß in unserer Geschichte aufgetreten. Einmal am Ende der Antike, als das Vertrauen in die Geborgenheit des Kosmos zusammenbrach. Damals war es der christliche Glaube, der als rettende Kraft erstand. Das Bewußtsein, von einem barmherzigen Schöpfergott gehalten zu werden, überwand die Stimmung der Verlorenheit in der Welt. Seit dem Ausgang des Mittelalters aber schrumpfte dieses Vertrauen. Unsicherheit brach auf, die aber lange Zeit durch den Aufschwung zu einem neuen Selbstbewußtsein überwunden werden konnte, dem die steigenden Erfolge der wissenschaftlichen Naturerkenntnis zur Hilfe kamen. Die Welt wurde berechenbar. Menschlicher Geist durchdrang das Unheimliche. Die aufklärerische Vernunft glaubte ihr Abbild in einer vernünftigen Welt zu finden. Aber dieser Einklang von Selbstgewißheit und Weltgewißheit hielt nicht vor. Und so kam es zum zweiten Durchbruch panischer Angst, seitdem – wie es Walter Schulz formuliert hat – »die Sicherheit des rational aufklärerischen Weltbildes im 19. Jahrhundert ins Schwinden gerät«. Und mit dieser Angst ringen wir in steigendem Maß.

Das aufgeblähte Selbstgefühl, das sich durch immer neue naturwissenschaftlich-technische Errungenschaften zu bestätigen versucht, bricht sich an einer einzigen unüberwindbaren Schranke: am Tod. Nachdem die Verheißung der Seligkeit durch den barmherzigen christlichen Gott entfallen ist, ist das Grauen vor dem unbesiegbaren Tod übermächtig geworden. So entstand die Übereinkunft, diesen zu verleugnen. Man redet sich ein, daß niemand mehr notwendigerweise, sondern jeder nur an Vermeidbarem stirbt, etwa indem er unachtsam war, sich zu wenig bewegt oder zu stark gestreßt hat, falsch oder zu spät behandelt worden ist. Auf den Traueranzeigen meldet man üblicherweise einen Tod, der »plötzlich und unerwartet« eingetreten sei, weil das Erwarten des angeblich Zufälligen tabu ist. Aber das Entsetzliche läßt sich nicht durch Wegsehen und Verschweigen tilgen. Also lastet auf der Forschung wachsender Druck, den Tod endgültig zu bewältigen, ihn wie vor ihm schon so viele andere wissenschaftliche Rätsel zu lösen.

Solange uns die Medizin nicht unsterblich macht, können wir – so scheint es uns – in einer gottverlassenen Welt unsere Sicherheit nicht wiedergewinnen. Sosehr wir uns an der Bemächtigung des Atoms oder des Zellkerns berauschen – unsere Weltangst wird dadurch nicht erstickt. Im Gegenteil: größenwahnsinnig identifiziert mit jedem Zuwachs technischer Macht, halten wir unsere Endlichkeit immer weniger aus. Der Abgrund wird immer tiefer und entsetzlicher, je höher wir als Meister des Fortschritts zu steigen wähnen.

Eine Zeitlang konnten wir uns durch glänzende Siege der Medizin betrügen. Viele der schlimmsten Seuchen ließen sich ausrotten. Die Lebenserwartung stieg und nährte die Hoffnung, daß das Sterben durch weitere Perfektionierung der Medizin zu umgehen sei. Man verdrängt die Zunahme neuer Krankheiten durch Umweltgifte, die Ohnmacht gegenüber vielen Alterskrankheiten, die anschwellende Flut psychosomatischer Störungen und klammert sich lieber an die faszinierenden Sensationen der Herztransplantation oder der Gentechnik. Was viele erst noch hoffen – die medizinische Garantie der unendlichen Lebensverlängerung –, wähnen andere schon als Realität. Die Unzahl von Prozessen gegen Ärzte ist nicht zuletzt Ausdruck des Glaubens, daß Sterben nicht mehr sein müsse.

Die Medizin ist ein Modellfall des Circulus vitiosus: Sie gebärdet sich immer heroischer und militaristischer, erfindet in der

Intensivmedizin und der Chirurgie Methoden, die menschliches Sterben oft eher in die Schlappe eines Krieges verwandeln, der sich auf dem Schlachtfeld der Maschine Organismus abspielt. Da geht es um Sieg oder Kapitulation, nicht um hilfreiche Begleitung auf dem Wege zur Vollendung eines Lebens, in das der Tod von vornherein sinnvoll eingeschlossen ist.

Geschehenlassen wird an sich zum Frevel. Alles wird zur Herausforderung zum *Machen*, als wäre Passivsein schon immer tödliche Resignation. Leben wird nur noch begriffen als Sich-Behaupten, als Siegen-Müssen. Hingabe wird zur bedrohlichen Abhängigkeit. Phantasien und Träume werden zu störenden Hemmungen. Das auf der Welt noch nicht Machbare ruft die Experten auf den Plan, die gegen die Natur spielen und – scheinbar – gewinnen.

Die vielen kleinen Siege des technischen Fortschritts stützen die Verdrängung der entscheidenden Niederlage – des Sterben-Müssens. Aber die Ahnung bleibt, daß diese Kompensation ewig mißlingen muß. So ist das ersatzweise Siegen-Müssen zu einem fast panischen Bemächtigungsfeldzug ausgeartet, dessen Destruktivität immer sichtbarer wird.

Im Grund ist es schlichter Haß, mit dem der passive Seelenzustand der Verzweiflung überdeckt wird. Es ist die gleiche Flucht nach vorn in Mißtrauen und Aggressivität, wie sie der Psychoanalyse als Selbstrettungsversuch von Niedergeschlagenen bekannt ist. Diesem Mechanismus scheint sich unsere Zivilisation unterworfen zu haben, indem sie immer mehr das Gesicht einer martialischen Festung annimmt, die sich in einer Verfolgungsphilosophie zu Tode panzert. Schwäche, Gebrechlichkeit, Not, Krankheiten bedeuten nur noch Versagen oder Kapitulation gegenüber feindlichen Mächten, die zu besiegen wären.

Der heute jeweils von der einen oder anderen Seite phantasierte infernalische Weltfeind ist nur die gewaltigste dieser projektiven Fiktionen. Unerläßlich als Vorwand für die militaristische Welthaltung der Gesellschaften, die permanent nach außen drohen müssen, um nicht von der inneren Schwäche überwältigt zu werden. Die sogenannte Abschreckung ist ihnen nicht, wie stets behauptet, aufgezwungen, sondern ersehntes Mittel zur Rettung vor dem Kollaps. Auch ohne die Erfindung der Atombombe wäre die Welt heute in zwei bis an die Zähne gerüstete Hälften gespalten. Es ist das innere Prinzip dieser militaristischen Kultur, das nach dem gigantischen Verbrecher verlangt, dessen man zur Erhaltung des inneren Gleichgewichts bedarf. Gegen die Verzweiflung soll die Erbitterung schützen, gegen die Angst eine omnipotente Überrüstung. Der große Phantomfeind ist lediglich der synthetisierte Stellvertreter für die innere Gefahr, nämlich für die Auslieferung an das trostlose Nichts des Todes.

Daher die Paradoxie, daß man bei dem großen dämonischen Gegner glaubhafte Versöhnlichkeit mehr fürchtet als seine aggressiven Gebärden. Daher z. B. die Unruhe in den westlichen Machtzentren, wenn Michail Gorbatschow bedeutende Abrüstungsschritte anbietet, wenn er Sacharow freiläßt und sich zu liberalisierenden Reformen anschickt. Wohin jetzt mit dem stabilisierenden Mißtrauen? Wohin mit dem aufpulvernden Haß und der Kampfbereitschaft? Wie könnte es ohne das aufrüttelnde furchtbare Feindbild weitergehen, das die Aggression vor dem Rückfall in das Entsetzen schützt, aus dem sie eigentlich stammt? Also darf sich das Antlitz des Kommunismus nicht vermenschlichen. Also muß der Westen auf der menschenverachtenden Bösartigkeit jenes Systems bestehen. Es ist ein fatales Gebot dieser Psycho-Logik, alle gegnerischen Friedensgesten als bare Propaganda zu entwerten. Sich des Mißtrauens zu entledigen fürchtet man als selbstmörderische Kapitulation. Die Undenkbarkeit eines Lebens, das ohne permanente militante Selbstbehauptung gegen das Böse stattfände, macht die Art von Frieden unmöglich, die man unentwegt zu suchen vorgibt.

So widersinnig es scheint: Wir müssen lernen, das Leben mehr als gegen alle sonstigen Widrigkeiten gegen uns selbst zu schützen. Gegen unseren Wahn, auf dem Weg zu immer mehr Größe,

Stärke, Macht uns selbst verewigen zu können, indem wir uns verzweifelt dagegen empören, nur eine bescheidene Rolle im Prozeß des Werdens und Vergehens der Generationen und im Gesamt des kreatürlichen Lebens zu spielen.

Aber es ist eine Sache zu wissen, wie das Leben mißverstanden und gefährdet wird. Eine andere Sache ist, neu leben zu lernen. Ein Leben, das die Angst vor dem Tod aushält, das sich in Anerkennung seiner Begrenztheit befreit von dem Flüchten-Müssen in eine illusionäre unverwundbare Omnipotenz. Ein solches Leben wäre keine Idylle ohne Aggressivität oder Konflikte. Aber die Aggressivität wäre nicht mehr, wie jetzt, das organisierende Hauptprinzip einer Gesellschaft, die ihre Weltangst mit einer autodestruktiven totalen Militarisierung abwehrt. Es wäre ein Leben, in welchem wir unser menschliches Maß nicht mehr verwechseln würden mit unserer Fähigkeit, die Unendlichkeit zu denken, Roboter zu erfinden, uns selbst umzuzüchten oder einen Großteil der Schöpfung mit einem Schlag zu zerstören.

Immer wieder werden wir nachträglich darauf gestoßen, daß manche naturwissenschaftlich-technischen Triumphe unsere Umwelt wie uns selbst tödlich gefährden. Wir müssen den Irrglauben aufgeben: Das Machen alles Machbaren werde uns unser Sicherheitsgefühl wiedergeben und unsere Stellung in der Welt irgendwann unerschütterlich festigen. Das Gegenteil gilt: Wir müssen uns von vornherein darauf besinnen, wer wir in der Welt und in der Beziehung zueinander *sind*, um dann zu entscheiden, was wir *machen* wollen und dürfen. Aber wer wir sind, das können wir nicht frei bestimmen.

Wir können noch so viel technisch machen und sogar züchterisch um-machen, ohne das Mindeste daran zu ändern, daß wir unser Leben passiv empfangen und irgendwann wieder hingeben. Im Eifer der pausenlosen Geschäftigkeit haben wir lange das Leben übertönt, das in uns geschieht, das uns von Tag zu Tag verändert und uns mit dem Ganzen der Schöpfung verwebt. Verlernt haben wir wahrzunehmen, zu lauschen, unsere Träume und Phantasien ernst zu nehmen und einer Liebe zu trauen, die etwas anderes ist als abhängig zu machen oder sich abhängig machen zu lassen.

Die »Sachzwänge«, denen wir uns unterworfen haben, sind in der Tat inzwischen eine beklemmende Realität. Die Atomtechnik ist da, die brisanten Verfahren der Gentechnik sind da. Es ist sinnlos, diese Tatsachen zu verleugnen. Aber schlimm ist ein Denken, das destruktiven Tatsachen wie einer Schicksalsmacht sich anzupassen lehrt, anstatt dazu aufzurütteln, unverträgliche und unerträgliche Sachen zu verändern oder abzuschaffen. Nicht Sachzwang, sondern Lebenszwang muß uns leiten. Wir müssen mit den Sachen so verfahren, wie es der Schutz und die Förderung des Lebens verlangen. Nicht Hörigkeit vor Sachen, sondern Ehrfurcht vor dem Leben war der schlichte und unbestreitbare Imperativ der Lehre Albert Schweitzers. Es ist noch nicht lange her, daß es schien, als würde alle Welt dieses von Schweitzer formulierte Prinzip zur Rettung beherzigen wollen. Für seine Ethik der »Ehrfurcht vor dem Leben« verlieh man ihm den Nobelpreis – aber feierte damit in Wirklichkeit den Leitgedanken ab, um ihn schnell zu vergessen.

Nobelpreise und Schauprozesse erfüllen in der Gesellschaft – obzwar mit umgekehrten Vorzeichen – die gleiche fragwürdige Funktion. Die Sündenböcke jagt man in die Wüste bzw. ins Gefängnis, die Nobelheiligen schickt man in den Himmel. Beide nehmen die Träume des Publikums mit sich fort, die bösen und die idealen. Die Bestrafung der großen Sünder erlaubt der Masse, das Ausleben der eigenen Schlimmheit zu hemmen, so wie die Preiskrönung dem Publikum erspart, wofür man seine erwählten Stellvertreter belobigt. Man tritt in Bewunderung ab, was man nicht wagt oder was man sich nicht zutraut.

Oft ist heute von der Sehnsucht nach großen Visionen die Rede, für die zu engagieren sich lohne. Die von Albert Schweitzer beschworene Haltung zum Leben wäre eine solche Vision. Sie erfordert allerdings eine andere Art Mut als jene unserer militaristischen Heldenmythen. Zumal für die Männergesellschaft ist es schwieriger, wie jeder sieht, Vertrauen zu wagen, als beispielsweise mit den gigantischen Risiken der Atomrüstung zu spielen. Aber die Fähigkeit zu dem gebotenen neuen Mut ist da. Ich nehme sie wahr bei zahlreichen Ratsuchenden in meiner klinischen Arbeit, bei den Gruppen der neuen sozialen Bewegungen, bei den meisten Nachdenklichen, die nicht mehr ohne weiteres verdrängen können, womit wir uns mittelbar oder unmittelbar selbst bedrohen.

Dabei bestätige ich immer wieder einen Befund, den die Autoren der sogenannten Shell-Studien »Jugend '81« sowie »Jugendliche und Erwachsene '85« mitgeteilt haben: Es existiert offensichtlich eine Wechselbeziehung zwischen theoretischem Pessimismus und optimistischer Praxis. Während die Regierenden unseres Landes vornehmlich auf die Gruppen hoffen, die sich bei repräsentativen Umfragen zu optimistischen Zukunftserwartungen bekennen, überwiegt bei diesen eine eher oberflächlich unkritische und apolitische Konsummentalität. Dagegen findet man ausgerechnet unter den erklärten Pessimisten viele, die sich nicht nur wach mit gesellschaftlichen Problemen beschäftigen, sondern ihre Lebensweise sinnvoll praktisch verändern und sich verantwortungsvoll politisch engagieren.

Mit Aufwand verbreitet wird indessen, wie wir täglich erleben, die gegenteilige Behauptung: Wir sollten uns vor all denen in acht nehmen, die heute die Sorge vor Waldsterben und Artentod, vor Chemie- und Kernkraftunfällen und vor der nuklearen Überrüstung umtreibt. Es sind genau die Falschen, welche die offizielle Propaganda verfemt. Und es sind die Falschen, die sie bejubelt.

In den nachstehenden Aufsätzen und Reden geht es mir nicht darum, die einen gegen die anderen zu unterstützen oder zu rechtfertigen. Im Grunde ist es die gleiche Weltangst, welche die erbitterte Entzweiung zwischen den krampfhaften Verteidigern und den entsetzten Kritikern des Bestehenden antreibt. In der Frontstellung gegeneinander droht das entscheidende Problem aus dem Gesichtsfeld zu schwinden, dessen Lösung nur gemeinsam gelingen könnte. Wieviel wäre allein schon damit gewonnen, die Notwendigkeit einer solchen Gemeinsamkeit einzusehen!

Literatur

Jugendwerk der Deutschen Shell (Hg.): Jugend '81. Jugendwerk der Deutschen Shell, Überseering 35, 2000 Hamburg 60, Bd. 1, 1981, S. 15 f.

Jugendwerk der Deutschen Shell (Hg.): Jugendliche und Erwachsene '85. Jugendwerk der Deutschen Shell, Überseering 35, 2000 Hamburg 60, Bd. 1, 1985, S. 122

Schulz, W.: Das Problem der Angst in der neueren Philosophie. In: Ditfurth, H. v. (Hg.): Aspekte der Angst. Thieme Verlag, Stuttgart 1965, S. 1–3

Schweitzer, A.: Die Ehrfurcht vor dem Leben. Grundtexte aus fünf Jahrzehnten. C. H. Beck Verlag (Beck'sche Schwarze Reihe, Bd. 255), München, 4. Aufl. 1984

Deutsche Alpträume, Illusionen, Hoffnungen

Vom gebrochenen Verhältnis zur Geschichte

Auch andere Völker fühlen sich großartig. Aber wir Deutschen sind den Amerikanern darin vorausgegangen, uns als eine Art Welterlöser zu dünken. Generationen labten sich daran, was Fichte in seinen berühmten »Reden an die deutsche Nation« befunden hatte: Nur durch die Deutschen sei der wahre Staat des Christentums möglich, und diesen hervorzubringen, sei ihre Aufgabe in der Geschichte. »Charakter haben und deutsch sein ist ohne Zweifel gleichbedeutend.« Ohne die Deutschen, die der menschlichen Vollkommenheit am nächsten seien, werde die Menschheit schwerlich von ihren Übeln genesen können.

Kehrseite dieser narzißtischen Größen- und Heilsideen blieb eine unverkennbare nationale Unsicherheit. Die kurze Geschichte eines gemeinsamen Deutschland bot wenig Stütze für die angemaßte Selbstidealisierung. Um so schlimmer wirkten politische, wirtschaftliche und militärische Rückschläge. Die Kränkung des verlorenen Ersten Weltkriegs und des Vertrags von Versailles, das Versagen der demokratischen Erneuerung und die große Wirtschaftskrise waren schließlich der rechte Nährboden für das Emporwuchern der Nazigedanken, die ein sonderbares Gemisch aus Überwertigkeitsideen, Verfolgungsvorstellungen und ressentimenthafter Aggressivität darstellten.

Unter amerikanischer Kontrolle und mit Hilfe einer selbstkonzipierten mustergültigen Verfassung haben wir uns nach 1945 zweifellos besser regeneriert als nach 1918. Aber wenn es so aussah, als hätte die Folgegeneration mit den Hitlerdeutschen nur noch wenig gemein, so lag das zu einem erheblichen Teil an einer rasch erlernten Anpassung an das amerikanische Vorbild. Ein geschlagenes Volk auf Bewährung lernte von seiner Lehrnation neue demokratische Spielregeln, neue Erziehungsstile, neue Mythen. Man borgte sich die Heldenstories aus der amerikanischen Geschichte aus und bewährte sich großartig in der Anpassung an den amerikanischen Antikommunismus, der ja eine nahtlose Fortsetzung des Hitlerschen erlaubte.

Schwierig wird es mit der Vergangenheitsverarbeitung erst neuerdings, da die Zeit gekommen scheint, aus dem Halbamerikanismus herauszutreten und sich der eigenen nationalen Identität zu versichern. Da gibt es absurde Konfusionen, die dennoch logisch erscheinen: Wenn etwa Helmut Kohl seine demonstrative Vaterlandsseligkeit mit seiner Amerika-Symbiose zu vereinbaren trachtet, dann ist die Verknüpfung von Gorbatschow und Goebbels natürlich keine Fehlleistung, sondern genau das Schema, nach dem für viele Verdrängende die neue Identitätsfindung nur ablaufen kann. Wie anders könnte man denn an die klassische deutsche Selbstidealisierung anknüpfen als durch eine solche Geschichtsverdrehung! Es wäre schon eine elegante Lösung, mit der eigenen Nazigeschichte Unterschlupf im offiziellen Antikommunismus zu finden. Aber das geht dann doch nicht so glatt, daß die Erben der Täter sich mir nichts, dir nichts auf der Opferseite einrangieren. Und deshalb bleiben unversehens die Vokabeln Goebbels und KZ ausgerechnet an dem hängen, der sie auf der Gegenseite brandmarken wollte. Um so mehr scheint mir wichtig, daß wir älteren Hellhörigen den Spät- und Sehr-spät-Geborenen vermitteln, wo und wie heute Verdrängtes wieder auftaucht. Erinnern ist notwendig, um vorzubeugen.

Wer Schwäche zeigt, geht unter. So wurde ich, so wurden viele meiner Generation unter Hitler belehrt. Unendlich viele, die sich persönlich nicht unbedingt in diesem heroistischen Bild wiederfanden, ließen sich dennoch einreden, was sie in Wirklichkeit nicht waren, indem sie sich an der militanten Vision eines siegreichen Großdeutschland berauschten, dem Hitlers Machtpolitik entgegenstrebte. In ihre Selbsteinschätzung ging das Bild des fiktiven Riesen-Ego ein, der angeblichen Einheit von Volk, Reich und Führer. Innerlich eingereiht in die Front des vermeintlich ewig siegenden Heldenvolkes, labten sich Millionen an einem erborgten Gefühl von Grandiosität und Unbezwingbarkeit, die faktische Demütigung verdrängend, die in der hörigen Unterwerfung unter die Naziführung lag.

Selten hat es eine Clique geschickter Demagogen ähnlich perfekt verstanden, eine Stimmung von Niedergeschlagenheit, Schwäche und Verbitterung einer Volksmehrheit so radikal in ihr überkompensatorisches Gegenteil zu verwandeln. Kein Gegner, kein Hindernis schien fähig, dieses Massengebilde von Marionetten mit Heldenmasken noch aufzuhalten auf dem Weg zur Herrschaft über die Welt und zur Züchtung eines neuen, höheren Menschentums. Es folgte der Absturz in die militärische Katastrophe und in das totale moralische Elend. Auf einmal waren diejenigen selbst die »Unwerten«, die eben noch offen oder stillschweigend an der Ächtung oder Verfolgung sogenannter »Unwerter« teilgenommen hatten. So standen sie jetzt jedenfalls da in den Augen der Welt. Und in den eigenen?

Entwöhnt, sich überhaupt mit eigenen Augen statt mit denen der Nazipropaganda zu sehen, waren Millionen fassungs- und sprachlos. Die naheliegende Ausflucht war: Mit uns ist doch nur gemacht worden, was wir nicht selbst gewollt und entschieden haben. Schändlich ausgenutzt hat man unsere Tugend der Gefolgschaftstreue. Haben wir nicht alle nur pflichtbewußt gekämpft, geschuftet, gehungert, Ausbombung und Vertreibung erlitten? Wie kann man uns zurechnen, was allein die da oben bestimmt haben?

Es ist immer noch nicht genügend untersucht, wie es dazu gekommen ist, daß die Mehrheit eines Volkes, an Hitlers Größen- und Machtträumen partizipierend, sich hatte das Gewissen enteignen lassen können. Nur wenig wurde darüber geforscht, weil eben die Mehrheit der Überlebenden sich schlagartig nicht mehr in denen wiedererkennen wollte, die sie gestern noch gewesen waren.

Noch schlimmerer Niedergeschlagenheit, Schwäche und Verbitterung als damals ausgeliefert, da sie Hitlers Erlösungsversprechungen gefolgt waren, schickten sie nun mit ihm als Sündenbock auch die eigenen Anteile in die Wüste, unter deren Einfluß sie alles willig mitgemacht hatten. Überdies stellte sich der Nürnberger Prozeß als das große symbolische Endlager für allen Nazimüll dar. So konnte man phantasieren, daß die Naziführer alles mit sich in den Orkus nähmen, was in Wahrheit latent und unverarbeitet in allen zurückblieb, die Hitler hier, aber auch im Ausland möglich gemacht hatten. Die Sieger unterstützten diesen massenhaften Selbstbetrug, indem sie darüber schwiegen, was sie im Schatten der freilich unvergleichbaren Naziverbrechen selbst angerichtet hatten, die Massentötung von Frauen und Kindern in den Städten des bereits geschlagenen Feindes: Dresden, Hamburg, Hiroshima, Nagasaki, die Morde und Plünderungen bei Besetzung und Vertreibung.

Das wichtigste Versäumnis von Besiegten und Siegern aber war und ist, das Naziphänomen nicht als eine bloß extreme Konsequenz einer gemeinsamen Versuchung begriffen zu haben, die in uns allen angelegt ist. Hitler war einmalig. Auschwitz war einmalig. Die fabrikmäßige Massentötung von psychisch Kranken war hoffentlich einmalig. Aber die Deutschen unter Hitler, die seinem Regime der Unmenschlichkeit gehorchten, waren keine anderen Wesen als ihre heutigen Nachkommen, und diese gleichen in ihren Anlagen vielen anderen Völkerschaften. Gewiß waren die historischen Bedingungen, welche die Deutschen Hitlers Ideen zutrieben, von besonderer Art, aber so einzig auch wieder nicht, daß sie sich nicht bald wiederholen könnten.

Weil die Eltern und Großeltern geschwiegen haben, empfinden viele Jugendliche keine Verbindung zur jüngeren Geschichte. Im Rahmen eines Forschungsprojekts über Generationenbeziehungen begegne ich neuerdings Jugendlichen, für die Auschwitz genauso weit weg ist wie die Hexenprozesse des Mittelalters. Hitler, Napoleon und Peter der Große sind etwa gleich weit entfernt. Und da stimmt etwas nicht. Da haben wir, die ältere Generation, noch etwas nachzuholen. Wir müssen, ehe wir abtreten, noch über vieles zu wenig Besprochene reden.

Es ist gut, daß die Jugend danach strebt, zu ihrem Deutschsein zu stehen. Aber was das ist, Deutschsein, das ist erst neu zu lernen. Dabei führt kein Weg an der Erinnerung vorbei, daß und wie wir, die Älteren und unsere Väter und Mütter unter Hitler, die nationale Einheit verspielt haben. Ohne das Bewußtsein historischer Schuld ist die deutsche Spaltung nicht zu verarbeiten.

Man kann auch im Getrenntsein gemeinsam lernen. Wir Westdeutschen sollten so oft wie möglich hinüberfahren, fragen, zuhören und von uns reden und, sofern möglich, zu uns einladen. In das Bewußtsein vom gemeinsamen Deutschsein muß eingehen, wie unterschiedlich die Menschen drüben und hier seit 1945 gelebt und sich in den andersartigen Systemen entwickelt haben. Wer die Chance zu häufigen Kontakten intensiv nutzt, wird nicht nur die drüben, sondern auch und vor allem *sich* und *uns* hier gründlicher und selbstkritischer begreifen. Dabei wird ihm auch aufgehen, was er von den rechten Politikern zu halten hat, die sich hier unentwegt als die Pioniere der Wiedervereinigung gebärden: Befürworten sie doch gleichzeitig bisher eine Rüstungspolitik, welche die angeblich geliebten Schwestern und Brüder drüben mit Massenvernichtungswaffen bedroht, anstatt einer atom-, chemiewaffen- und panzerfreien Zone in Zentraleuropa zuzustimmen, die ein wichtiger Schritt zur Entspannung und zur Vertrauensförderung in unserer Region wäre.

Literatur

Fichte, J. G. (1808): Reden an die Deutsche Nation. F. Meiner Verlag, Hamburg 1978, S. 193, S. 246

Konrad Kujau – Spiegel deutscher Wünsche

Unlängst hieß es in einer kurzen Pressenotiz: Konrad Kujau müsse jetzt seine Gefängnisstrafe antreten. Kujau? Da war doch mal was? Schnell ist fast vergessen worden, was nicht nur für den »stern« und dessen Verleger so peinlich war. Millionen Deutsche, so behaupte ich, hätten es Kujau gedankt, hätte er einen vom Bösen gereinigten Hitler erfolgreich auferstehen lassen können, einen Hitler, dem die Kristallnacht nicht paßte und der Auschwitz nicht wollte. Dieser Hitler hätte viele Ältere ermutigt, die Verleugnung ihres großen Jugendideals aufzugeben. Einen solchen Führer hätte man wieder anschauen und in ihm sich selbst wiederfinden dürfen. Wieviel leichter wäre es dann gewesen, sich wieder öffentlich an vieles zu erinnern, was 1945 schlagartig tabuisiert worden war.

Vielleicht ist es schade, daß Kujau seinerzeit so rasch als Fälscher entlarvt wurde, noch bevor die Aufforderung des »stern« befolgt werden konnte, die Geschichte umzuschreiben. Innerhalb einer zu erwartenden Sympathiewelle für ein geschöntes Hitlerbild hätten viele auszudrücken Gelegenheit gefunden, was die prompte Entlarvung des Schwindels ihnen verwehrte. So blieb nur die plausible Wendung übrig: Dort drüben stehen die kriminellen Betrüger Kujau und – vielleicht – Heidemann, ihnen gegenüber die törichten Betrogenen vom »stern«, wir anderen außerhalb als die unbeteiligten Zuschauer eines spektakulären Skandals. Rasch war das große Publikum bereit, über die Sache Gras wachsen zu lassen. Es gab wohl doch eine Ahnung davon, daß die Affäre einen peinlichen Symptomwert hatte. Wären die

»stern«-Leute so leichtgläubig gewesen, wenn der Hitler Kujaus nicht so gut zu dem aktuellen Stimmungsklima gepaßt hätte?

Sicherlich war und ist Kujau ein Repräsentant dieses Stimmungsklimas. »Um die Vergangenheit zu bewältigen«, so hat er in einem »taz«-Interview im Dezember 1984 bekannt, »müssen wir die Person Hitlers entdämonisieren.« Mit seinem Wunsch, Hitler zu entlasten, wußte er sich mit großen Teilen seiner Umgebung einig. Seine Phantasie und sein Fälschertalent hätten ihm nichts genutzt, hätte er nicht genau gewittert, in welcher Richtung er die Biographie des Naziführers korrigieren sollte. Mit bewunderungswürdigem Spürsinn hat er auf seine Art die kollektiven Prozesse der Verdrängung, der Projektion und des Wiederauftauchens des Verdrängten ausgenutzt. Früher als viele Experten hat er gerochen, daß die Zeit für die Entdeckung eines besseren Hitler heranreifte. Er wußte, daß noch Millionen Älterer sich nach der Wiedervereinigung mit dem abgespaltenen Ideal ihrer Jugend und dadurch nach Rehabilitation eines verlorengegangenen Stücks ihres Ichs sehnten. Und da wuchsen nun auch Millionen Jüngere heran, die entdecken wollten, was ihnen durch Verschweigen verboten war – nämlich die ungeheure Faszination ihrer Eltern durch die ehedem erlösende Heilsgestalt. Bewußt oder unbewußt hat Kujau jedenfalls eine untergründige kollektive Strömung getroffen, für deren Virulenz sich die Anzeichen inzwischen deutlich vermehrt haben.

Zwei Jahre sind vergangen, Kujau ist so gut wie vergessen. Nachfolger als Tagebuchfälscher hat er bisher nicht gefunden, dafür andere, die auf sublimere Art unsere braune Geschichte zu relativieren oder zu verschleiern versuchen.

Literatur

Kujau, K.: Ich wollte Hitler entdämonisieren. Interview mit H. Zschach. Tageszeitung, 8. 12. 1984

Ein ermutigender Deutscher:
Zum 70. Geburtstag von Heinrich Albertz

Der Anlaß eines 70. Geburtstags erlaubt es, daß man ohne die sonst schwer überschreitbaren Hemmungen zu diesem bescheidenen Mann und über ihn einiges darüber zu sagen wagt, wie man ihn findet und was man ihm verdankt.

Nur wenige Male habe ich ihn in persönlicher Nähe erlebt. Als wir 1980 die erste große Friedensveranstaltung in Gießen aufzogen, füllte er als Gastredner den großen Kongreßsaal unserer Stadt und vermittelte tausend bewegten Menschen das Gefühl, sie würden ihn schon lange kennen, und er wäre mit ihren Gedanken und unausgesprochenen Besorgnissen längst vertraut. Wir erfuhren, daß wir alle, jeder einzelne, aufgerufen seien, uns gegen den Ungeist der Destruktion zu wehren, der sich mit der Totrüstungsideologie und dem Stationierungsplan auszubreiten im Begriff sei. Er steckte viele mit seiner ruhigen, selbstsicheren Zuversicht an, daß wir uns nicht als wehrlose Objekte der zynischen Machtpolitik verkriechen dürften, sondern dieser auf die Dauer erfolgreich in den Arm fallen könnten und müßten.

Wieder sah ich ihn in Mutlangen und dann, nach der verhängnisvollen Stationierung, an einem wunderschönen Mainachmittag auf der Terrasse seines Berliner Hauses. Meine Frau und ich hatten uns bei ihm eingeladen, um uns bei ihm zu stärken. Wir redeten mit ihm darüber, wie es mit der Friedensbewegung weitergehen solle. Er freute sich über das Erstarken unserer Ärztebewegung. Und wir träumten gemeinsam von der bundesweiten Menschenkette, die damals noch fest für den folgenden

Herbst geplant war. Keine Aktion würde die Erhaltung der Bewegung sinnfälliger ausdrücken und zugleich die Menschen aus allen Landesteilen mitreißen. Ein Jammer, daß diese Riesenchance von denen, die oft weniger koordinieren als totorganisieren, vertan wurde.

Wir schauten auf den Garten, in dem seine Frau zu jeder Jahreszeit Blumen und Sträucher blühen läßt – die einen sterben, die anderen leben. Ein Stückchen Schöpfung wird hier so behütet, wie es sein sollte. Es ist die gemeinsame Kraft von zwei Menschen, von denen die Öffentlichkeit nur den einen kennt, der bei seiner lädierten Gesundheit und den vielen zehrenden Verpflichtungen allein kaum durchhalten könnte.

Wir sprachen über Peter-Jürgen Boock; über die verständnislose Rigidität der Justiz und über die Notwendigkeit, zu dem verfemten Menschen Verbindung zu halten.

Es mag Heinrich Albertz und vielen anderen sonderbar erscheinen, wenn ich zu ihm Gefühle wie ein sehr viel Jüngerer hege. Es sind nicht viele, aber historisch entscheidende Jahre, die uns trennen. Ich erlebe das wie einen Generationsunterschied. Er war achtzehn, als die Nazis an die Macht kamen, ich neun. Er kam so weit, daß er in der Bekennenden Kirche dem System trotzte, bis es ihn ausschaltete und einsperrte. Das einzige, was ich in meinen Kinder- und Schülerjahren fertigbrachte, war die Entwicklung eines Stücks von innerer Gegenwelt. Aber wenn ich schließlich als achtzehnjähriger Soldat in Rußland regelmäßig bei Hölderlin und den Dialogen Platons Zuflucht fand, so war das natürlich nur eine innere Abspaltung. Ich schützte etwas in mir, als sei dieses geheime geistige Leben bereits das Äußerste an Widerspruch zu der Vernichtungsmaschinerie, in die ich eingespannt war. Welch eine Illusion! Welch eine Selbsttäuschung aus infantiler Unmündigkeit.

Auf andere Weise ist Heinrich Albertz später gescheitert. Aber war sein Abdanken nach dem 2. Juni 1967 ein Scheitern? Hat er nicht das Feld seiner Arbeit dorthin verlegt, wo unsere Gesellschaft einen politischen Neuanfang machen muß? Die

Politik der von der Basis abgehobenen technokratischen Administratoren und der erstarrenden Parteibürokratien entfernt sich immer weiter von dem, was die Menschen fühlen und brauchen. Sie sind Gefangene einer Logik der Expansion, in welche die Deformation der Menschen, die Zerstörung der Umwelt und der Militarismuswahnsinn hineinprogrammiert sind. Wenn je noch ein Umschwung denkbar ist, kann er nur noch von unten kommen; wenn die falsch Programmierten sich verweigern, wenn sie – um einen gängigen Slogan zu modifizieren – einfach nicht mehr hingehen, wo ihre und der Schöpfung zugedachte Zerstörung vorbereitet wird.

Die Studentenbewegung, in deren Strudel Heinrich Albertz als politischer Funktionär scheiterte, war als aktionistische Revolte eine flüchtige Erscheinung. Aber sie hat den entscheidenden Anstoß für eine fortdauernde Bewegung geliefert, die immer noch unaufhörlich anwächst. In ihr lebt der ausstrahlende Gedanke, daß man nicht mehr nur mit sich Politik machen lassen darf, sondern daß jeder selbst mitmachen muß. Daß man sich an der Basis mit Gleichbetroffenen engagiert zu solidarisieren hat, wenn man je seine Lage und die Lage der Gesellschaft überhaupt noch ändern will – als Mitmensch, als Partner der Völker jenseits der Grenzen und Mauern und in der Dritten Welt.

So ist es charakteristisch, daß erst der einfache, später pensionierte Pastor zum Höhepunkt seiner geistig politischen Wirksamkeit gelangt ist. Er gehört nun zu dieser Bewegung der Erneuerung *von unten*. Ohne Amt und Macht im System, an dessen Zwängen er als Funktionär gescheitert ist, steht er jetzt mitten unter denen, die mit ihren Tausenden von Selbsthilfe-Initiativen für ein anderes Miteinander, für eine sanftere Technik, für Abkehr vom Imperialismus und atomarer Megalomanie kämpfen. Und er trifft genau wie sein großes Vorbild Altbischof Scharf in seinen Reden und Predigten die Gefühle einer neuen Frömmigkeit, die sich nicht nur in der Jungen Gemeinde, in der Kirche von unten, anmeldet.

Hört man genau zu, was viele der jungen Alternativen und

Grünen bewegt, was sie »aus dem Bauch« heraus antreibt, so hat das Züge von Religiosität, auch wenn diese sich meist nicht so benennt. Da wirkt ein unbeirrbarer Glaube an einen allumfassenden Zusammenhang über die Schranken von Nationen und Rassen hinweg, an eine Gemeinschaft alles Lebendigen, an die Notwendigkeit, sich bescheiden in ein Ganzes einzuordnen, das menschlicher Größenwahn durch eigensinnige Willkür zu zerstören im Begriff ist. Da klingt eine religiöse Stimmung an, die Christen wie Heinrich Albertz unmittelbar anzusprechen verstehen. Er zeigt den Jungen, ebenso aber auch vielen sensibilisierten Älteren einen Jesus Christus, der sehr wohl auch und gerade als politischer Lehrer und nicht nur als Wegweiser für Wohlfahrtsverbände und als Innenwelt-Erlöser zu verstehen ist.

Heinrich Albertz ist der moderne Seelsorger schlechthin, der die in langer Tradition verfestigte Spaltung von Sensibilität und Moral einerseits sowie politischer Verantwortung andererseits aufzuheben verlangt. Unter den herausragenden Repräsentanten der Friedensbewegung erreicht kaum einer seine Integrationskraft. Er kann sowohl die politische Realität kompetent und zugleich verständlich darstellen wie mit den Gefühlen der Ohnmacht, der Angst und der Verzweiflung hilfreich umgehen. Es gibt andere, die in ihren Reden den Wahnwitz von Umweltzerstörung und Superrüstung auf dem Hintergrund eines ausbeuterischen Expansionismus vielleicht noch differenzierter zu analysieren verstehen als er. Aber viele andere kommen in ihren Reden immer nur zur Konsequenz globaler alternativer Strategien oder auch nur diffuser Vorwürfe gegen die Mächtigen. Sie bleiben als Lehrer oder Ankläger hoch oben auf dem Podium. Sie stiften manche intellektuelle Genugtuung, auch kathartische Entlastung von Empörungsgefühlen. Aber ihre Zuhörer erfahren wenig, was sie selber weiterbringt. Wie sie mit ihren Gefühlen umgehen und wohin sie sich bewegen können, wenn sie ihre ohnmächtige Apathie überwinden wollen. Bei Heinrich Albertz ist das anders. Es fängt mit der Selbstverständlichkeit an, mit der er in der Diskussion politisch Andersdenkende oder auch

Begriffsstutzige akzeptiert, als Partner ernst nimmt. Er demonstriert Toleranz und Solidarität, wo andere nur darüber reden. Entscheidend aber ist, daß er sich niemals mit einem überlegenen oder gar demagogischen Heilsdenker verwechseln läßt. Es erscheint den Zuhörern so, als bringe er in ihnen nur zu klarem Bewußtsein, was in ihnen bereits enthalten ist. Sie empfinden ihn neben sich. Sie begreifen ihn so, wie er ihnen hilft, sich selbst zu begreifen. Und er gibt ihnen die Zuversicht, daß sie erst zu sich selbst finden werden, wenn sie standhaft eine menschlichere Politik fordern, anstatt nur dumpf in dem mechanisierten Betrieb mitzufunktionieren. Ich denke da etwa an die Worte, als er Blumen an einem russischen Gefangenengrab in Stukenbrock niederlegte:

»Das Ziel muß doch sein, daß Menschen als Menschen, ich sage in meiner Sprache: als Geschöpfe Gottes miteinander leben können, und das Ziel muß doch sein, daß die Erde, auf der wir leben, das bleibt, was sie sein sollte, nämlich eine Schöpfung, in der man leben kann. Darum möchte ich insbesondere den jungen Zuhörern hier heute einschärfen: Jawohl, seid nüchtern, beschäftigt euch mit dem, was ist. Lernt sogar gewisse Zahlen auswendig, Zahlen, was die Rüstung kostet, Zahlen, was es für Opfer geben wird, schrecklich fremde Namen von Waffen, die kein Mensch versteht, aber laßt euch eure Utopien nicht ausreden. Denn wenn wir das Ziel aus den Augen verlieren, Menschen bleiben zu wollen, dann brauchen wir uns über den Weg zu diesem Ziel keine große Mühe mehr zu geben. Und deshalb wollen wir die Front derer, die dieses Ziel vor Augen haben, so breit wie möglich machen.«

Es gab gelegentlich Tage, da habe ich dennoch bedauert, daß er nur noch als Pastor und nicht zugleich als maßgeblicher Kopf seiner Partei, die ihn so dringend benötigt hätte, vor der Öffentlichkeit erschien. Er hätte, so wünschte ich mir, die Mahnungen Epplers und Lafontaines beizeiten verstärken und mit seiner Ausstrahlung die SPD-Basis zu massiverem Druck gegen den fatalen Nachrüstungs-Fehlbeschluß mitreißen sollen. Aber abgesehen davon, daß ihm die parteiinternen Machtverhältnisse und strukturellen Rigiditäten diesen Einfluß versagt hätten, hatte ich ihm in meiner Phantasie einen Platz zugewiesen, auf den er längst nicht mehr hingehört. Er ist uns in seiner neuen Rolle wichtiger geworden. Er leistet an der Basis eine geistig politische Pionierarbeit, deren Rang wohl später erst voll erkannt werden wird. Er hilft zu ordnen und zu klären, wo sich so etwas wie eine neue Gesellschaft vorbereitet, für die mir der Name »Selbsthilfegesellschaft« passend erscheint. Was mit den Wohngemeinschaften, den neuen Formen von Kindererziehung, den alternativen Arbeitsformen und den psychosozialen Selbsthilfeinitiativen angefangen hat, entwickelt sich netzwerkartig zu einer modellhaften alternativen Kultur, in der sich ganz von selbst ein neuer Geist von Politik herausbildet. Es geschieht da eine Wechselwirkung zwischen Anders-Leben und Anders-Denken. In den alternativen Initiativen wird gelernt, daß jeder wichtig ist und im Machen anwenden kann, was er autonom kritisch erkennt. Die Erfahrung noch so bescheidener aktiver Veränderungen im alltäglichen Umkreis gibt Mut zur Einmischung auch in den großen politischen Fragen, deren Regelung ohnehin wieder in den persönlichen Alltag eines jeden zurückwirkt. Diese Bewegung bedarf keiner anfeuernden Theoretiker oder gar autoritärer Guru-Gestalten. Aber ihr tun Menschen gut, die unaufdringlich und ohne Machtehrgeiz in der Vielfalt zu integrieren und die als Sprecher gegenüber der immer noch skeptisch distanzierten gesellschaftlichen Mehrheit erfolgreiche Vermittlungsarbeit zu leisten vermögen. Möge der Siebzigjährige für diese Aufgaben noch lange frisch und kräftig bleiben – was freilich zugleich heißt, daß wir anderen alle der Versuchung widerstehen müssen, seine beispiellose engagierte Hilfsbereitschaft durch Überansprüchlichkeit zu mißbrauchen.

Literatur

Albertz, H.: Blumen für Stukenbrock. Radius Verlag, Stuttgart 1981

Amerikanismus, Antiamerikanismus – oder was sonst?

Eine Rede in Deutschland – West*

Vorbemerkung: Im Jahre 1986 habe ich zusammen mit einer Forschungsgruppe an unserem Gießener Zentrum für Psychosomatische Medizin mit einer Untersuchung über die Nachwirkungen der Nazizeit in bundesdeutschen Familien begonnen. Das Projekt wird vom Hamburger Institut für Sozialforschung getragen. Wir studieren, ob und wie die Erfahrungen der Nazizeit in den Familien an die Jüngeren weitergegeben und von diesen verarbeitet worden sind. Insbesondere studieren wir die Auswirkung dieser Prozesse auf das politische Bewußtsein der gegenwärtigen jüngeren Generation.

Veranlaßt wurden wir zu dieser vorerst auf drei Jahre angelegten Untersuchung durch zwei Feststellungen:

Offensichtlich hat die Nachkriegsgeneration nur sehr unvollkommen erfahren, was ihre Eltern unter Hitler erlebt und gemacht haben. Die Älteren haben geschwiegen, und die Jüngeren waren und sind zum Teil immer noch gehemmt zu fragen. Das war um 1968 herum eine Weile anders, als die Alten rücksichtslos zur Rede gestellt wurden. Aber die Diskussion, die von den antiautoritär Rebellierenden verlangt wurde, ging bald in Aktionismus und Kampf unter. Erst seit einigen Jahren drängt sich die Hitlerzeit wieder ins Bewußtsein. Nationale Gefühle melden sich und beleben automatisch die Bilder des Hitlerschen Nationalismus mit seinen militärischen Triumphen, seinen Ver-

---

* Überarbeitete Fassung eines Vortrags, gehalten am 22. 1. 1986 in der Hamburger Universität

brechen und seinem Untergang. Da wird, je nachdem, verharmlost, geschönt oder auch kritisch entlarvt. Aber man muß sich so oder so damit beschäftigen. Wer – wie Strauß – aus dem Schatten Hitlers herauszutreten ermutigt, den verfolgt erst recht das Thema, das er begraben wollte. Asylanten und Flüchtlinge mobilisieren Gefühle, die gerade eben für überwunden erklärt wurden.

Mir geht es nicht um Bezichtigen. Als einer, der immerhin den Nazikrieg noch aktiv mitgemacht hat, habe ich an dem Scheitern meiner Generation teilgenommen. Es ist schwer, woran wir zu tragen haben. Aber unsere einzigartig schlimmen Erinnerungen sind für uns Deutsche auch eine besondere Chance. Wenn wir die Auseinandersetzung mit dem Verdrängten bestehen, könnten wir vielleicht zum eigenen Nutzen und zum Nutzen anderer so etwas wie eine schützende Allergie entwickeln. Aber bis dahin ist der Weg noch weit.

Inzwischen verfüge ich über ein stattliches Archiv von skizzenhaften oder ausführlicheren Autobiographien zahlreicher Altersgenossen, die mich aufgrund der »Chance des Gewissens« angeschrieben haben. Sie alle zählen zu den Gefährten, die noch aussprechen wollen, was sie aus verschiedenen Gründen lange zurückgehalten haben. Vielen Älteren wird bewußt, daß sie mit ihrem Schweigen nicht nur sich, sondern auch ihre im unklaren gehaltenen Nachkommen belastet haben. Indem sie jetzt ihr Bild der Vergangenheit rekonstruieren, geht es ihnen zugleich um eine vorbeugende Fürsorge. Gerade wir Älteren möchten vor jener sich breitmachenden bundesdeutschen Selbstgerechtigkeit warnen, die sich auf die erreichten demokratischen Fortschritte wie auf eine Garantie gegen Gefahren beruft, gegen die wir noch längst nicht gefeit sind.

Bedeutende politische, wirtschaftliche und militärische Interessen verknüpfen die Bundesrepublik mit den USA. Wir sind von unserem großen Verbündeten vielfältig konkret abhängig. Überdies haben die Amerikaner sich unsere besondere Loyalität durch unvergessene Hilfeleistungen verdient. Ohne sie wären wir von Hitler nicht befreit worden. Ohne Amerika hätten wir hier nicht unsere demokratische Verfassung errichten können. Ohne die Luftbrücke General Clays hätte die Bevölkerung West-Berlins der Blockade Stalins nicht standhalten können. Und wer weiß, ob Chruschtschow fünfzehn Jahre später seine neuerliche Blockadeandrohung nicht wahrgemacht hätte, wären ihm die Amerikaner nicht im Wege gewesen.

Aber konkrete Interessen, Loyalitätssinn und Dankbarkeit reichen nicht aus, um das Phänomen zu erklären, das ich als westdeutschen *Amerikanismus* bezeichnen möchte. Damit meine ich eine bis ins Unbewußte hinabreichende *psychische* Amerikanisierung, die weite Teile unserer Bevölkerung kennzeichnet. Für diese Kreise bedeuten die USA weit mehr als eine äußere Führungs- und Schutzmacht. Amerika gibt ihnen inneren Halt und kompensiert ihre tiefe Selbstunsicherheit. Nur absolute Übereinstimmung mit den Amerikanern schützt diese Deutschen vor einer panischen Trennungsangst, die wiederum Symptom einer großen Identitätsschwäche ist. Sie träumen und phantasieren nach den Mustern der amerikanischen Comics, Western, Krimis und Seifenopern. Bereits 60 Prozent der bundesdeutschen TV-Serien kommen von drüben. Aber der Konsum dieses importierten Geistes ist nicht Ursache, sondern selbst schon Folge eines primären Identitätsdefizits. Wenn man nicht mehr sicher ist, auf welche eigenen Mythen, Traditionen, Ideologien man sich stützen kann, borgt man sie sich eben von außen. Wenn man zweifelt, ob man, was man von den Vätern geerbt hat, erwerben darf, um es zu besitzen, dann sucht man Halt durch Identifizierung mit idealisierbaren Ersatzeltern.

Damit ist bereits angedeutet, daß ich, was ich als westdeutschen Amerikanismus bezeichne, von der Verleugnung unseres historischen Erbes, von der Nichtverarbeitung unserer jüngeren Vergangenheit herleite. Ehe ich indessen auf seine Entstehungsgeschichte zurückkomme, möchte ich das Phänomen selbst noch genauer sichtbar machen. Es läßt sich darin erkennen, daß viele schon bei dem bloßen Gedanken in Angst ausbrechen, den mächtigen Bündnispartner durch Unfolgsamkeit verstimmen zu können. Sofort drängt sich die Phantasie auf, von den gereizten großen Freunden im Stich gelassen und in einen Zustand lebensbedrohlicher Hilflosigkeit versetzt zu werden. Die Reaktion erinnert an jene von Kindern, die sich des Schutzes ihrer Eltern nur bei absoluter Willfährigkeit sicher glauben.

In einem Gespräch, zu dem mich unser vormaliger Bundeskanzler kurz vor Ende seiner Amtszeit eingeladen hatte, prophezeite er, sein designierter Nachfolger Helmut Kohl werde heute schon immer ausführen, was die Amerikaner übermorgen von uns haben wollten. Tatsächlich wurde es dann ein Wahlkampfargument Kohls, er werde die Amerikaner weniger durch Widerspruch provozieren als sein Vorgänger. Was er damals versprach und mit Beflissenheit eingehalten hat, wirkte und wirkt noch immer angenehm beschwichtigend auf breite Bevölkerungskreise.

Umgekehrt löst es prompt Nervosität aus, wenn z. B. die SPD mit der SED Chancen für eine atom- und chemiewaffenfreie Zone in Mitteleuropa erörtert oder wenn in einem Papier des Militärpolitikers von Bülow gar der Vorschlag auftaucht, die Amerikaner und die Russen mögen irgendwann ihre Militärpräsenz auf deutschem Boden reduzieren. Statt dessen folgt man unbeirrt der offiziellen Devise: Was für uns gut und richtig ist, werden uns die Amerikaner schon rechtzeitig sagen.

Auch bei der Frage der Stationierung spielte sozialpsychologisch die militärpolitische Zweckmäßigkeit für viele eine bedeutend geringere Rolle als der bloße Gedanke daran, daß die Amerikaner die Pershings unbedingt haben wollten und daß wir ihnen schon allein deswegen zu Willen zu sein hätten. Wer damals gegen die Stationierung war oder heute SDI widerspricht, muß sich prompt als Antiamerikanist bezichtigen lassen. Damit gilt er laut einer gewissen Propaganda als unzuverlässig, wenn nicht als ideologischer Verräter. Ob seine Argumente militärstrategisch oder entspannungspolitisch tauglich sind, scheint demnach gar keiner näheren Überprüfung mehr wert. Schlägt einer etwas vor, was die Amerikaner nicht oder noch nicht gesagt haben, dann reicht diese Ungebührlichkeit schon aus, ihn zu verdächtigen.

Warum aber taucht immer nur der Vorwurf des *Anti*-Amerikanismus – niemals indessen der Gegenvorwurf eines blinden Amerikanismus auf? Warum wagt niemand, den automatischen Amerika-Gehorsam, wo er augenfällig wird, so zu benennen? Die Erklärung ist einfach: Weil dieser Gegenbegriff einen weit verbreiteten psychischen Zustand genau trifft, den aufzudecken tabuiert ist. Die von den Amerikanern bezogene deutsche Ersatz-Identität, die das Hitlertrauma zu bewältigen half, darf nicht in Frage gestellt, ja nicht einmal beim Namen genannt werden, weil damit die Verdrängung gefährdet würde, auf der sie beruht.

Aber denunziere ich hier nicht fälschlich eine Art von Solidarität, die eigentlich unter den Begriff Treue fällt? Schließlich beruft sich unsere offizielle Politik doch unentwegt auf diese Tugend: Fortwährend ist die Rede von der *Treue* zu unserer Schutzmacht, von der Bundesrepublik als *treuem* Bündnispartner, von der *treuen* Waffenbrüderschaft mit den USA usw. Ist Treue hier indessen tatsächlich die korrekte Bezeichnung?

Shakespeare läßt Polonius seinen Sohn Laertes belehren: »Dies über alles, sei dir selber treu, und daraus folgt, so wie die Nacht dem Tage, du kannst nicht falsch sein gegen irgendwen.« Anders gesagt: Verläßlichkeit nach innen ist die Bedingung für Verläßlichkeit nach außen. Zur Treue ist nur fähig, wer aus einer klaren eigenen Identität heraus standfest ist. Verfügen wir Bundesdeutschen über eine solche verläßliche gemeinsame Identität? Oder klammern wir uns nur deshalb so verzweifelt an, weil sie uns mangelt? Ist etwa die propagandistisch geschürte Sorge, die Amerikaner würden uns prompt im Stich lassen, sobald wir ihnen nicht mehr automatisch gehorsam wären, eine Projektion unserer eigenen Unverläßlichkeit? Rühmen wir uns demnach zu Unrecht als Bundesgenossen einer Treue, die in Wahrheit eher Anpassungszwang aus Furcht bedeutet?

1962 habe ich mich in einer psychoanalytischen Studie mit

dem Thema Verrat und Treue befaßt. Ich untersuchte damals über mehrere Jahre hindurch die Biographie Jugendlicher, die hinter einer vasallenhaften Gefügigkeit eine extreme Unzuverlässigkeit verbargen. Resultat dieser Studie war ein Aufsatz mit dem Titel: »Zur Psychopathologie des Verräters« (1962). Ich verfolgte die Entwicklung Jugendlicher, die in auffälliger Weise jeweils einen Beschützer an sich zu binden versuchten, indem sie ihm unverbrüchliche Gefolgschaft und Beistand gegen einen echten oder vermeintlichen Kontrahenten versprachen. Sie konnten sich immer nur vorstellen, für ihren Partner als Instrument gegen einen Außenfeind wichtig zu sein. Mich als Therapeuten versuchten sie meist schon beim ersten Besuch damit zu ködern, daß sie mich lobten und irgendwelche früher mit ihnen befaßten Kollegen schlechtmachten. Sie setzten ein Verhaltensmuster automatisch fort, das sie von früher Kindheit auf gelernt hatten. In zerstrittenen Familien hatten sie sich fürsorgliche Zuwendung immer nur verdienen können, wenn sie mit dem einen Elternteil gegen den anderen Front gemacht hatten. Irgendwann dann von ihrem jeweiligen Partner im Stich gelassen, hatten sie sich prompt dem Gegenpart mit der gleichen Überanpassung angedient und sich damit wiederum vorläufigen Halt verschafft. Diese Rolle als blind opportunistischer Kampfgenosse hatten sie verinnerlicht. Sie wußten am Ende nicht mehr, was sie denn selbst noch anderes wären als hörige Gehilfen von Mächtigen in irgendeinem Feindschaftsverhältnis. Argwöhnend, ihrer Beschützer immer nur als nützliches Instrument sicher zu sein, wie sie es früher gelernt hatten, konnten sie am Ende auch sich selber nicht mehr trauen. Was sie als elterlichen egoistischen Opportunismus erfahren hatten, spiegelte sich in ihnen als tief verwurzeltes Gefühl eigener Unverläßlichkeit wider.

Bieten diese Befunde vielleicht eine Hilfe, das Wesen des westdeutschen Amerikanismus und seine Entstehungsgeschichte besser zu verstehen? Projizieren wir etwa auf die Amerikaner genau den eigenen Opportunismus, den wir hinter unserer blinden Ergebenheit verstecken? Diese Annahme wird plausibel, wenn wir auf die Entstehungsgeschichte des westdeutschen Amerikanismus zurückblicken:

Unter Hitler war eine Generation mit der eingeimpften Ideologie groß geworden, ihre Opferbereitschaft für das Volk, vertreten durch den Führer, als ihre wichtigste Bestimmung anzusehen. Ihre Ehre und ihre Treue zu Hitler seien eins. Aber statt Treue war absoluter Gehorsam gemeint, Verzicht auf Mündigkeit. Als Entschädigung für diese Entmündigung durfte, sollte sich der Narzißmus der Individuen in Partizipation an der grandiosen fiktiven Einheit Volk, Reich, Führer ausleben. Faktisch hörige Marionetten in dem diktatorischen System, durften und sollten sich die einzelnen nichtsdestoweniger wichtig und großartig fühlen in phantasierter Identifizierung mit dem scheinbar ewig siegreichen und unfehlbaren Hitler, der zugleich so etwas wie ein externalisiertes Über-Ich darstellte. In dieser Rolle versprach Hitler die Erlösung von allen Selbstzweifeln, indem er den folgsamen Massen Schuld immer nur als Monopol der Feinde deklarierte, der teuflischen Juden, der ausbeuterischen Plutokraten und der mörderischen Moskauer Bolschewisten. Aber dann standen die Entmündigten bzw. Selbstentmündigten eines Tages da: elend, geschlagen, konfrontiert mit der nunmehr unausweichlichen moralischen Katastrophe. Schlagartig offenbarte sich die zuvor durch Außenstützung kompensierte regressive Selbstunsicherheit und Orientierungslosigkeit. Wie konnten nun die von Hitler Betrogenen und Verlassenen, mit der Mitverantwortung für Auschwitz und viele sonstige Unmenschlichkeiten konfrontiert, den Schock besser bewältigen als durch eiligen Parteiwechsel? War es nicht die Rettungschance schlechthin, schleunigst sich selbst und die Welt so umzudenken, daß man für die Sieger ihresgleichen wurde?

Typisch war damals das Bild der nach und nach aus der Gefangenschaft heimkehrenden »Helden«, die von ihren weniger deformierten Frauen wie hilflose Kinder an die Hand genommen und wieder lebensfähig gemacht werden mußten. Aber wer sagte ihnen jetzt, wer sie waren, welche Sprache sie sprechen, welchen Konzepten sie folgen sollten? All das lieferten uns im Westen umgehend die Sieger, an deren Spitze die Amerikaner. Die funktionierten wie ein neues Animationssystem, das die Identitätsleere ausfüllte. Es war durchaus keine mühsame, sondern eine ersehnte, rettende Anpassung, freilich ein eher mechanischer Prozeß; eine Flucht aus einer Hörigkeit in die nächste. Aber zum Schutz der Selbstachtung mußte man sich natürlich als eigene Überzeugung einreden, was in Wirklichkeit nur vertauschte Abhängigkeit war. Das scheinbar schlagartig funktionierende demokratische Gewissen schlug von außen. Es sprach englisch. Ein Volk von verwaisten Kindern war in neuer Vormundschaft untergekommen.

Bedeutende Experten täuschten sich damals, als sie die deutsche Umerziehungswilligkeit überschätzten. Die rasche äußere Anpassung, die sie verwundert registrierten, verbarg ihnen die Oberflächlichkeit der Identifizierung. Und noch weniger durchschauten sie die Erwartung großer Teile der Besiegten, daß es für diese, nur unter neuen Vorzeichen und in vertauschter Abhängigkeit, mit dem Siegen weitergehen sollte – gegen den alten, neuen Feind im Osten. Die rasche Entfremdung zwischen den westlichen Siegermächten und den Sowjets rekanalisierte das eingeübte Projektionsmuster – für die Westdeutschen.

Alsbald tauchten Phantasien auf: Hätten die Amerikaner doch auf Ribbentrop – später auf Himmler – gehört, als die ihnen einen frühen einseitigen Waffenstillstand im Westen angeboten hatten! Wie leicht hätte man, Seite an Seite, das weitere Vordringen der Russen nach Zentraleuropa noch aufhalten können!

Seite an Seite! Ihr und wir, wir Abendländer, wir Antikommunisten, wir Hüter des Christentums! Hätten wir, hättet ihr nur früher begriffen, daß wir eigentlich zusammengehören, daß wir im Grunde eins sind! Nun, da wir Adolf Hitler und seine Verbrecherhorde los sind, wird uns nichts und niemand mehr hindern, mit euch zu marschieren!

Alexander und Margarete Mitscherlich haben später in ihrem

Buch »Die Unfähigkeit zu trauern« vornehmlich den Mechanismus der Verleugnung beschrieben, der zur Abwehr einer unerträglichen Melancholie führte: »Die Konfrontation mit der Einsicht, daß die gewaltigen Kriegsanstrengungen wie die ungeheuerlichen Verbrechen einer wahnhaften Inflation des Selbstgefühls einem ins Groteske gesteigerten Narzißmus gedient hatten, hätte zur völligen Deflation des Selbstwertes führen, Melancholie auslösen müssen, wenn diese Gefahr nicht durch Verleugnungsarbeit schon in statu nascendi abgefangen worden wäre...«

Die Mitscherlichs maßen dem Identitätsverlust eine überragende Bedeutung bei, den die Deutschen damals erlitten hätten, als sie ihren »idealen Führer« verloren hatten. Dieser Identitätsverlust war aber deshalb gar nicht so bedeutend, weil das, was man Identität nennt, nur sehr mangelhaft ausgebildet worden war.

Hitler war eben bei weitem nicht in dem Maße als Ich-Ideal innerpsychisch *integriert* worden, wie es den Anschein hatte. Daß er so rasch nach Kriegsende ausgetauscht werden konnte, spricht dafür, daß ein Höchstmaß an regressiver Hörigkeit im Spiele war, wie es etwa Hannah Arendt (1964) am Beispiel von Adolf Eichmann herausgearbeitet hat. Nur der präsente *äußere* Hitler hatte die Macht gehabt, einem Heer von praktisch Selbstentmündigten die so inständig gehegten überkompensatorischen Größen- und Überwertigkeitsträume zu erhalten. Hitlers Präsenz, der suggestive Rapport zwischen ihm und der infantilisierten Masse hatte das System in Funktion gehalten.

Es war sicherlich oft nicht einmal gelogen, wenn später viele als subjektives Bewußtsein beteuerten, sich nicht *selbst* für Schlimmes verantwortlich gefühlt zu haben, das unter ihrer Mitwirkung geschehen war. Aber daß diese Preisgabe des *Selbst*, die Externalisierung der moralischen Verantwortlichkeit, eher eine noch größere Schuld war, sollte keiner weiteren Erläuterung bedürfen.

Jedenfalls war es unter diesem Aspekt eigentlich ganz natürlich, daß nun ausgerechnet diejenigen sich im Boot der Sieger am raschesten einzurichten wußten, die sich zuvor konfliktlos hochgedient hatten. Als geübte, reibungslos funktionierende Gehilfen der Macht machten sie sich erneut unentbehrlich, und es fiel ihnen nicht schwer, sich mit einer übergestülpten neuen Ideologie an das Sieger-Hilfs-Ich anzukoppeln.

Viel schwerer hatten es die Trauernden, die Hitler wirklich geliebt hatten. Und erst recht die Scharen der im Hitlersystem zermürbten Gruppen der Zweifler, der Außenseiter, der Leidenden. Viele waren zu entmutigt, um nun noch die späte Chance wahrzunehmen, aus der Unterdrückung auszubrechen und ihre ewig frustrierten Ansprüche durchzusetzen. In diesen Kreisen wurde die Depression ausgetragen, welche jene virtuosen Stehaufmännchen vermieden. Hier fanden sich die Sensiblen, die Schlaflosen, denen die Bilder von Auschwitz, von Treblinka, vom Volksgerichtshof nicht mehr aus dem Kopf gingen. Und die sich zugleich mit der immerfort wiederkehrenden Frage quälten, wie sie vor den eigenen toten Angehörigen und Freunden dastanden.

Es mag einem die oberflächlich zynische Typeneinteilung in »winners« und »losers« einfallen. Die einen sind immer oben, die anderen immer unten. Die einen sind Meister im Verdrängen, die anderen die ewigen Träger des Verdrängten, die den Schuldigen auch noch deren Schuld, deren vermiedene Trauer abnehmen und die in der Gesellschaft die Dauerherrschaft einer unentwegt selbstgerechten Machtelite stabilisieren.

Am einfachsten wurden jedenfalls die vielen mit dem Szenenwechsel fertig, die unverzüglich das externalisierte Über-Ich-Substitut Hitler gegen die Amerikaner eintauschten und sich gänzlich auf deren Erwartungen einrichteten. Die Amerikaner machten ihnen die Umstellung nicht schwer. Sie betrieben die sogenannte Entnazifizierung nur halbherzig. Bedenkenlos kooperierten sie mit Ex-Gestapochefs bis hinauf zu Klaus Barbie und brachten diese in Sicherheit. Genauso ungeniert nahmen sie die gesamte Elite der deutschen Raketenexperten, ob Nazis oder nicht, in ihre Arme und ließen sie die V1 und V2 des Hitlerkrieges zu den neuen Großraketen der eigenen Rüstung weiterentwickeln. Entsprechend traditionellem Siegerbrauch hatten sie in Nürnberg gemeinsam mit ihren ehemaligen Alliierten imperialistischen Machtwahn und menschenverachtende Aggression als spezifische Übel des Gegners abgeurteilt, die eigenen Anfälligkeiten dafür durch Projektion verleugnend. Blind dafür, worin sie in ihrem eigenen expansionistischen Vorherrschaftsstreben dem zerschlagenen Regime verwandt waren, war es ihnen schon bald nach Nürnberg recht, die bundesdeutsche Wiederaufrüstung mit Hilfe der gleichen Wirtschaftskreise anzukurbeln, die noch kurz zuvor Hitler mitgetragen hatten. Nicht kurzes Gedächtnis, sondern imperialistisches Trachten verleitete sie zu der Remilitarisierung der Bundesrepublik.

In einem seiner letzten Briefe klagte Albert Einstein: »Gestern Nürnberger Prozesse, heute Bewaffnung Deutschlands unter hohem Druck. Wenn ich es mir zu erklären versuche, komme ich von folgender Idee nicht los. Das letzte meiner Vaterländer hat für sich eine neue Art von Kolonialismus erfunden ... nämlich das Herrschen durch investiertes Kapital im Ausland. Dies schafft solide Abhängigkeiten. Wer aber sich dagegen wehrt, ist ein Feind.«

Durch ihre zweideutige Deutschlandpolitik – die verbal auf politische Umerziehung, praktisch aber auf Kollaboration mit wirtschaftlichen und geistigen Stützen Hitlers ausgerichtet war – kamen die Amerikaner also jener Mehrheit der hiesigen Kriegsgeneration entgegen, die bald nicht mehr im Glauben an ihre neue amerikanisierte (Pseudo-)Identität erschüttert werden mochte. Eine verflachte, allein der wirtschaftlichen Expansion und dem Konsum zugewandte Mentalität hatte sich ausgebreitet. Über die Vergangenheit wurde mit Bedacht hinweggelebt. Die Schwenkung zu einer neuen Stärke- und Militärpolitik in den fünfziger Jahren schürte nur wenige beunruhigende Erinnerungen. Was mit dem Segen, ja auf Geheiß der Amerikaner und im Rahmen der parlamentarischen Regeln geschah, brauchte anscheinend nicht mehr kritisch an der jüngsten Geschichte gemessen zu werden.

1966 schrieb Karl Jaspers: »Heute droht kein Hitler und kein Auschwitz und nichts Ähnliches. Aber die Deutschen scheinen durchweg noch nicht die Umkehr vollzogen zu haben aus der Denkungsart, die die Herrschaft Hitlers ermöglichte. Werden wir, wenn es uns als Produktions- und Konsumgesellschaft gutgeht, so zufrieden mit dem Augenblick, so blind für die Tatsachen, so phantastisch, so verantwortungslos, so verlogen bleiben? Dann gehen wir einem Verhängnis entgegen, ganz anderer Art als dem Hitlers, und dann werden wir uns so wenig verantwortlich dafür fühlen wie seinerzeit und heute noch die Mehrzahl der Deutschen der Realität des Hitlerstaates gegenüber. Um unseren sittlich-politischen Zustand zu durchschauen, dazu bedarf es der Kenntnis der Geschichte im Tatsächlichen und im Verstehbaren. Heute scheint noch wie früher das Tollste möglich.«

Was damals Jaspers so tief beunruhigte und auch heute noch zur Unruhe berechtigt, ist die Fortsetzung einer Haltung, die sich um die politische Eigenverantwortung drückt. Was einst als Treue zu Hitler, heute als Treue zu den Amerikanern verklärt wird, ist in Wahrheit vielfach nur regressive Hörigkeit gegenüber einem nach außen verlegten Über-Ich. Diese Führungsinstanz kompensiert das eigene Identitäts-Defizit, die eigene Unverläßlichkeit. Unterstellt man das absolute Angewiesensein auf eine solche Außenlenkung, so wird ein auf den ersten Blick erstaunliches historisches Paradoxon plausibel: Die gleichen Menschen, früher den absurdesten und verhängnisvollsten Befehlen Hitlers folgsam, hatten sich anscheinend problemlos prompt auf die Befehle eines jahrelangen Kriegsgegners umstellen können. Hitler zu verraten schien ein Kinderspiel. Aber es war eben kein echter Treuebruch, sondern eher die bloße Umschaltung des Gehorsams-Automatismus von einer Führungsinstanz auf die nächste. Dazu erzogen, sich nur als hörige Gehilfen einer äußeren Macht zu verstehen, als Instrumente

Hitlers und seines Apparates, waren sie in diesem Gehilfenstatus unschwer umzupolen. Genauer gesagt, waren sie es selbst, die sich umpolten und ihre Hörigkeitsbereitschaft an den neuen Befehlsgeber anklinkten.

Eine gewisse Parallele zu den geschilderten Jugendlichen mag erkennbar geworden sein. Sie liegt in der Verinnerlichung der Rolle als bloßes Instrument einer äußeren Macht und in dem verdeckten Opportunismus im Hintergrund einer exzessiven Vasallen-Folgsamkeit. Die Parallele reicht noch weiter. Die Unentbehrlichkeit als Instrument wird ja der Bedeutung des Zwecks entnommen, zu dem man gebraucht wird. Die von mir untersuchten Jugendlichen fühlten sich ihres jeweiligen Beschützers so lange sicher, als sie sich als Waffe für ihn in einem Feindschaftsverhältnis unentbehrlich glaubten. Deshalb war ihnen auch stets daran gelegen, ihn in seiner Feindbildperspektive zu bestätigen, in der sie zugleich ihre eigenen Aggressionen unter der Verantwortung des großen Partners unterbringen konnten.

Entsprechend waren die Instrumente Hitlers ihres Führers so lange sicher, als sie ihm die Erfüllung seiner megalomanen Herrschaftsträume garantierten. So ließ er sie denn auch in der Niederlage prompt im Stich. Aber unversehens bot sich ihnen nun die Chance, die gleiche instrumentale Funktion in dem wichtigsten bisherigen Feindschaftsverhältnis fortzuführen. Die Auswechslung der Leitungsinstanz erlaubte, wie schon erwähnt, eine Beibehaltung des eingeübten Antikommunismus. So war, nur unter neuer Führung, ein wichtiges Stück Kontinuität zu retten. Hatten wir Deutschen uns nicht sogar schon für die Amerikaner als verkannte Waffenbrüder bewährt, noch ehe diese den *eigentlichen* gemeinsamen Feind im Osten identifiziert hatten? Und ist nicht diese antikommunistische Verschworenheit bis heute ein zentrales Element des Amerikanismus geblieben?

In einem Essay von Habermas heißt es: »Was könnte die Rückkehr zu den deutschen Kontinuitäten besser fördern als die

alten *Fronten?*« Und an anderer Stelle: »...das antikommunistische Gesinnungssyndrom hat sich auch im Innenleben unserer
Republik als eine verläßliche Konstante erwiesen.« (1985, S. 58)
So verstanden dann auch manche das Jubiläumsjahr 1985 eher als
eine Chance, zusammen mit den Amerikanern eine zurückda-
tierte antikommunistische Waffenbrüderschaft zu feiern. In diesem Sinne war es z. B. für Alfred Dregger (1985) schwer begreiflich, daß zahlreiche amerikanische Gruppen, darunter Senato-
ren, Präsident Reagan von der Feier an den Soldaten- und SS-
Gräbern in Bitburg abhalten wollten. Unmißverständlich war
die Begründung, mit der Dregger den kritischen US-Senatoren
widersprach: Er habe doch am letzten Kriegstag noch mit seinem
Bataillon eine schlesische Stadt gegen die Rote Armee verteidigt.
Im Klartext hieß das: Achtet gefälligst unsere Opfer, die wir
Deutschen bereits im Kampf gegen den wahren gemeinsamen
Feind gebracht haben.

Bezeichnenderweise waren es in der Bundesrepublik immer
wieder die gleichen Kräfte, die es gelegentlich beunruhigt, wenn
die Amerikaner den Sowjets mit versöhnlichen Gesten entgegen-
kommen. Inzwischen ist aus veröffentlichten Dokumenten
ersichtlich, daß Konrad Adenauer 1963 Kennedy (vgl. 1967) zu
bremsen versuchte, als dieser sich mit Chruschtschow auf eine
Reihe von Entspannungsmaßnahmen einließ. In der Ausgabe
der »Zeit« vom 20. 3. 1986 zitiert Marion Gräfin Dönhoff aus
einem Top-secret-Bericht des britischen Staatssekretärs Kirkpa-
trick über ein Gespräch mit Adenauer 1955. Adenauer sei gegen
einen europäischen Sicherheitsvertrag. Der entscheidende
Grund sei, daß Dr. Adenauer kein Vertrauen in das deutsche
Volk habe. Er sei besorgt, daß eine künftige deutsche Regierung,
wenn er nicht mehr da sei, sich zu Lasten Deutschlands mit den
Russen verständigen könnte. Die Westintegration Deutschlands
sei wichtiger als die Wiedervereinigung.
Im gleichen politischen Lager atmete man später auf, als Reagan
zeitweilig den Geist McCarthys wiederaufleben ließ. Paßt es
nicht auch dazu, daß Heiner Geißler unlängst seine antisowjeti-

sche Kampagne, festgemacht an dem Arzt Tschasow, ausgerechnet in dem Augenblick entfesselte, als der Nobelpreis an unsere
ärztliche Friedensbewegung der Idee der Ost-West-Verständi-
gung neuen Auftrieb gab? Die Initiative der bundesdeutschen
CDU war es, die im Westen wenigstens einige Solidarität im
Protest gegen das Osloer Nobelpreis-Komitee zuwege brachte.

Freilich ging es Geißler und seinen Freunden diesmal wohl eher
darum, *innenpolitisch* einer Aufweichung des antikommunistischen Gesinnungssyndroms vorzubeugen. Deshalb mußten die
prämiierten friedensbewegten Ärzte schnell als unglaubwürdig
erklärt werden, wie es denn auch Staatssekretär Spranger (1985)
im Bundestag offiziell verkündete: Unsere Ärzteorganisation
operiere im Vorfeld kommunistischer Frontorganisationen.

Die Angst vor Schwächung des Frontgeistes gebietet offensichtlich diese Ächtungsstrategie. Es ist ein ähnliches Verhalten
wie dasjenige von Sekten, die ihre Abtrünnigen sadistisch verfolgen, weil sie um ihren inneren Zusammenhalt fürchten. Sozialpsychologisch belegt dieses Reaktionsmuster die Mutmaßung
gruppeninterner Unzuverlässigkeit. Diese Unzuverlässigkeit
projiziert man dann auf jene anderen, die sich der militanten
Gleichschaltung entziehen.

Ähnlich wie die internationale Ärzteorganisation IPPNW
geraten auch die übrigen unabhängigen Gruppen der Friedensbewegung hierzulande zwangsläufig immer wieder in die Bewertung nach dem paranoiden Schema Amerikanismus versus Antiamerikanismus. Wer außerhalb der vorgeschriebenen Block-
logik denkt, macht sich in den Augen all derjenigen automatisch
zu einem Sicherheitsrisiko, die eben ihr kollektives Identitätsge-
fühl vor allem durch ihre psychische Amerikanisierung in Balance halten. Fassungslos sehen sich oft wohlmeinende Friedensbewegte, denen diese sozialpsychologischen Zusammenhänge verborgen sind, als bedrohliche Gehilfen des Bösen verdächtigt. Es ist ihnen unerfindlich, warum sie mit allen noch
so triftigen Argumenten für ihre Integrität und ihre politische Unabhängigkeit ihre amerikanistischen Kritiker eher noch mehr

irritieren als beruhigen. Deren paranoides Weltbild läßt eben keinen Raum für eine Position außerhalb der oder zwischen den Fronten. Entgegen ihrer Beteuerung sind den Amerikanisten die Protestorganisationen des DKP-nahen Spektrums sogar noch eher geheuer als die Gruppierungen, die sich dieser Etikettierung entziehen. Was würde Herr Spranger wohl darum geben, könnte er z. B. den deutschen Ärzten der IPPNW nachweisen, daß sie tatsächlich von Moskau her ferngesteuert werden.

Nun mag plausibel erscheinen, warum und wie die älteren Generationen, die noch unmittelbar mit dem Naziregime verwickelt waren, anfällig für den geschilderten Prozeß der psychischen Amerikanisierung bzw. für den Erwerb einer amerikanisierten Pseudoidentität waren. Aber was haben die Nachfolgegenerationen noch mit diesen Reaktionen ihrer Vorgänger zu tun?

Sie haben erstens indirekt damit zu tun, weil unsere Politik ja immer noch zum Teil von jenen Älteren bestimmt wird. Sie sind zweitens aber auch unmittelbar persönlich betroffen, weil jede Generation ihren Nachfolgern unbewußt den Teil ihrer Konflikte als Bürde hinterläßt, den sie selber ungenügend oder gar nicht verarbeitet hat. Diese Art von psychologischer Vererbung, die ich selber mit einer Arbeitsgruppe zehn Jahre lang studiert und in der Monographie »Eltern, Kind und Neurose« (1963) beschrieben habe, kann auf unterschiedliche Weise erfolgen. Ein geläufiges Muster besteht darin, daß Eltern ihren Nachkommen genau die Verdrängung bzw. Abwehr aufnötigen, durch die sie sich der Konfrontation mit eigenem Scheitern entziehen. Je bedrohlicher das Verdrängte für die Eltern ist, um so gefährlicher ist es für die Kinder, sie an diesem Punkt herauszufordern. Suchen die Jugendlichen endlich doch die Auseinandersetzung, um ihre gehemmte Identitätsbildung zu retten, entbrennt leicht ein Kampf von äußerster Schärfe. Die Älteren verteidigen ihre Verdrängung, als drohe ihnen die totale Identitätsvernichtung. Der von ihnen entsprechend ausgeübte Druck provoziert dann auf der anderen Seite Protestformen von genau der Radikalität, die spiegelbildlich zu den Bedrohungsängsten der Älteren passen. Entsprechend sahen sich deutsche Eltern 1968 massenhaft als Träger des von ihnen verdrängten Faschismus verurteilt und durch eine revolutionäre Gegenutopie der jugendlichen Rebellierer aufs äußerste geschockt.

Allerdings engagierte sich damals nur ein Teil der Jugend in dieser Revolte. Und zwar waren es eher Jugendliche, denen es in ihrer Sozialisation möglich gewesen war, das Verdrängte hinter der Abwehr der Erwachsenenwelt zu spüren und herauszufordern. Etwa bei liberalen Eltern, denen anzumerken war, daß sie nur halbherzig in der Wirtschaftswunder-Gesellschaft mitspielten, deren echte Erneuerung durch den Wiederaufstieg der alten Machtelite verhindert wurde. Unter diesen Umständen hatten Kinder eher die Möglichkeit, sich mit dem unausgelebten Anteil ihrer Eltern zu verbünden und diesen stellvertretend auszuagieren. Sie übernahmen den Protest gegen Napalm, Agent Orange und My Lai, dem sich die Älteren konsequenterweise versagten, weil sie über Auschwitz nicht reden konnten oder wollten.

Wie es sich bei radikalen Polarisierungen leicht ereignet, mißlang es damals beiden Seiten weitgehend, in sich den verleugneten Anteil wiederzuerkennen, den sie allein auf der anderen Seite bekämpften. Den Rebellierenden entging, daß – wie Habermas es ihnen spontan vorwarf – faschistoide Elemente in ihre eigene Strategie einflossen. Die Masse der Älteren beharrte wiederum selbstgerecht darauf, nichts mit dem Zerrbild von faschistischem Autoritarismus zu tun zu haben, dessen sie bezichtigt wurden. Aber es gab auch Eltern, die im Protest ihrer Töchter und Söhne wiederfanden, was sie in sich selbst unterdrückten und was sie verändern wollten. Und eine Minderheit der Protestjugend bewahrte durch alle Rückschläge hindurch zumindest den Willen, ihre Lebens- und Beziehungsformen in ihrem engeren Einflußbereich zu revidieren.

Die Bedeutung und die Auswirkungen der 68er Revolte sind noch lange nicht hinreichend aufgearbeitet. Insbesondere sind die mikrogesellschaftlichen Vorgänge noch wenig untersucht, die sich damals im Hintergrund der spektakulären Aktionen abspielten. In Hundertausenden von Familien sahen sich die Älteren mit ihren Normen und Lebensmustern unnachsichtig in Frage gestellt. Ihnen wurde die Vision einer neuen Menschlichkeit entgegengehalten, die Marcuse in durchaus modern klingenden Stichworten so beschrieb: »Ablehnung grobschlächtiger ›Virilität‹... Bejahung der Sensibilität und Sinnlichkeit des Körpers... der ökologische Protest, die Verachtung des falschen Heldentums der Weltraumeroberungen und Kolonialkriege, die Emanzipationsbewegung der Frauen...« Der oberflächliche Anschein, diese Ansätze seien damals zusammen mit dem Angriff auf die politischen Strukturen untergegangen, trügt. Die Wohngemeinschaften und vielen Varianten der späteren sozialen Selbsthilfebewegung sprossen aus der Saat, die damals gelegt wurde. Ein Kernstück des damaligen Konflikts blieb indessen in der Bearbeitung stecken. Das Thema Hitler und Faschismus verfiel neuer bzw. der alten Sprachlosigkeit. Zwanzig Jahre nach Hitlers Sturz war es offenbar noch immer nicht möglich, gemeinsam das Stück Geschichte zu besichtigen, ohne dessen bewußte Aneignung eben eine Verständigung darüber nicht möglich war, was Deutschsein vielleicht anderes heißen könnte als Amerikanismus oder Antiamerikanismus.

Wenn mein Eindruck nicht trügt, erleben wir z. Zt. neue Ansätze, das Verdrängte hochkommen zu lassen. In einer Reihe von Städten und Gemeinden, in Friedensgruppen, an manchen Universitäten sammeln sich Gruppen, die systematisch über die Nazizeit recherchieren. Viele Jüngere wollen offenbar endlich wissen, wo sie herkommen. Und das soll ihnen die Nazi- und Kriegsgeneration noch sagen, bevor sie abtritt.

Diese Jüngeren fragen, so scheint es, in der Regel behutsamer, toleranter als die Achtundsechziger. Und sie treffen wenigstens z. T. auf Ältere, die ihrerseits dieses Gespräch als Chance nützen, um einen lange abgespaltenen Teil ihres Selbst zu klären und zu integrieren. Gerade in Kreisen der hochsensibilisierten gesellschaftlichen Gruppen, die sich in den letzten Jahren in den verschiedenen Varianten der in sich zusammenhängenden neuen sozialen Bewegung getroffen haben, ist die Diskussion über den Faschismus, seine Wurzeln und Folgen deutlich in Gang gekommen.

Aber was sich hier in der Gesellschaft bewegt, erinnert an einen neu aufflackernden, chronischen Krankheitsherd. Auch die pathologischen Gegenkräfte melden sich wieder. Da rühren sich unbeirrbare Altnazis, Gesinnungsmilitaristen und nationalistische Träumer. Viele, die sich nach Hitler in die zitierte amerikanisierte Pseudo-Identität gerettet haben, beleben im Schatten des amerikanischen Antisowjetismus alte antikommunistische Kreuzzugsphantasien. Von der Befreiung der Ostgebiete ist teils in verschlüsselten Wendungen, teils ganz unverblümt wieder die Rede. In der tausendfach beschworenen These von der »offenen deutschen Frage« klingen ungute Ressentiments an. Jugendliche Neonazi-Gruppen finden bekanntlich Zulauf und schüren ohnehin latent grassierende Ausländerfeindlichkeit. Mitglieder von Friedensgruppen werden mit Drohbriefen verfolgt. Antisemitismus meldet sich verstärkt in Schmierereien. Einem Pfarrer wird in einer Serie von Anrufen alles Schlimme bis hin zur Vergasung gewünscht, nachdem er in einem Zeitungsleserbrief die lange Zeit nur halbherzige Mengele-Fahndung kritisiert hatte. Aber diese massiven Eruptionen bilden nur die sichtbaren Ausläufer einer weitverbreiteten unterirdischen antisemitischen Strömung, die sich sonst meist nur mittelbar in manchen behördlichen Fehlleistungen, in der Duldung von SS-Veranstaltungen, geschmacklosen Witzen und ähnlichem kundtut.

Es ist in der Tat wie beim Neuausbruch eines alten Fiebers: Im Entzündungsprozeß lebt die noch nicht überwundene Krankheit wieder auf. Aber es könnten sich auch Selbstheilungskräfte durchsetzen. Verheißungsvoll ist immerhin, daß landlauf, landab begonnen wird, verdrängte Tatsachen überhaupt wieder in Augenschein zu nehmen: Wie ist unsere Gemeinde damals nationalsozialistisch geworden? Wodurch hat Hitler die Leute begeistert? Wie hat sich das Leben im Nationalsozialismus genau abgespielt? Gab es in der Gemeinde Widerstand? Wie ist sie vom Krieg betroffen worden? Hat sie Kriegsgefangene oder Verschleppte aufgenommen, und was hat sie mit diesen angestellt? Was haben die Väter als Soldaten gemacht? In welcher Weise waren die Mütter in all das verwickelt? Was hat sich in unserem Ort zum und nach dem Kriegsende getan? Was ist unter den Teppich gekehrt, was aufgeräumt worden? Welche Tradition pflegen wir heute? An welche Helden erinnern wir uns öffentlich: an die Krieger, an die Widerständler, an die Verfolgungsopfer? Wessen geistige Erben sind wir eigentlich?

Jede Berufsgruppe ist heute gefordert, sich ihrer Vergangenheit zu stellen. Wir Psychoanalytiker müssen einsehen, daß die eigentümliche Zaghaftigkeit in unseren Kreisen, die gesellschaftliche Gegenwart kritisch zu interpretieren, noch mit der Anpassung und Selbstentfremdung zu tun hat, der ein wesentlicher Teil unserer hiesigen Vorgänger erlegen ist. Weil wir lange Zeit in falscher Diskretion sprachlos übergangen haben, wie sich die Einschüchterung unserer analytischen Vorfahren im Naziregime auf die Entpolitisierung der psychoanalytischen Forschung ausgewirkt hat, haben wir unserem wissenschaftlichen Nachwuchs – wie uneingestanden auch immer – genau diese Tabuisierung gesellschaftskritischer Fragestellungen weitervermittelt. Erst neuerdings ist die Diskussion darüber in unserer Berufsgruppe in Gang gekommen. Drei Publikationen behandeln dieses Thema:

1. Psychoanalyse unter Hitler – Dokumentation einer Kontroverse. Herausgegeben von der Redaktion der Zeitschrift Psyche, Frankfurt a. M. 1984.
2. Psychoanalyse und Nationalsozialismus – Beiträge zur Bearbeitung eines unbewältigten Traumas. Herausgegeben von H.-M. Lohmann, Fischer Taschenbuch Verlag, Frankfurt a. M. 1984.
3. Lockot, R.: Erinnern und Durcharbeiten. Zur Geschichte der Psychoanalyse und Psychotherapie im Nationalsozialismus. Fischer Taschenbuch Verlag, Frankfurt a. M. 1985.

Selbst unter uns Psychoanalytikern hat die Diskussion über die Verwicklung unserer Berufsgruppe mit der Naziherrschaft starke Spannungen zutage gefördert, obwohl wir uns doch als Experten auf dem Gebiet der Verdrängung und deren Bearbeitung deklarieren. Mindestens so schwierig stellt sich die Rückbesinnung für die Ärzte dar. Nur ein Beispiel: Zum 8. Mai 1985 hatten wir bundesdeutschen IPPNW-Ärzte eine Anzeige vorbereitet, in der es zu dem Motto: Erinnern lehrt vorbeugen, hieß:

»Wir deutschen Ärzte, vereint in der Sektion Bundesrepublik Deutschland der ›Internationalen Ärzte für die Verhütung des Atomkrieges‹ (IPPNW), rufen uns zum 40. Jahrestag des Kriegsendes in Erinnerung, welchen unheilvollen Beitrag zahlreiche Vertreter der deutschen Medizin, Anthropologie und Biologie zur Förderung der menschenverachtenden Politik des nationalsozialistischen Regimes geleistet haben. Sie haben die Irrlehre vom ›unwerten Leben‹ anerkannt und sogar theoretisch mitbegründet und deren praktische Anwendung schweigend hingenommen oder direkt unterstützt. So wurden die Massensterilisierungen und später die Massentötungen von Kranken und Behinderten möglich. Dieselbe pseudowissenschaftlich gestützte ›rassenhygienische‹ Ausmerzungsideologie lieferte bekanntlich auch der systematischen Ausrottung der Juden wie der Sinti, schließlich dem Hitlerschen Angriffskrieg, der zur angeblichen Rettung der ›nordischen Herrenrasse‹ geführt wurde, die Scheinrechtfertigung.

Wir sehen im 8. Mai 1985 einen geeigneten Anlaß, mahnend an die Gefahren jenes Ungeistes zu erinnern, der in der Neigung zur Diskriminierung von Ausländern und Andersdenkenden, zur Benachteiligung der sozial Schwachen sowie zur pauschalen Verteufelung des Außenfeindes fortwirkt.

Solchen Tendenzen zu wehren, sehen wir für uns Ärzte der IPPNW wie für alle Mitbürger in West und Ost als eine vordringliche Aufgabe an, um den inneren und den internationalen Frieden zu schützen.«

Wir konnten diese Anzeige u. a. in der »Zeit«, im »Spiegel«, in der »New York Times« abdrucken. Aber »Das Deutsche Ärzteblatt«, das sehr wohl Anzeigen für Kriegsspielzeug akzeptiert, verweigerte die Annahme unserer Anzeige. Es ist dies unser offizielles Standesorgan, das von der herausgebenden Bundesärztekammer allen 170 000 bundesdeutschen Ärzten zugestellt wird.

So zeigt sich, wie virulent der Konflikt noch immer ist und wie wichtig es andererseits ist, sich endlich offen mit dem Verdrängten zu konfrontieren. Nicht übergehen möchte ich übrigens in diesem Zusammenhang das hervorragende Buch von Ulfried Geuter: »Die Professionalisierung der deutschen Psychologie im Nationalsozialismus« (1984), welches das Verhalten der akademischen Psychologen unter Hitler mit kritischer Gründlichkeit dokumentiert.

Soweit ich sehe, sind es meist Vertreter der mittleren, auch der jüngeren Generation, die neuerdings in den Gemeinden und in den Berufsgruppen die peinlichen und schmerzlichen Erinnerungen an die Zeit Hitlers wiederbeleben und die Nachwirkungen dieser Ära untersuchen. Sie unterstützen damit diejenigen aus meiner Generation, die diese Aufhellung dringend brauchen, um den Bruch in der eigenen Kontinuität endlich zu überwinden. Die anderen hingegen, die sich durch ihre hörige Amerikanisierung und mit Hilfe des antikommunistischen Gesinnungssyndroms ihre regressive Balance verschafft haben, reagieren verständlicherweise nach wie vor defensiv. Aber es sieht so aus, als ob sie die Fortsetzung der Auseinandersetzung werden schwerlich verhindern können.

Für die Jüngeren ist entscheidend, daß sie das Schlimme in unserer jüngeren Geschichte nicht als exotische Unbegreiflichkeiten diagnostizieren – so schwer begreiflich Auschwitz auch ist –, sondern daß sie in ihren Eltern und Großeltern wiedererkennen, was an gefährlichen Möglichkeiten auch in ihnen selbst steckt. Sie dürfen ihre Widerstandsfähigkeit nicht überschätzen, und zwar um so weniger, je mehr ihre Erziehung von Eltern geprägt wurde, die ihnen, was sie selber nie zu verarbeiten vermochten, unbewußt weitergegeben haben.

Einer neuen Identität als Deutsche in der Gemeinschaft der Völker können wir uns nicht gegen, sondern nur mit unserer Vergangenheit vergewissern. Es gibt keinen glatten Weg, etwa den, daß wir uns auf Geheiß von oben einfach nur wieder um die häufiger mitgesungene Nationalhymne scharen und uns von patriotischen Formeln ergreifen lassen. Da stellen sich manche Politiker die Sache zu einfach vor, die gegenwärtig bei Nennung der Namen deutsches Volk, unser Land, unser Vaterland, deutsche Frage in einen sonderbar feierlichen Ton fallen, als müsse eine heilige Gefühlsgemeinschaft beschworen werden. Es sind in der Regel die gleichen, die mit ebendieser Inbrunst vor der Gefahr der Abkoppelung von den Amerikanern warnen, womit sie übrigens einen entlarvenden Begriff verwenden. Denn abgekoppelt werden bekanntlich vor allem mechanisch gezogene Anhänger, die keiner Eigenbewegung fähig sind. Also sieht sich diese Kategorie von Politikern in erster Linie mit denen verbündet, die durch eine solche Abkoppelungsangst manipulierbar sind, d. h. gerade mit denen, die in der psychischen Amerikanisierung bzw. in dem damit verbundenen antikommunistischen Paranoid steckengeblieben sind.

Hier also werden falsche Wir-Gefühle geschürt. Ein neues gemeinschaftliches Identitätsbewußtsein jenseits der Kategorie von Amerikanismus versus Antiamerikanismus kann statt dessen nur von unten, von der Basis aus wachsen, indem wir uns überall – in den Familien, an Schulen und Universitäten, in den Berufsgruppen, in den Gemeinden und in den diversen gesellschaftlichen Organisationen der Vergangenheit stellen, ohne deren Akzeptierung uns die Energie und der Mut weiterhin fehlen würden, uns ein neues eigenständiges Deutschsein zu erarbeiten, das weder für eine Blut-und-Bodenideologie anfällig ist noch von vornherein der Stabilisierung gegen ein Nicht-Wir, gegen Andersdenkende, Minderheiten oder gar gegen einen dämonisierten Weltfeind bedarf.

Literatur

Arendt, H.: Eichmann in Jerusalem. Piper Verlag, München 1964, S. 174 ff., 186 ff.

Dregger, A.: Brief an 53 US-Senatoren. Zit. nach Frankfurter Allgemeine Zeitung, Nr. 93, 22. 4. 1985, u. Frankfurter Rundschau, Nr. 93, 22. 4. 1985

Einstein, A. (1955): Brief an die belgische Königinmutter. In: Ders.: Frieden. Lang Verlag, Bern 1975, S. 610

Geuter, A.: Die Professionalisierung der deutschen Psychologie im Nationalsozialismus. Suhrkamp Verlag, Frankfurt a. M. 1984

Habermas, J., zit. nach R. Dutschke (1980): Geschichte ist machbar. (Wagenbachs Taschenbücherei 74), Berlin, 2. Aufl. 1981, S. 82

Habermas, J.: Die Entsorgung der Vergangenheit. Die Zeit, Nr. 21, 17. 5. 1985, S. 57–58

Hitler, A.: Mein Kampf. Eher Nachf. Verlag, München, Bd. 1, 1925; Bd. 2 1927

Jaspers, K. (1966): Aspekte der Bundesrepublik. Piper Verlag, München 1972, S. 90

Kennedy, J. F., zit. nach A. Etzioni: The Kennedy-Experiment. The Western Political Quarterly 20, 1967, S. 361–380

Lockot, R.: Erinnern und Durcharbeiten. Fischer Taschenbuch Verlag, Frankfurt a. M. 1985

Lohmann, H.-M. (Hg.): Psychoanalyse und Nationalsozialismus. Fischer Taschenbuch Verlag, Frankfurt a. M. 1984

Marcuse, H.: Konterrevolution und Revolte. Suhrkamp Verlag, (edition Suhrkamp 591), Frankfurt a. M. 1973, S. 41

Mitscherlich, A. u. M. Mitscherlich: Die Unfähigkeit zu trauern. Piper Verlag, München 1967, S. 39 f.

Psychoanalyse unter Hitler – Dokumentation einer Kontroverse. Hg. von der Redaktion Psyche, Frankfurt a. M. 1984

Richter, H.-E.: Zur Psychopathologie des Verräters. Nervenarzt 33, 1962, S. 532–535

Richter, H.-E.: Eltern, Kind und Neurose. Klett Verlag, Stuttgart 1963, 3. Aufl. 1972. Rowohlt Taschenbuch Verlag, Reinbek bei Hamburg 1969, 18. Aufl. 1984

Richter, H.-E.: Die Chance des Gewissens. Hoffmann und Campe Verlag, Hamburg 1986, 4. Aufl. 1987

Spranger, C. D., zit. nach Protokoll Deutscher Bundestag: 10. Wahlperiode, 180. Sitzung, 4. 12. 1985, S. 13681–13683

Gedenken in Stukenbrock

Seit 1984 begehen die bundesdeutschen Ärzte der IPPNW den Volkstrauertag in Stukenbrock. Hier liegen in Massengräbern verscharrt über 65 000 sowjetische Soldaten und Zwangsverschleppte, darüber hinaus eine geringere Zahl deportierter Polen, Franzosen, Jugoslawen und Italiener. Das Lager war einst für 100 000 Gefangene angelegt, die hier längere Zeit unter freiem Himmel oder in primitiven Erdhütten hausen mußten. Wer an Auszehrung oder Gewalt starb, wurde in 36 Massengräbern von jeweils 112 Meter Länge – ohne Sarg und ohne Kleidung – beerdigt.

Seit den sechziger Jahren hält ein Arbeitskreis »Blumen für Stukenbrock« die Erinnerung an die Unmenschlichkeiten und die Leiden wach. Er wird von Teilen der Bevölkerung unterstützt. Andere sehen nicht, was man den Gefangenen angetan hat, sondern wie man dieser jetzt ehrend gedenkt, als Schande an. Verschiedentlich wurden Gedenksteine und Friedhofsanlagen mit Naziparolen beschmiert. Versammlungen an der Erinnerungsstätte wurden gestört, Teilnehmer durch Bombendrohungen eingeschüchtert.

1984 baten wir Ärzte um die Genehmigung, an der Stätte einen Gedenkstein niederlegen zu dürfen. Seine Inschrift lautete:

Nie wieder!
Das Vergangene ist nicht tot, es ist nicht einmal vergangen – wir trennen es von uns ab und stellen uns fremd.
(Zitat von Christa Wolf)

Die Landesbehörden erklärten sich für unzuständig. In Bonn dauerte es Monate, ehe mühselige Verhandlungen mit zwei Ministerien endlich zur Bewilligung führten.

Was wollen wir »Ärzte gegen den Atomtod« in Stukenbrock? Wir glauben: Ohne Erinnern gibt es kein Vorbeugen. Wir sehen eine unheilvolle Wechselwirkung zwischen nationaler Selbstidealisierung und Feindeshaß. Die Dämonisierung des Gegners ist eine notwendige Folge eigener Schuldverleugnung. Es hilft zu verdrängen, wenn man nur draußen verfolgt, was man als eigene Last zu verarbeiten hätte. Das ist ein Prozeß kreisförmiger Selbstverstärkung, den gerade wir Deutschen umkehren müßten, um zu einem Abbau der politischen Gut-Böse-Ideologie beizutragen.

1984 haben wir uns in Stukenbrock mit Kollegen der französischen und der DDR-Friedensbewegung der Ärzte getroffen. Diesmal, 1986, begrüßen wir am Volkstrauertag außerdem eine Delegation von Ärzten aus Leningrad. Sie überbringt uns Erde von dem größten Kriegsfriedhof in Leningrad – der Stadt, wo unter deutscher Blockade 600 000 Menschen elend umgekommen sind. Als Gegengabe nehmen sie Erde aus Stukenbrock mit. Unter grauem Himmel marschieren wir wie alljährlich in weißen Kitteln zu der unscheinbaren Erinnerungsstätte, auf die nur kleine Hinweisschilder aufmerksam machen.

Die Medien waren informiert, aber kein Journalist ist gekommen. Bei unserer Veranstaltung 1984 wollte wenigstens noch ein interviewender Radioreporter wissen, warum nur 300 Ärzte erschienen seien und ob es mit der Friedensbewegung nicht laufend bergab gehe.

Wir versammeln uns um das Mahnmal, das russische Lagerinsassen nach der Befreiung 1945 in Stukenbrock errichtet hatten. Es ist ein Obelisk, an dessen Spitze ursprünglich eine rote Fahne aus Plastik angebracht war. Später hat eine CDU-Regierung die Fahne abmontieren und durch ein orthodoxes Kreuz ersetzen lassen.

Nach einer bewegenden Mahnrede des Warburger Arztes

Suitbert Hoffmann kommen ein Arzt aus Leningrad und ich zu Wort. Ich sage:

Ein Trauertag ist ein Tag der Erinnerung. Viele von uns haben die Gesichter Verstorbener vor sich, deren wir heute gedenken. Aber niemand kennt mehr die Gesichter derer, die an diesem Platz ruhen. Um so genauer können und müssen wir uns daran erinnern, warum diese 65 000 Menschen, überwiegend Bürger der Sowjetunion, hier auf elende Weise zu Tode gebracht worden sind. Als diese Menschen nach Stukenbrock verschleppt wurden, habe ich zusammen mit Millionen Landsleuten daran mitgewirkt, ihr Heimatland zu überfallen. Wenn ich mit meinen Landsleuten aus der Friedensbewegung der Ärzte heute an diesen Gräbern stehe, dann bekennen wir uns zur Mitverantwortung dafür, was denen angetan worden ist, die hier wie an vielen anderen Orten als Opfer des Angriffskriegs Hitlers liegen.

In den letzten Wochen und auch schon im vergangenen Jahr sind manche schlimmen Vergleiche angestellt worden. Da gibt es Erben der Täter, die sich wie deren Opfer aufführen – und welche die Täterschaft in einer grotesken Verdrehung der historischen Tatsachen den Opfern anlasten möchten.

Wenn wir Deutschen beanspruchen, daß man bei der Suche nach einer friedlichen Gestaltung der Welt auch auf unsere Stimme hört, dann sind wir dazu nur dann berechtigt, wenn wir eindeutig in aller Öffentlichkeit auf uns nehmen, was innerlich zu bewältigen eine Aufgabe mehrerer Generationen ist. Es wäre ein Verhängnis, würden wir endgültig der Verdrängung anheimfallen, die uns selbstgerechte Spätgeborene unentwegt predigen.

Es gehört zu dieser Verdrängung, bei offiziellen Gedenktagen symbolische Gemeinsamkeit nur einseitig mit solchen ehemaligen Kriegsgegnern zu demonstrieren, die jetzt dem gleichen Bündnissystem angehören. Wir machen uns zu Heuchlern, ehren wir nicht gerade und besonders die Opfer des Volkes, das durch den deutschen Eroberungskrieg die meisten Toten zu beklagen hat. Wir können nicht gutmachen, was diesem Volk und speziell auch denen angetan wurde, die hier begraben sind. Aber wir können geloben und tun dies, daß wir uns in diesem Land dem Geist der Dämonisierung und des Militarismus, der noch immer in manchen Köpfen spukt, mit allen Kräften widersetzen werden.

Wir freuen uns, daß heute Kollegen der ärztlichen Friedensbewegung der DDR mit uns sind. Besonders dankbar sind wir für die Teilnahme sowjetischer ärztlicher Kollegen der IPPNW aus Leningrad. Es bedeutet für uns sehr viel, daß Sie gerade aus der Stadt, die durch deutsche Bombardierung und Belagerung 600 000 Menschen verloren hat, zu uns gekommen sind. Gerade Sie ermutigen uns durch Ihre Mitwirkung, daß wir mit Ihnen zusammen über die Blockgrenzen hinweg für den Frieden arbeiten können. Wir Ärzte sind ja nicht imstande, Politik zu machen. Aber wir haben Einfluß auf viele Menschen, die uns eine besondere Verantwortung für den Schutz ihrer Gesundheit und ihres Lebens auferlegt haben. Und wenn wir immer mehr Menschen aufklären, daß dieser Schutz heute vor allem anderen davon abhängt, daß Verständigung an die Stelle einer Politik der nuklearen Bedrohung tritt, dann wird dies nicht ohne Wirkung bleiben. Ich bin sicher, die hier Ruhenden, könnten sie noch reden, würden uns kein dringenderes Vermächtnis übermitteln als dieses:

Beherzigt die Erinnerung, damit ihr in der Vorbeugung nichts versäumt!

Literatur

Arbeitskreis »Blumen für Stukenbrock« (Hg.): Protokoll Stukenbrock. Weidenstr. 28, 4952 Porta Westfalica, 3. Aufl. 1985

Probleme deutscher Friedensarbeit

Eine Veranstaltung in Deutschland – Ost

Eingeladen von christlichen Ärzten, die in der DDR Friedensarbeit machen, überschreite ich die Grenze. Der gastgebende Pfarrer kutschiert mich mit einem klappernden Trabant zu dem Veranstaltungsort, einem alten Krankenhaus. Unterwegs erzählt er mir von seiner schwierigen Jugendarbeit: Da kommen täglich Jugendliche in sein Gemeindehaus, nur um sich da irgendwo hinzusetzen, zu legen oder zu rauchen – typische Vertreter einer Apathie, gegen die man nicht viel unternehmen könne. Ich assoziiere eine Geschichte, die gerade eine Mitarbeiterin unseres Zentrums von ihrer Tochter erzählt hatte: nächtliche Treffen mit primitivsten Videofilmen, Langeweile, Alkohol – Wochenenden der Selbstbetäubung.

Am Tagungsort treffe ich siebzig Ärztinnen, Ärzte und Schwestern, zum Teil mit kleinen Kindern. Unser Thema: »Gesellschaftlich bedingte Ängste aus psychologischer Sicht«.

Zuerst Kaffeetrinken, einander kennenlernen in kleinen Gruppen. Die meisten kommen aus der Stadt, andere aber auch aus ferneren Teilen der DDR.

Ich halte mein Referat:

Sie hier in der DDR und wir drüben in der Bundesrepublik verfolgen in einiger Unruhe, mit Hoffnungen und Ängsten, wie sich die politischen Entscheidungsträger unserer beiden Staaten mühen, wenigstens in den deutsch-deutschen Beziehungen die Spannungen zu mindern, die der Rüstungswettlauf automatisch zwischen den beiden Blöcken unterhält. Wir erkennen dabei,

148

daß unsere Politiker nur einen begrenzten Spielraum nutzen können. Je höher und bedrohlicher der Raketenzaun zwischen den Blöcken anwächst, der sich mitten durch uns hindurchzieht, um so mehr werden die Chancen regionaler Entspannungspolitik gefährdet.

Wie ergeht es nun uns einfachen Bürgern, die wir diese makabren Prozesse beobachten, die sich über unseren Köpfen abspielen? Es sieht so aus, als würde uns bewiesen, wie wenig wir überhaupt noch zählen in dem Spiel, dessen Antriebskräfte wir kaum klar durchschauen, geschweige denn irgendwie beeinflussen zu können glauben. Wer fragt denn nach unseren persönlichen Ängsten und Wünschen? Sind nicht vielmehr allein ausschlaggebend die rivalisierenden Ideologien, die konträren Gesellschaftsformen, die Eigendynamik der wirtschaftlich-technischen und militärischen Mechanismen? Es scheint paradox, daß gerade in diesem Augenblick in vielen Köpfen dennoch die kritische Frage bewegt wird: Ist es unvermeidlich, ist es verantwortbar, daß ich mich automatisch einfüge in Entscheidungen und Maßnahmen, die meinem Fühlen und Denken widersprechen? Laufen diese Prozesse vielleicht gerade deshalb so beharrlich in unheilvoller Richtung, weil ich wie viele andere insgeheim resigniert habe, anstatt irgendein mir mögliches Zeichen zu geben, daß ich das so nicht will?

Ich möchte diesen Vorgang eines kritischen Erwachens modellhaft mit einer Situation in Familien vergleichen, die ich als Psychotherapeut häufig beobachte: Da merken eines Tages heranwachsende Kinder, daß sie von ihren Eltern in eine schleichende Ehekrise hineinverwickelt werden, deren Bewältigung die Eltern offenbar überfordert. Die Kinder erschrecken. Ihre Vertrauensseligkeit ist dahin. Sie wollen sich gegen das Unheil wehren, das ihnen zugemutet wird. Sie wollen Einfluß nehmen, um die Krise überwinden zu helfen. Also melden sie sich kritisch zu Wort. Die Frage ist, ob die Eltern hinzuhören bereit sind oder nicht eher zu einer Disziplinierung der Kinder neigen, so als ob diese und nicht sie selbst an der gemeinsamen Verunsicherung schuld seien. Die Kinder einzuschüchtern mag den Eltern vorerst helfen, ihre eigene Ratlosigkeit zu verdecken.

Mit diesem Vergleich möchte ich eine These verständlicher machen, die mir wichtig ist: Es gibt überzeugende Indizien dafür, daß unsere politischen Eltern mit ihren bisherigen Konfliktbewältigungsstrategien in eine Sackgasse geraten sind. Im Widerspruch zu der Erkenntnis, daß sich die konträren Systeme im Atomzeitalter nur in friedlicher Koexistenz entwickeln dürfen, hat man sich vorläufig auf ein tödliches Wettrennen eingelassen, das auf wechselseitige Bedrohung mit totaler Vernichtung abgestellt ist.

Daß der ungeheure Aufwand für die Militarisierung zu Lasten sozialer Fortschritte, wirtschaftlicher Stabilität und zumal des Umweltschutzes geht, macht die Fehlentwicklung in ihrem vollen katastrophalen Ausmaß deutlich. Ich weiß aus dem Munde mancher höheren Politiker, daß diese sich längst viel inkompetenter und ratloser fühlen, als sie es in der Öffentlichkeit erscheinen lassen. Sensible und Hellsichtige unter ihnen lassen durchblicken, daß es nicht mehr nur um einzelne technokratische Korrekturen ginge, sondern um einen grundlegenden Kurswandel im Konzept der blockübergreifenden Zusammenarbeit. Dieser Wandel wäre aber nur vorstellbar bzw. politisch durchsetzbar, wenn von der gesellschaftlichen Basis her entsprechende Triebkräfte mitwirkten. Mit anderen Worten: Die »Eltern« brauchen die »Kinder«, weil sie nur mit deren Unterstützung und Druck eine Chance haben, die lebensgefährliche Lage zu meistern.

Wenn diese Einschätzung richtig ist, dann kommt es auf zweierlei an:

1. Es gilt, den Sensibilisierungsprozeß an der Basis zu fördern. Wer immer von uns erkannt hat, daß jeder einzelne mit seiner Stimme und seinem praktischen Beispiel wichtig ist, sollte seinen Spielraum nützen, um sich herum stimulierend zu wirken.

2. So wie in jenem Vergleich die beunruhigten Kinder den

Eltern tunlichst zeigen sollten, daß sie *mit* diesen und nicht *gegen* sie wirksam werden wollen, so empfiehlt sich ähnliche Bedachtsamkeit z. B. für die Friedensarbeit in allen Basisinitiativen.

Was heißt das? Ich kann diese abstrakte Formel nicht mit praktischen Rezepten ausfüllen, denn – wie jeder weiß – die Verhältnisse sind überall und zu jeder Zeit anders. Wir alle wissen, daß auch solche Friedensarbeit, die staatstreu und absolut gesetzeskonform gemeint und geleistet wird, Anstoß erregen kann. Auch rein religiös-moralisch motivierte Initiativen kann, wer nervös und unsicher ist, als subversiv und feindselig verfolgen. Aber es geschieht auch, daß Leute mit unbedachten antiautoritären Aktionen undurchschaut in selbstgebaute Fallen laufen.

Es ist mir bewußt, daß sich über solche Dinge relativ leicht abstrakt reden läßt und daß es eigentlich erst spannend am konkreten praktischen Fall würde. Aber da tut sich nun die Kluft zwischen den sehr unterschiedlichen gesellschaftlichen Bedingungen hüben und drüben auf. Und wie sich das eben behandelte Problem unter den hiesigen Bedingungen darstellt, dazu kann ich nichts Kompetentes sagen.

Aber es gibt eine andere, nicht unbedeutende Ebene, auf der wir Bürger beider deutscher Staaten uns treffen. Diese hat man bei uns drüben lange vernachlässigt und erst in letzter Zeit intensiv zu beachten begonnen. Da meine ich die bewußte *Beschäftigung mit unserer Vergangenheit* und mit der Frage, wie unser heutiges politisches Denken und Handeln davon beeinflußt wird, wie wir uns mit unserer jüngsten Geschichte auseinandergesetzt haben. Ich sehe drüben, daß gerade viele junge Leute aus dem Bereich der Alternativen und der Friedensbewegung mit großem Interesse danach forschen, was ihre Eltern, ihre Großeltern, ihre Ausbilder in Krieg und Nazizeit erlebt und gemacht haben. Das ist nicht nur oder auch nur überwiegend intellektuelle Neugierde, vielmehr eine Suche danach, die eigene Position im Zusammenhang mit der familiären und kollektiven Vorgeschichte zu bestimmen. Gleichzeitig ist deutlich, daß zahlreiche Ältere diese Befragung geradezu wie eine Erlösung aus langem peinlichem Schweigen und Verleugnen verstehen. Es ist in der Tat eine gemeinsame Aufgabe der Generationen, unseren heutigen politischen Auftrag als Lehre aus den Gründen unseres damaligen gemeinsamen Scheiterns zu entwickeln. Und da hätten wir uns auch zwischen Deutschland-Ost und Deutschland-West zweifellos viel zu erzählen.

Die Rückbesinnung ist wahrlich nicht geeignet, einen neuen Pangermanismus aufleben zu lassen. Was dieser Nachlaß uns in beiden deutschen Staaten an Botschaft aufgibt, ist die Abkehr von einem Denken in den Kategorien von Herrschafts- und Übermachtsstreben. Und dann die Erkenntnis, daß man einen Krieg immer wahrscheinlicher macht, je intensiver man sich auf ihn mit Rüstung, militärischer Erziehung und Zivilschutzprogrammen vorbereitet. Es ist schwer, eines Tages nicht zu machen, woran man mit tausend Planungen und Übungen fortwährend denkt. Und gegen einen Gegner, den man erst einmal als absoluten teuflischen Feind aufgebaut hat, bleibt am Ende nur die Gewalt der Zerstörung und der Selbstzerstörung übrig.

Aber hier habe ich schon thesenhaft vorweggenommen, was erst im Rahmen persönlicher Verarbeitungsprozesse zu leisten ist. Für mich selbst sieht das z. B. so aus, daß ich zur Zeit viel darüber nachdenke, wie mein Schicksal als Kind aus der Nazizeit, als junger Soldat unter Hitler, als einziger in der Familie am Leben Gebliebener, als Trauernder und Schuldiger mich zu einem Mitkämpfer in der Friedensbewegung gemacht hat. Es ist das Los meiner Generation, daß wir nur dann als vollständige Menschen existieren können, wenn wir weder vor uns selbst noch vor unserer Umwelt länger verleugnen, welche Verbrechen unter unserer direkten oder indirekten Mitverantwortung geschehen sind. Viele von uns sind immer wieder genau wie ich in der Bewältigung einer furchtbaren Aufgabe steckengeblieben, nämlich die nächsten und ferneren Opfer eines Krieges zu betrauern, in den man, wie indirekt auch immer, selbst mitverantwortlich verwickelt war.

Ich selbst z. B. habe in jenem Krieg mitgeschossen, als ich achtzehn und dann neunzehn Jahre alt war. Dann war ich nur noch im Sanitätsdienst und glaubte, moralisch gutheißen zu können, was ich tat. Außerdem pflegte ich durch Lektüre vieler Reclam-Bändchen – das waren die Vorläufer der heutigen Taschenbücher – in mir eine alternative geistige Welt. Ich las Philosophie und Lyrik. Und dann gab es auch inmitten einer Realität der Grausamkeit und der Gewalt Gelegenheit, Liebe und enge Freundschaften zu pflegen. Gerade in der ewigen Todesnähe eines Krieges entfaltet sich im engsten Kreis, wie es auch Erich Fromm beschrieben hat, oft ein überaus intensives und erfüllendes menschliches Zusammenleben. So eröffneten sich viele Fluchtwege, um die Feigheit verleugnen zu können, die im Verzicht auf aktiven politischen Widerstand lag. Oft habe ich hinterher das Gefühl gehabt, unverdient überlebt zu haben. Da war das Elend der Völker, die wir überfallen hatten. Da war der Holocaust. Die Ermordung von hunderttausend psychisch Kranken. Und da waren die Millionen getöteter Landsleute, die eigenen Angehörigen und Nachbarn, deren sinnloses Opfer man indirekt mitzuverantworten hatte.

Wir Überlebenden aus jener Generation waren überfordert, allein zu verarbeiten, was die meisten von uns erst viel zu spät begriffen. Uns wurden neue Gesellschaftsformen vorgesetzt, in die wir uns einzufügen hatten. Jahre der Not und des Hungers in zerbombten Städten ließen sich mit einem reinigenden Sühneopfer verwechseln. Das Leiden an äußeren Frustrationen und die Anstrengungen des Wiederaufbaus lenkten davon ab, was innerlich kaputt war und was jeder von uns hätte an eigener Schuld und Scham und Trauer austragen sollen. Verleugnung griff um sich. Der Sündenbockmechanismus funktionierte. Eine Nation von Verführten blickte aus scheinbar unschuldiger Ferne auf die Nazielite am Nürnberger Pranger. Und eilfertige Unterordnung unter neue Autoritäten trat bei vielen an die Stelle eigenständiger Verarbeitung der peinlichen Vergangenheit.

Die nächste Generation hat, ohne es zunächst klar zu durchschauen, an innerer Belastung geerbt, was ihr die Eltern an unbewältigter Erinnerung stillschweigend weitergegeben haben. Ich sage das hier nicht anklagend. Ich meine, daß zumindest die Generation von 1933 und zum Teil auch noch meine eigene es kaum schaffen konnte, den Nationalsozialismus und seine Folgen unter den Umständen voll zu verarbeiten, wie dieser Krieg zu Ende ging und wie unser Leben in den Nachkriegsjahren vornehmlich von außen organisiert wurde. Erst nach und nach ist klargeworden, wie sehr es erst des kritischen Dialogs mit den nachfolgenden Generationen bedarf, um eine schonungslose Aufdeckung und gründliche Bearbeitung dessen zu ermöglichen, was damals geschehen ist.

Wie nie zuvor findet man jetzt auf dem westdeutschen Büchermarkt besinnliche und kritisch entlarvende Darstellungen aus der Hitlerära. Im Fernsehen wird jene Zeit wieder lebendig. Und Studenten an vielen Universitäten untersuchen aus eigenem Antrieb, was an ihren Hochschulen damals an Anpassung oder Widerstand geschehen ist, wie sich in Doktorarbeiten und Habilitationsschriften die Ideologie des Faschismus ausgewirkt hat. Das ist ermutigend.

Sie wissen aber sehr wohl, daß es in der Bundesrepublik Deutschland auch ganz andere Bestrebungen gibt. Sie kennen sicher aus dem Fernsehen die markigen Worte, daß man endlich nicht mehr zurück, sondern entschlossen nach vorn blicken möge. Sie wissen, daß es erst energischer Proteste bedurfte, um die lange Zeit eher lasch betriebene Verfolgung neonazistischer Bestrebungen zu intensivieren. Und Sie werden auch bemerkt haben, daß es in der antikommunistischen Propaganda Töne und sogar wörtliche Formulierungen gibt, die allzu genau dem Vokabular der Nazipresse entsprechen. In meiner klinischen Arbeit als Psychotherapeut treffe ich auf den einen oder anderen älteren Mann, der mit seiner Vergangenheit dadurch ins reine gekommen zu sein glaubt, daß er sein stereotypes Feindbild aus der Hitlerzeit einfach mit dem heutigen Feindbild westlicher Anti-Moskau-Propaganda vertauscht hat. Aber so unleugbar diese

Tendenzen noch immer von bedeutsamem Einfluß sind, so wächst jene kritisch alternative Unterströmung immer mehr an, von der ich Ihnen zuvor berichtete und die ich mit großen Hoffnungen begleite.

Auf jene Kräfte der Friedensbewegung ist allerdings wenig Verlaß, die nur augenblicksbezogen die Raketen im Auge haben. Viel wichtiger sind die anderen Gruppen, deren Motive und deren geistig-politisches Gesichtsfeld weiter ausgreifen. Hier wird verstanden, daß die intensive historische Besinnung nicht ablenkt, sondern vielmehr gerade erst die Kräfte freimacht, die zu einem dauerhaften Widerstand gegen die geschürte Aufrüstungs- und Kreuzzugsmentalität befähigen. Vor allem läßt sich *eine* Lehre aus unserer Geschichte ziehen, die mir auch persönlich besonders wichtig geworden ist und die ich in meinen letzten beiden Büchern in den Mittelpunkt zu stellen versucht habe. Das ist die Lehre, daß der politische Verantwortungssinn nicht in einer zunehmend arbeitsteiligen und durchspezialisierten Gesellschaft Schaden leiden darf. Es gibt keine soziale Gruppe mehr, die sich einreden darf, sie sei nicht befugt oder nicht kompetent, an der politischen Willensbildung nach eigenem Wissen und Gewissen teilzunehmen. Was wäre wohl geschehen, hätten die Kirchen seinerzeit geschlossen gegen die Juden- und Völkerhetze Hitlers protestiert und sich zu einem unbeugsamen Widerstand gegen die unchristliche Herrenvolk-Ideologie formiert? Gerade hat Altbischof Scharf bekannt: »Wir haben versagt, als wir 1939 nicht zur Kriegsdienstverweigerung aufgerufen haben.«

Was wäre geschehen, hätten sich Rechtswissenschaftler, Richter und Staatsanwälte geschlossen jenem Unrechtssystem verweigert, das die Inhumanität institutionalisierte? Was wäre geschehen, wenn die Ärzteschaft dagegen aufgestanden wäre, als ihr mit den Sterilisierungsgesetzen und der Euthanasie der massenhafte Bruch ihres Hippokratischen Eides zugemutet wurde? Was wäre anders gelaufen, wenn Millionen Frauen und Mütter sich zusammengetan hätten, in denen sich alles gegen die kriegsverherrlichende Erziehung ihrer Kinder in der Schule und staatlichen Jugendorganisationen sträubte? Jedenfalls haben alle diese sozialen Gruppen mehr oder weniger versagt. Sie haben so lange verleugnet, daß sie zu einer radikalen politischen Entscheidung aufgerufen waren, bis sie – zumindest in der großen Mehrheit – von dem System vereinnahmt waren.

Wir sehen, daß sich all dies wiederholen könnte, wenn wir aus der Geschichte nicht lernen. Aber wir sehen auch, daß es in den genannten und vielen anderen sozialen Gruppen wachsame Kräfte gibt, die jene frühere Selbstentmündigung nicht zu wiederholen bereit sind. Sie wissen selber, was sich da alles tut, z. B. in den Kirchen und in den christlichen Gemeinden, innerhalb der Ärzteschaft und bei den Frauen für den Frieden. In der Bundesrepublik hat eine Umfrage unter der traditionell konservativen Ärzteschaft herausgebracht, daß inzwischen mehr als die Hälfte der Mediziner dafür eintritt, daß Ärzte sich kritisch-aktiv in die öffentliche Atomrüstungsdiskussion einmischen sollen.

Ich sage deshalb ein Wort über die Ärztebewegung, weil ich über diese als Sprecher der westdeutschen Sektion der Internationalen Ärzte für die Verhütung des Atomkriegs besonders gut Bescheid weiß. Wir haben in dieser Bewegung immer noch einen beträchtlichen Zulauf von Medizinern und hatten in diesem Jahr einen von über 5000 Ärzten besuchten Kongreß, auf dem wir zum Widerstand gegen die Atomrüstung und gegen eine verhängnisvolle politische Feindbildstrategie aufriefen. Man kann wohl sicher sein, daß die Ärzte in der DDR mindestens zu einem gleichen Anteil bereit sind, sich entsprechend zu engagieren. Wir plädieren drüben sehr dafür, daß das kleine Ärztekomitee der DDR, das in unserer internationalen Organisation mitarbeitet, sich für die vielen jüngeren und für ältere Kollegen öffnet, die hier an der ärztlichen Friedensarbeit teilzunehmen wünschen, und daß es auch solche Ärztekreise vorbehaltlos unterstützt, die in regionalen Initiativen die Ziele der IPPNW fördern wollen. Es wird demnächst hier in Berlin ein Treffen zwischen führenden Mitgliedern des Komitees und uns Sprechern der westdeutschen Sektion stattfinden, wo wir dieses Thema gewiß zur Sprache bringen werden.*

In meiner Generation haben die Menschen drüben wie hüben eine gemeinsame Vergangenheit. Auch die getrennt aufgewachsenen jüngeren Generationen müssen diese gemeinsame Vergangenheit weiter mittragen, weil ihnen ihre Eltern eben das aufgebürdet haben, was diese selbst nicht zu Ende bewältigt haben. Ich fand sehr passend und erhellend die Formel des Hesekiel, die der Friedenswerkstatt 1984 vorangestellt wurde: »Unsere Väter haben saure Trauben gegessen, und *uns* sind die Zähne davon stumpf geworden.« Aber trotz der bewußten und zu einem erheblichen Teil unbewußten Gemeinsamkeit trennt uns inzwischen eine erhebliche Kluft. Sobald ich einen konkreten Punkt berühre, wie etwa eben die Chancen von Basisfriedensarbeit der Ärzteschaft, wird eklatant deutlich, wie unterschiedlich die Bedingungen für die Gestaltung praktischer Friedensarbeit je nach den gesellschaftlichen Verhältnissen sind.

Man möge aus dieser Bemerkung bitte keine versteckte Genugtuung über das Klima heraushören, das die offizielle Propaganda drüben für bzw. gegen unsere Friedensarbeit bereitet. Ich selber darf z. B. als angeblicher Jugendverderber im Land Baden-Württemberg, wo ich es unlängst versuchte, nicht mit Schulklassen über die Friedensbewegung diskutieren. Und eine mächtige Propagandamaschinerie denunziert christliche, humanistische und im engern Sinne politische Gegner der Raketenstationierung und des stereotypen Feindbilddenkens pauschal als Erfüllungsgehilfen Moskaus. In den Medien nimmt die Ausbootung oder zumindest Einschüchterung der Journalisten zu, die sich der systematischen Diffamierung oder wenigstens Bagatellisierung der Aktivitäten der Friedensbewegung widersetzen. Freilich bietet die dortige Gesellschaftsform viele Chancen, daß

* Inzwischen kann jeder Arzt in der DDR IPPNW-Mitglied werden. 5000 Ärzte haben von dieser Chance Gebrauch gemacht.

die wirtschaftlich mächtigen Gruppen, die aus dem Hintergrund manipulierend Einfluß nehmen auf politische Strategien und vor allem auch auf die öffentliche Meinungsbildung, im dunkeln bleiben und ihre Taktiken vernebeln können. Das hebt sich dann ab von Mechanismen anderswo, wo ähnliches viel durchsichtiger und direkter geschieht.

Aber ich habe wie viele andere gelernt, daß es lähmt, zuviel oder gar immer nur darüber nachzudenken, was andere mit einem wollen oder tun. Wichtiger ist, mich zu vergewissern, was ich selber glaube und wie ich meinen Weg aus mir heraus definiere. Und wichtig ist, daß ich mich darüber mit Mitmenschen austausche, die sich in der gleichen eigenständigen Weise darauf verlassen, was ihr Gewissen und ihre Erkenntnis sie lehren. Wer sich nur mit den widrigen äußeren Verhältnissen befaßt, ist schon resignativ auf dem Wege, sich nicht mehr als Subjekt, sondern nur noch als Objekt der gesellschaftlichen Prozesse zu begreifen. Und schon wird er zu einem passiv Reagierenden, der sich die Fragen immer nur von außen stellen läßt, anstatt darauf zu vertrauen, daß sein eigenes Inneres, sein Glauben, seine Phantasie, seine Willenskraft bestimmen können und müssen, worauf er sich als Wesen mit einer persönlichen Identität einläßt.

Sich dieser persönlichen Identität immer wieder zu vergewissern, sich diese in Konfrontation mit der eigenen und der kollektiven Vorgeschichte zu erarbeiten und aus ihr heraus zu handeln, erscheint mir gegenwärtig als eine vorrangige Aufgabe für uns alle. Und ich darf noch einmal an das Beispiel der Krisenfamilie erinnern. Die Probleme unserer Zeit sind so kritisch und gefährlich, daß wir sie nirgends mehr nur an unsere politischen Eltern, sprich an eine Macht- und Expertenelite delegieren dürfen. Die Führungsgruppen mögen sich noch so kompetent und selbstsicher gebärden, sie sind überfordert, allein den politisch-militärischen Bedrohungswettlauf zu beenden, wenn wir sie nicht mit aller Entschiedenheit darin unterstützen oder gar dazu drängen. Mir fällt dazu immer wieder die weise Mahnung ein, welche der große Humanist und Anhänger des Sozialismus Albert Einstein formuliert hat: »Die Völker müssen selbst die Initiative aufbringen, zu verhindern, daß sie aufs neue zur Schlachtbank geführt werden.«

Anschließend diskutieren wir zunächst in kleinen Gruppen. Immer wieder wird ein Punkt aus meinem Referat aufgenommen: Wie kann man es schaffen, daß man vom Objekt zum Subjekt wird? Daß man irgendwo noch selbst bestimmt und nicht nur mit sich machen läßt?

Eine Mutter von zwei Kindern: Es sei nicht einfach, den Kindern die Schwierigkeiten zuzumuten, die diese auf sich nehmen müßten, wenn man sie nicht zur FDJ und zur Jugendweihe schicke. »Wollen Sie, daß Ihr Kind zum Außenseiter wird? Kennen Sie nicht den Pfarrer Soundso? Dessen Sohn ist auch Pionier geworden, und sogar ein sehr guter!« So hat sie der Lehrer ermahnt. Aber die Mutter ist standhaft geblieben und hat heute sogar mit diesem Lehrer ein ganz gutes Verhältnis. Er mache ordentlichen Unterricht, und man respektiere einander.

Ein Krankenhausarzt: »Unsere amtlichen Gesprächspartner nehmen uns doch überall viel ernster, wenn wir eindeutig sind.« Ein junger Kollege zweifelt: Ihm klinge das hier zu sehr nach Verweigerung und Beiseitestehen. Schließlich beruhe doch der Frieden auf Abschreckung. Mit Verweigern bewirke man nur Destabilisierung, und das passe nicht zur Abschreckung. Das solle man sich doch einmal überlegen.

Eine junge Frau, noch sichtlich bewegt von einer frischen Erfahrung, erzählt: In ihrem Kollektiv seien sie aufgefordert worden, die Aufstellung neuer Raketen im Osten zu *begrüßen*, nachdem die Stationierung der Mittelstreckenraketen im Westen angefangen habe. Sie habe einzuwenden gewagt, daß ihr das Wort »begrüßen« nicht gefalle. Sie *bedaure*, daß wegen der westlichen Stationierung nun auch in der DDR und in der ČSSR neue Waffen installiert werden müßten. Zuerst seien die versammelten Kollegen verdutzt gewesen. Aber dann hätten nach und nach auch andere kritische Bemerkungen über den vorgeschlagenen Resolutionstext gemacht. Am Ende habe man sich tatsächlich auf »bedauern« statt »begrüßen« geeinigt. Sie sei über sich selbst sehr erstaunt gewesen, daß sie den Mund aufgemacht habe. Solchen Mut habe sie sich bislang nicht zugetraut.

Ein alter Arzt erzählt davon, daß er sich zusammen mit einigen anderen älteren Kollegen gegen ein Zivilschutzprogramm ausgesprochen habe. Tatsächlich habe man ihre Bedenken ernst genommen und sie von der Teilnahme an einer entsprechenden Übung entbunden: »Ach, die Alten, laß sie doch, wenn es ihnen schwerfällt!«

Es folgt eine längere Diskussionsrede eines irritierten jüngeren Teilnehmers, in der er dafür wirbt, sich mit den Vertretern und den Argumenten der Staatsorgane ernsthaft zu beschäftigen und den Dialog zu pflegen. Danach längere Stille.

In einer anderen Gruppe, die ich nachmittags besuche, dominiert ein robust wirkender Kollege mit Schilderungen seiner offenen Protesthaltung, die ihm schon einige harte Sanktionen eingetragen habe. Statt Beifall findet er überwiegend Widerspruch. Vor allem eine junge Mutter, die ihr unruhiges Kleinkind auf dem Arm mühsam beruhigt, greift ihn scharf an. Sie und andere finden sein Verhalten provokativ und unbedacht.

Anschließend werde ich informiert, daß der Wortführer bereits einen Ausreiseantrag gestellt habe. Offensichtlich funktioniert eine Solidarität unter denen, die ihre Friedensarbeit bewußt in ihrem Staat mit den gegebenen Möglichkeiten fortsetzen wollen. Da taugen für sie nicht die Ratschläge von einem, dem forsches Opponieren dazu dienen mag, seine Ausreise zu beschleunigen.

Im Plenum soll ich noch mehr sagen, was psychologisch die Verdrängung der atomaren Gefahren erkläre. Ich antworte mit einigen Grundgedanken aus dem »Gotteskomplex«. Überaus lebendig wird es dann noch einmal, als ich den Allmachtskomplex des Fortschritts- und Wachstumsmythos der Männerherrschaft zuordne und für ein stärkeres Gewicht der Frauen auch in der Friedensbewegung plädiere. Die Frauen schwanken zwischen lebhafter Zustimmung und Besorgnis, überfordert zu werden. Zwei Männer protestieren zaghaft.

Dann treffen wir uns zu einer Andacht in einer schönen alten Krankenhauskapelle. Der Pfarrer faßt behutsam zusammen, was an Irritierendem, Bedrückendem und auch gelegentlich Ermutigendem gesagt worden ist. Dann herzlicher Abschied. Die Beteuerung, daß man sich bald wieder treffen möchte. Auf der kurzen Rückfahrt bewegen mich immer noch stark der Ernst, die Offenheit, die Entschlossenheit meiner DDR-Partner.

An der Grenze schiebt mich eine lange Schlange langsam an den Schalter des Paßkontrolleurs. Der blickt mich kurz an. Dann telefoniert er hinter seiner Scheibe einmal, zweimal. Offensichtlich stimmt etwas nicht mit mir. Alles stoppt. Die Schlange hinter mir wächst an. Die Wartenden werden ungeduldig. »Was ist denn mit dem da vorne?« Ein Ausländer drängt sich vor. Er werde seinen Bus nach Hamburg verpassen und verlange, sofort abgefertigt zu werden. Unbewegliches Gesicht hinter der Glasscheibe. Maulend verkriecht sich der Ausländer wieder nach hinten. Die Leidtragenden in der Schlange mustern mich neugierig. Mir kommt es so vor, als müßte ich mich schämen. Nach etwa zwanzig Minuten nähern sich zwei Uniformierte und führen mich in einen vergitterten Raum ab.

»Legen Sie alles auf den Tisch, was Sie bei sich haben. Machen Sie auch alle Taschen leer. Haben Sie Drucksachen bei sich?«

»Nein.«

Brieftasche und Aktentasche werden durchwühlt. »Haben Sie noch mehr als diese drei Mark Ostgeld?«

»Nein.«

»Nichts berühren! Lassen Sie alles auf dem Tisch so liegen, wie es ist!«

Zwei Polizisten verschwinden, ein großer dicker mit drei Sternen auf den Schulterklappen bleibt im Türrahmen stehen.

Ich frage ihn, was das alles solle. Keine Antwort. Die Szene erstarrt. Endloses Warten. Schließlich verlange ich energisch eine Erklärung für diese Einsperrung. Ein einziges Mal öffnen sich die Lippen meines Bewacher-Buddhas: »Sie sind nicht eingesperrt.«

»Dann lassen Sie mich gefälligst hinaus!«

»Sie müssen hier warten, setzen Sie sich!«

Wenigstens nehme ich mir die Freiheit, weiter auf und ab zu gehen und mich nicht zu setzen. Neues Warten.

Der Schluß ist nach einer Stunde genauso banal wie der Anfang. Drei kommen herein: »Packen Sie Ihre Sachen zusammen und kommen Sie mit.«

Sie führen mich zu einem Paßschalter, wo ich nun reibungslos abgefertigt und in den Westen geschleust werde. Natürlich verstehe ich die kleine Schikane im nachhinein als Zeichen des Mißfallens, das ich zur Genüge auch auf der eigenen Seite kenne. Ich erinnere mich an das Wort eines DDR-Pfarrers: »Die haben vor uns mehr Angst als wir vor ihnen.«

Sollte ich die banalen Peinlichkeiten am Ende jenes bewegenden Tages überhaupt erwähnen, habe ich mich jetzt, bei der Aufzeichnung nach über zwei Jahren gefragt. Inzwischen gewährt man drüben, soweit ich sehe, christlicher Friedensarbeit einen größeren Spielraum. Das ursprünglich sehr kleine offizielle Komitee der DDR Anti-Atomkriegsärzte hat sich für zahlreiche spontan engagierte Kollegen geöffnet und hat sich in eine echte Sektion der IPPNW verwandelt. Eine gemeinsame Tagung mit anderen europäischen Sektionen zum Thema »Medizin im Nationalsozialismus« wird in Weimar vorbereitet.

Aber drüben wie hier verdanken es Friedensinitiativen der Basis, vor allem ihrer Beharrlichkeit und Standfestigkeit, wenn sie ihre Arbeit gegen Mißtrauen von oben durchhalten oder sogar erfolgreich erweitern. Und standfest kann nur bleiben, wer jederzeit die Widerstände im Auge behält und offen benennt, an denen er sich zu bewähren hat.

Literatur

Einstein, A.: Botschaft an das britische Blatt No more War. In: Ders.:
    Frieden. Lang Verlag, Bern 1975, S. 114
Fromm, E.: Anatomie der menschlichen Destruktivität. Deutsche Ver-
    lags-Anstalt, Stuttgart 1974, S. 192

Ärzte für den Frieden

Friedensfähigkeit als Ziel

Es ist zu bequem, den Unfrieden in der Welt allein anonymen Mächten und Interessen zur Last zu legen. Und es kann nicht stimmen, wenn sich bei Umfragen nahezu jedermann für absolut friedfertig und somit persönlich unschuldig an gewaltträchtigen Verhältnissen erklärt. Denn die Politik und die Psychologie der Menschen spiegeln sich wechselseitig.

Die Unfriedlichkeit, deren wir vielfach die anderen bezichtigen – Andersdenkende, Fremde, Gegner –, ist oft nur eine Projektion dessen, was wir in uns selbst ausblenden. Wir suchen Feinde, die uns helfen, unser Selbstbild reinzuhalten, so daß wir am Ende sogar bestreiten zu können glauben, daß die eigenen Atomraketen alles Leben auf der Erde genauso mit Vernichtung bedrohen wie die des Gegners.

Also müssen wir bei der Umerziehung zum Frieden bei uns selbst beginnen. Wer seine inneren Konflikte und Schwächen unterdrückt, reproduziert diese Intoleranz in seinem gesamten Umweltverhältnis. Er wird wähnen, Sicherheit überall nur durch Bemächtigung statt durch Vertrauen, Frieden nur durch Stärke statt durch Verständigung finden zu können.

Statt uns weiterhin einzureden, daß wir als einzelne und als Völker auf der eigenen Seite der Welt selbstverständlich absolut friedfertig seien, haben wir zu bekennen, daß echte Friedensfähigkeit ein sehr hohes Ziel ist, das noch weit vor uns liegt und von uns noch viel Arbeit an uns selbst und in der Gesellschaft verlangt. Es heißt – im Sinne Albert Schweitzers –, eine neue Ehrfurcht vor dem Leben und gleichzeitig das Bewußtsein zu entwickeln, für die politische Durchsetzung einer solchen Haltung jederzeit mitverantwortlich zu sein.

Dazu Joseph Weizenbaum (1977): »Die Rettung der Welt hängt nur von dem Individuum ab, dessen Welt sie ist. Zumindest muß jedes Individuum so handeln, als ob die gesamte Zukunft der Welt, der Menschheit selbst, von ihm abhinge. Alles andere ist ein Ausweichen vor der Verantwortung und selbst wieder eine enthumanisierende Kraft, denn alles andere bestärkt den einzelnen nur in seiner Vorstellung, lediglich eine Figur in einem Drama zu sein, das anonyme Mächte geschrieben haben, und sich als weniger als eine ganze Person anzusehen...«

Eines Psychiaters Fragen
an einen Rüstungspolitiker

Rede auf einem Ärzte-Symposium in Moskau*

Jemand will sein Haus gegen Einbrecher schützen. Zur Bekämpfung eines möglichen Einbrechers bringt er verschiedene Sprengladungen so an, daß ein gewaltsamer Eindringling sie zünden würde. Allerdings würde die Sprengkraft nicht nur den Einbrecher vernichten, sondern das ganze Haus mit seinen Bewohnern gleichermaßen in die Luft jagen. Wer solches zum angeblichen eigenen Schutz plant, den würden seine Familie oder die Nachbarn vermutlich irgendwann einem Psychiater zuführen. Der Mensch scheint offensichtlich verrückt, der zur eigenen Sicherheit ein Abwehrsystem installiert, das ihn und die Seinen im Ernstfall selber unweigerlich umbringen würde.

Ist nicht aber die Logik der heutigen nuklearen Verteidigungsstrategie die gleiche wie in diesem Beispiel? Die Vertreter dieses Systems rechtfertigen sich, indem sie sagen, daß nur diese totale Drohung den Feind von einer Aggression abhalten könne.

Ich stelle mir nun als Psychiater vor, daß ich eine Unterhaltung mit einem solchen nuklearen Bedrohungspolitiker führe. Ich würde ihn fragen: Wirkt deine Bedrohung nicht nur unter der Voraussetzung abschreckend, daß du im Ernstfall bereit bist, die Drohung wahrzumachen?

Er würde antworten: Aber gewiß. Wenn ich die Vorbereitung auf einen Nuklearkrieg nur zum Schein treffen würde, könnte ich ja nicht glaubhaft abschrecken. Im Falle des Beispiels mit

* International Symposium »Physician's Role in the Prevention of Nuclear War«, Moskau, 22.6.1985

dem Haus würde sich ja der Einbrecher auch nicht abhalten lassen, wenn er erführe, daß die Sprengladungen im Ernstfall nicht losgehen würden.

Als Psychiater würde ich den militaristischen Politiker weiter fragen: Was machst du nun, wenn die Menschen in deinem Land sich entsetzen und sich weigern würden, ihren eigenen kollektiven Selbstmord, ja die Auslöschung ihrer ganzen Kultur ernsthaft in Betracht zu ziehen?

Antwort des Politikers: Das wäre natürlich schlimm. Denn die Abschreckung funktioniert ja nicht mehr, wenn der Verteidigungs*wille* fehlt.

Ich als Psychiater daraufhin: Du sprichst gern von Verteidigungswillen, aber du weißt natürlich, daß man genauso gut oder noch genauer von einem Willen zum Völkermord bzw. zum Völkerselbstmord sprechen könnte. Im übrigen trifft genau zu, was du schlimm findest. Eben diesen Willen, alles aufs Spiel zu setzen, bringen die Menschen in den betroffenen Ländern nicht mehr auf, sofern sie ihn je hatten. Du schreckst mit deiner Atomrüstung inzwischen einen großen Teil deiner eigenen Leute ab, auch wenn du noch so viele Millionen in die Propaganda gegen den Feind steckst.

Ich höre den Politiker antworten: Das glaube ich dir nicht, Psychiater!

Willst du den Beweis, Politiker? Hier ist er. Ich nenne dir hier Ergebnisse aus repräsentativen Umfragen in einem Nato-Land, nämlich in der Bundesrepublik Deutschland. Die Menschen in den anderen Atomländern dürften kaum anders denken:

Von vier Menschen sagen drei in unserem Land, daß sie selbst dann nicht mehr leben möchten, wenn sie die Verwüstungen eines Atomkriegs in Deutschland überstehen würden. 69 Prozent lehnen den Bau von Schutzräumen ab, selbst wenn der Staat die gesamten Kosten übernähme. Sie halten Zivilschutzmaßnahmen für illusorisch und glauben, daß diese nur die Atomkriegsgefahr sinnlos erhöhen. Selbst immer mehr Soldaten halten den Fall, auf den sie vorbereitet werden, für absolut unvertretbar.

75 Prozent der westdeutschen wehrpflichtigen Soldaten sagen: Nichts kann einen Krieg rechtfertigen, in dem Massenvernichtungswaffen eingesetzt werden. 63 Prozent der Unteroffiziere, 36 Prozent der Offiziere stimmen ihnen zu. Natürlich wissen sie, daß ein Krieg in Europa genau mit diesen Waffen geführt werden würde. Daß unser Land, wie in der Strategie der »flexible response« vorgesehen, mit Atomwaffen verteidigt werden könne, verneinen 80 Prozent der wehrpflichtigen Soldaten, zwei Drittel der Unteroffiziere und immer noch mehr als die Hälfte der Offiziere. Diese zuletzt genannten Zahlen stammen übrigens aus einer Untersuchung, die ein sozialwissenschaftliches Institut der Bundeswehr erhoben hat.

Fazit: Die Menschen kündigen innerlich die Bereitschaft auf, mit der atomaren Drohung notfalls ernst zu machen. Sie sagen, einen solchen Notfall gibt es nicht, der den tausendfach schlimmeren Notfall einer nuklearen Katastrophe auszulösen erlauben würde.

Also, verehrter Herr Politiker, lerne um, wenn du siehst, daß die Menschen psychologisch nicht mehr mitmachen. Es sind doch deine eigenen Worte, daß Bedrohung nur als Abschreckung funktioniere, wenn die Menschen voll hinter ihr stehen. Wie du siehst, klappt das nicht mehr. Die Menschen denken um und warten darauf, daß ihr Politiker endlich auch umdenkt.

Wenn ich einen militaristischen Politiker von der hartgesottenen Sorte vor mir habe, wird er mir entgegenhalten, daß er mit allen Propagandamitteln dennoch versuchen werde, diesen Prozeß der psychologischen Aufweichung aufzuhalten. Tatsächlich hält der Führungsstab unserer westdeutschen Streitkräfte übrigens die Resultate der Militärumfrage unter Verschluß, von der ich berichtet habe. Nur durch einen Bericht des Magazins »Der Spiegel« sind die Ergebnisse bekanntgeworden. Der einzelne Soldat soll offenbar nicht wissen, daß seine ablehnende Einstellung von der Mehrheit seiner Kameraden geteilt wird.

Als Arzt und Psychiater erkläre ich nun, daß ich die Zweifel an der eskalierenden atomaren Bedrohung mit ihren immer schwerer kalkulierbaren Risiken für psychisch gesund und normal halte, die Abwehr dieser Zweifel hingegen als abnormes Phänomen einstufe, nämlich als eine unheilvolle Verdrängung. Wie ergeht es meinen gleichgesinnten Kollegen und mir nun, wenn wir diese Überzeugung öffentlich vertreten?

Wir werden von offiziellen Stellen bezichtigt, wir versäumten unsere Berufspflicht. Gerade als Psychiater dürften wir doch nicht die Ängste der Menschen gutheißen, sondern hätten diese zu beschwichtigen. Unsere Aufgabe sei, unter allen Umständen für das Wohlbefinden der Menschen zu sorgen.

So hat sich die paradoxe Situation eingestellt, daß wir kritischen Psychiater und die anderen Kollegen der ärztlichen Friedensbewegung uns gegen den Vorwurf verteidigen müssen, wir förderten eher einen krankhaften Zustand, anstatt diesen zu kurieren. Während man uns sonst dafür lobt, wenn wir aus präventiven Gründen über gesundheits- und lebensbedrohende Gefahren aufklären und vor Risikofaktoren warnen, sollen wir gegen unser Gewissen mithelfen, die mit dem atomaren Wettrüsten verbundene schlimmste Gefahr für die Menschen zu verharmlosen. Dabei zeigen die genannten Umfrageergebnisse nur zu deutlich, daß die Menschen bereits von sich aus immer klarer sehen, was auch immer ihnen eingeredet wird. Wenn selbst die Bevölkerungsgruppe, die den sogenannten Verteidigungsauftrag erfüllen soll und darauf trainiert wird, nämlich die Soldaten, die Verteidigung des eigenen Territoriums in einem Atomkrieg für unmöglich erklärt, dann ist dies ein schwerwiegendes Symptom für die Skepsis, die sich offenbar unter den besonders gefährdeten Völkern ausbreitet.

Nun wenden die Befürworter der Raketenpolitik ein: Die meisten Menschen lebten doch aber nach wie vor ohne größere sichtbare Beunruhigung weiter. Sie kümmerten sich um ihre Arbeit, um eine angenehme Gestaltung ihrer Ferien, sie planten für ihre Zukunft, bekämen Kinder und feierten ihre Feste wie eh und je. Also könnte es doch mit ihren Kriegsängsten nicht so schlimm sein.

Wir Psychiater und Psychotherapeuten wissen indessen, daß dieses oberflächliche Bild täuscht. Die Vorstellung von einem atomaren Untergang unserer Welt überschreitet die psychische Fassungskraft der Menschen, und so haben die meisten von uns diese Vorstellung aus dem alltäglichen Bewußtsein verdrängt. Wie das aussieht, möchte ich mit den Worten einer meiner Patientinnen wiedergeben, die als Beispiel für ein weitverbreitetes Verhalten repräsentativ erscheint. Sie hat mir gesagt:

»Ich bin fest überzeugt, daß nach einer Weile alles kaputtgehen wird. Es geht gar nicht anders, als daß durch einen Atomkrieg das Ende kommen wird. Es läuft doch alles auf diesen Punkt zu. Aber ich will *jetzt* mein Leben ausfüllen. Das kann ich nur, wenn ich nicht ewig daran denke, was uns irgendwann bevorsteht. Ich will intensiv leben, solange ich kann, zusammen mit meiner Familie. Ich habe ein Kind und will noch eines haben. Denn Kinder gehören zu meiner Lebensvorstellung. Ich plane also ganz normal. Und die Kinder sollen ihre Freude haben, so wie ich mir möglichst viel Freude verschaffen will. Kommt dann der Atomkrieg, bin ich weg, und meine Familie und die Kinder sind gleichzeitig mit weg.«

In dieser Doppelgleisigkeit leben heute viele Menschen. Sie rechnen mit einem atomaren Untergang. Sie haben sich fatalistisch damit abgefunden. Aber sie haben diesen furchtbaren Gedanken gewissermaßen in sich abgekapselt. Im Gefühl vollständiger Ohnmacht gegenüber den Entscheidungen der Aufrüstungspolitik denken sie nicht mehr daran, was sie ohnehin nicht ändern zu können glauben. Und dann leben sie oberflächlich so unauffällig weiter wie diese Frau. Nur wenn man z. B. als Psychiater Gelegenheit hat, tiefer in die psychische Welt der Menschen einzudringen, erfährt man, von welchen düsteren Zukunftserwartungen sie heimgesucht werden. Kinder und Jugendliche sind emotional noch durchlässiger. Sie drücken ihre Ängste und ihren Pessimismus eher aus, wie wir aus den bekannten Untersuchungen aus Finnland, Schweden, aus den USA, der Sowjetunion und auch aus unserem Land wissen.

Unter den Erwachsenen ist jene Pseudo-Normalität noch vorherrschend, wie sie jene zitierte Frau repräsentiert. Die Befürworter der Rüstungspolitik würden sagen: Diese Frau ist doch gesund. Wir kritischen Psychiater widersprechen und sagen: Diese Frau ist nicht wahrhaft gesund. Ihr Leben ist das des Tanzes auf dem Vulkan. Es ist nicht gesund, an der Vorstellung festhalten zu müssen, daß man keine weiteren Generationen hinterlassen wird, vor denen man sich verantworten müßte. Darin steckt ein tiefer resignativer Fatalismus. Es ist die Flucht aus einem entsetzlichen, deprimierenden Ohnmachtsgefühl in ein Leben mit einem künstlich verengten Bewußtseinshorizont: noch Freude haben, bis alles für alle aus ist. Diese heutzutage typische psychische Verfassung eines Großteils der Menschen als abnorm, als zutiefst ungesund zu charakterisieren, ist Gebot unserer Redlichkeit als Psychiater.

Aber diese diagnostische Einschätzung und ihre öffentliche Bekanntmachung ist im Sinne meines Themas noch kein hinreichender Beitrag zur Verhütung eines Atomkriegs. Um zur Erfüllung dieser Aufgabe mehr zu leisten, müssen wir die Bevölkerung zur Überwindung ihrer apathischen Resignationen ermutigen und außerdem mahnend auf die Politiker einwirken. Im Vorfeld müssen wir uns überdies noch anstrengen, die gesamte Ärzteschaft für unsere Aufgabe zu gewinnen.

Aber nun noch einige Worte zu unserem Auftrag, erstens aufklärend und ermutigend auf die Bevölkerung einzuwirken und zweitens Einfluß auf die Politiker auszuüben.

Zu 1: Die internationale Aufklärungsarbeit der IPPNW macht deutliche Fortschritte. Überall zeigen die Menschen großes Interesse für unsere öffentlichen Informationsveranstaltungen. Es ist sicher nützlich, wenn wir auf diesem Gebiet unsere internationale Zusammenarbeit über die großen Kongresse hinaus noch verstärken, indem wir laufend z. B. Forschungsresultate, Filme, instruktive Artikel austauschen und uns so oft wie möglich über die Blockgrenzen hinweg besuchen. Unser großer Vorteil ist, daß wir nicht nur eine internationale Berufs- und

Wissenschaftsgemeinschaft bilden, sondern auch eine gemeinsame humanitäre Ethik vertreten, die im Zeitalter nach Hiroshima über die Blockgrenzen hinweg zu einem unausweichlichen Lernziel für die internationale Sicherheitspolitik geworden ist. In dem Sinne, wie es Albert Einstein einmal formuliert hat: Nach Hiroshima sind wir alle Brüder. Wir sitzen im gleichen Boot, so unterschiedlich unsere Ideologien und Wirtschaftssysteme auch sein mögen.

Zu 2: Schwieriger als die Öffentlichkeit in unseren Ländern zu gewinnen ist es, Eindruck auf diejenigen Politiker zu machen, die bislang noch immer Sicherheitspolitik mit atomarer Machtpolitik verwechseln. Auf Veranstaltungen in meinem Land höre ich manchmal den wohlgemeinten Rat, wir Psychiater und Psychotherapeuten sollten uns doch gefälligst bemühen, die politisch Verantwortlichen in Therapie zu nehmen. Daraufhin bricht im Publikum meist Gelächter bei der Mehrheit aus, die sehr wohl weiß, wie wenig gerade die Militaristen unter den Politikern daran zweifeln, daß sie unfehlbar das Richtige wissen und tun. Diese halten uns kritische Psychiater und Psychologen für weltfremde Spinner, wenn nicht für heimliche Unterstützer des Feindes. Freilich scheinen einige unserer Gegner sogar zynischerweise zu glauben, daß wir als nützliche Narren dazu beitragen könnten, kritische Vorstellungen in der Bevölkerung auf eine Weise zu kanalisieren, die der Rüstungspolitik nicht weh tut. Als in der Bundesrepublik der Philosoph Günther Anders, einer der frühesten und scharfsinnigsten Kritiker der Atomrüstung, einen repräsentativen Preis empfing, hielt die Preisrede ausgerechnet ein hochrangiger Politiker der Partei, welche die Stationierung der amerikanischen Mittelstreckenraketen in der Bundesrepublik Deutschland bis heute mit größtem Nachdruck verteidigt.

Dieser Gefahr einer politischen Kastration müssen wir uns bewußt sein. Sie besteht darin, daß man uns Ärzte wie andere in der Friedensarbeit engagierte geistige, soziale, künstlerische Berufsgruppen in eine Kulturszene einordnet, die man von der politischen Wirklichkeit fernhält. Da mögen wir humanitäre Ideale hochhalten, für die Völkerversöhnung Reden schwingen, Kongresse veranstalten und dem Ausdruck geben, was die Menschen in ihrer seelischen Innenwelt belastet. Dafür erhalten wir vielleicht sogar Preise und andere öffentliche Auszeichnungen. Aber wehe, wir rütteln ernsthaft an den Grenzschranken zwischen Wissenschaft und Politik, an der Barriere zwischen hippokratischer Ethik und Aufrüstungspraxis. Dies indessen ist genau das, was wir Ärzte gerade tun müssen. Freilich können wir uns dabei nur Gehör verschaffen, wenn wir uns auch intensiver als bisher darum kümmern, politische Entscheidungsprozesse und die Menschen, die damit befaßt sind, genauer zu verstehen. Unsere eigene politische Ahnungslosigkeit bestimmt unsere Kluft gegenüber der Politik genauso wie das Unverständnis vieler Politiker gegenüber unseren Gedanken und Befunden. Wir sollten nicht so viel darüber lamentieren, daß uns die Politiker geringschätzen oder ignorieren, solange wir uns noch zu dilettantisch darin aufführen, unsere Botschaft in die Politikszene hineinzutragen. Vielmehr müssen wir in unserer Bewegung der IPPNW erst lernen, wie wir das gewaltige internationale Ärztepotential wirksamer von der Basis her einsetzen können, um uns den Politikern eindringlich vernehmbar zu machen. Wir haben in dieser ärztlichen Massenbewegung unsere Möglichkeiten noch lange nicht ausgeschöpft, die diplomatischen Aktivitäten unserer Funktionäre kreativ und kompetent zu unterstützen.

Gestatten Sie mir eine Schlußbemerkung aus psychiatrischer und rein persönlicher Sicht. Ich glaube, daß wir unsere Friedensarbeit intensivieren können, wenn wir uns nicht allein gegen die furchtbaren Zukunftsrisiken wenden, sondern weiterhin bewußt und intensiv die Erfahrungen unserer jüngsten Geschichte gemeinsam weiter verarbeiten. In unserer westdeutschen Ärztebewegung erleben wir die Mitarbeit in der IPPNW als eine wichtige Chance, aus dem Bewußtsein der immer noch auf uns lastenden Schuld der Hitlerverbrechen und des Hitlerkrieges eine entscheidende, ja die entscheidende Konsequenz zu ziehen. Ich selbst habe nie meine Schamgefühle vergessen, als ich vor 43 Jahren als achtzehnjähriger Soldat dieses Land betrat und ratlos den Menschen begegnete, denen wir hier entsetzliches Elend zufügten. Auch ich habe meine Familie im Krieg verloren, und zwar durch Soldaten dieses Landes, das wir zuvor überfallen hatten. Das Bewußtsein unseres deutschen Unrechts und meines Anteils daran hat mich indessen nie losgelassen. Und ich sehe um mich unter den deutschen Kollegen viele, die ebenso wie ich die Friedensarbeit in der Ärztebewegung als eine Möglichkeit begreifen, uns mit unserer furchtbaren Vergangenheit sinnvoll auseinanderzusetzen. Ich bin dankbar für die Gelegenheit, als Deutscher heute gerade in diesem Land zum Thema der Verhütung eines neuen großen Krieges reden zu dürfen.

Literatur

Braun, W., W. Fricke u. P. Klein: Erziehung in der Bundeswehr. BMVg-Studie 2/1985
Emnid-Institut Bielefeld: Zit. nach Gießener Anzeiger, Nr. 10, 12.1.1985
Richter, H.-E.: Die Chance des Gewissens. Hoffmann und Campe Verlag, Hamburg 1986, 4. Aufl. 1987

Die nukleare Bedrohung
als psychologisches Problem

Rede auf einem Ärzte-Symposium in Washington*

Die in dem atomaren Rüstungswettlauf steckenden Motive erscheinen so irrational, daß sie geradezu eine satirische Betrachtung herausfordern. So habe ich vor einigen Jahren die folgende Geschichte zum Gegenstand eines Buches gemacht:

Irgendwann in ferner Zukunft landen intelligente Bewohner eines anderen Sterns auf unserer immer noch radioaktiv verseuchten Erde. Sie finden hier keine Menschen mehr vor. Aber durch archäologische Anstrengungen gelingt es ihnen nach einiger Zeit, ungefähr zu rekonstruieren, wie das ausgestorbene Menschengeschlecht einst gelebt hat. Bei ihren Untersuchungen stoßen sie indessen auf ein verwirrendes Rätsel. Anscheinend hatten jene menschlichen Erdbewohner einmal sehr differenzierte Kulturen entwickelt. Sie hatten erstaunliche Geräte erfunden, um sich das Leben zu erleichtern. Sie hatten die umfangreichsten Vorkehrungen getroffen, um Unfällen und Naturkatastrophen vorzubeugen. Dank einer großartigen Medizin hatten sie viele Krankheiten ausgerottet und ihre Lebensdauer stetig verlängert. Freilich waren offenbar Lebenskomfort und Gesundheitsfürsorge auf der Erde sehr ungleichmäßig verteilt. Aber gerade dort, wo Wirtschaft, Technik und Medizin besonders weit fortgeschritten waren, hatten die Menschen über mehrere Generationen hinweg ihre eigene Vernichtung, zugleich die Zerstörung aller übrigen Lebewesen um sich herum, sorgfältig

---

* International Scientific Symposium on the Dangers and the Prevention of Nuclear War, Washington D.C., 14.6.1986

vorbereitet. Denn eines stellen die Außerirdischen mit Bestimmtheit fest: Die Vernichtung des Erdenlebens war kein kosmischer Unfall, sondern eine mit Bedacht präparierte nukleare Gewaltaktion.

Diese makabre Fiktion in besagtem Buch weiter ausspinnend, konnte ich mich leicht in die Rolle der erfundenen Außerirdischen versetzen, die sich auf den Widerspruch zwischen dem Fortschrittseifer jenes Menschengeschlechtes und dessen anscheinend planvoller Selbstzerstörung keinen Reim machen können. Ich ließ die extraterrestrischen Besucher die Argumente durchprobieren, mit denen uns Heutigen die Risiken der Nuklearrüstung für unvermeidlich erklärt werden. Resultat: Keine dieser Begründungen leuchtet den Außerirdischen ein. Sie halten es für ausgeschlossen, daß den Menschen die tödliche Gefahr entgangen sein könnte, die sie mit der Erzeugung Zehntausender von brisanten Atomwaffen heraufbeschworen hatten. Jene Erdvölker müssen einen Sinn darin gesehen haben, diese Gefahr bis zum katastrophalen Ende zu erhöhen, das sie unzweifelhaft vorhergesehen haben. Aber welches war dieser Sinn?

Ich ließ die Fremdlinge herausfinden, daß die Völkerschaften in Ost und West in der Endzeit miteinander verfeindet waren. Jede Seite hatte ein spezielles politisch-wirtschaftliches System entwickelt, das von der anderen verabscheut wurde. Man hatte sich darauf trainiert, am eigenen System nur noch dessen Vorzüge, am anderen nur noch dessen Mängel wahrzunehmen. Aber jede Seite schien darin sicher zu sein, daß die gegnerische Gesellschaftsordnung aus inneren Gründen labil und nicht dauerhaft lebensfähig sei. Demnach wäre doch vernünftig gewesen, geduldig die wechselseitig erwarteten inneren Zerfallsprozesse oder konstruktiven gesellschaftlichen Wandlungen abzuwarten. War in der Endzeit nicht sogar eine partielle Angleichung beider Systeme aneinander fortgeschritten? Hier wie dort hatte man sich dem Prinzip des Wachstums verschrieben, dessen Steuerung automatisch strukturelle Ähnlichkeiten auf beiden Seiten erzwang.

Warum also hätte man übereinander herfallen sollen, wohl wissend, daß man dadurch zugleich unvermeidlich den eigenen atomaren Untergang heraufbeschwor? Kriegerische Feindschaft konnte also kein ausreichendes Motiv für die geplante Katastrophe sein. Das würde, so meinen die fremden Forscher, den hohen logischen Fähigkeiten widersprechen, über die jene ausgestorbenen Wesen verfügt haben müssen. Aber welche anderen Hypothesen bleiben übrig, um das Rätsel zu lösen? Schließlich resignieren die Außerirdischen und einigen sich auf die Feststellung, daß jene verschwundene Menschengattung einen abweichenden Denkapparat besessen haben müsse, der sie zwar zu logischem Schlußfolgern und erstaunlichen technischen Erfindungen befähigt, sie unerklärlicherweise aber nicht daran gehindert hatte, sich mitsamt allem übrigen Erdenleben umzubringen.

Diese makabre satirische Geschichte soll nicht wie andere Fiktionen von einer bedrückenden Realität entlasten, sondern diese eher noch schmerzlicher deutlich machen. Sie will nur unterstreichen, was uns führende Friedensforscher, Physiker, Computerwissenschaftler und Sozialwissenschaftler vermitteln: Die neuerdings bis in den Weltraum vordringende atomare Militarisierung produziert Risiken, mit welchen die Grenzen der Kontrollierbarkeit bewußt überschritten werden.

Es sieht so aus, als würden die Führer der Supermächte demnächst in spektakulären Abkommen die Begrenzung einzelner nuklearer Potentiale beschließen. Aber gleichzeitig werden wir schon jetzt durch eine gezielte Propaganda darauf vorbereitet, daß ein neuer Rüstungswettlauf im Weltraum unvermeidlich sei. Die Regierung der Vereinigten Staaten erklärt ihr SDI-Programm für nicht verhandlungsfähig. Sie begründet es zwar mit rein defensiven Absichten. Es soll gegnerische Raketen frühzeitig abfangen und dadurch angeblich das Zeitalter der nuklearen Bedrohung beenden. Aber warum läßt dann dieselbe Regierung sogenannte strategische Tarn(»Stealth«)-Bomber bauen? Das sind, wie wir aus verläßlichen Quellen erfahren, Bombenflugzeuge, die durch Verringerung der Radar-, Wärme-, elektronischen und akustischen Abstrahlung von der gegnerischen Abwehr kaum noch oder zumindest nicht rechtzeitig erkannt werden können. Also will man gar nicht ernstlich das Zeitalter der nuklearen Bedrohung beenden, vielmehr durch die praktisch unsichtbaren strategischen Bomber eine neue Dimension von Bedrohung schaffen. Da bis jetzt stets der eine den waffentechnischen Vorsprung des anderen bald eingeholt oder gar überflügelt hat, gehen wir demnach mit hoher Wahrscheinlichkeit sowohl in der Weltraum-Militarisierung wie in der Produktion moderner schwer verwundbarer Offensivsysteme einer neuen Dimension des Wettrüstens entgegen.

Nun bemühen wir Ärzte der IPPNW uns zusammen mit hellsichtigen Gruppen der Naturwissenschaftler, der Kirchen und anderer Kräfte der Friedensbewegung seit Jahren, unseren Mitmenschen die tödliche Absurdität dieser megalomanen Atompolitik vor Augen zu halten. Diverse Untersuchungen bestätigen uns, daß große Bevölkerungsteile uns darin zustimmen, wenn wir behaupten, daß ein Atomkrieg zu keinem anderen Ziel als zum Ende der Menschheit führen würde und daß keine medizinische oder sonstige Zivilschutzplanung daran etwas ändern könnte. Kein schlüssiges Argument widerlegt unsere These, daß sich die fortlaufende Steigerung einer Drohung, die man nicht verwirklichen darf, von selbst verbieten müsse, zumal die sichere Verhinderung einer Katastrophe durch eine technische Panne immer wieder in Frage gestellt werde. Dennoch können wir nicht verkennen, was jene erfundenen Außerirdischen so sehr verwirrt hat, daß unsere Völker sich immer noch mehrheitlich gefallen lassen, wogegen sie sich logischerweise geschlossen auflehnen müßten.

So ist es kein Wunder, daß sich in letzter Zeit gehäuft Psychiater und Psychologen mit diesem Problem beschäftigen. Zumeist versuchen sie uns zu erklären, warum Menschen nicht sehen wollen oder zumindest unbewußt verdrängen, was auf sie zukommt. Dafür haben die Psychologen eine Reihe von schlüssigen Interpretationen parat. Etwa die, daß wir offenbar nicht dazu geschaffen seien, uns längere Zeit mit einer Angst zu konfrontieren, deren Inhalt das Maß unserer physiologischen Vorstellungskraft überschreitet. Oder daß die nukleare Gefahr zu abstrakt sei, als daß wir sie mit unseren Sinnen festhalten könnten. Schließlich beruhige es viele, so heißt es, daß ein Atomkrieg zu unvernünftig sei, als daß jemand ihn ernstlich wollen könne. Wenn niemand ihn aber wolle, könne er auch nicht passieren, was auch immer an Nuklearwaffen angehäuft werde. Solche und andere Varianten von Bagatellisierung, Verdrängung oder Verleugnung werden beschrieben, um das Massenphänomen der Abstumpfung gegenüber der atomaren Gefahr besser begreiflich zu machen.

Aber solche Bemühungen können nicht befriedigen, sofern sie immer nur einseitig danach fragen, wie sekundär auf die atomare Bedrohung reagiert werde, so als wäre diese selbst eine vorgegebene und nicht mehr in die Motivforschung einzubeziehende Tatsache. Wenn die Angst vor der Atomrüstung diese nicht wirksam zu bremsen vermag, dann doch vor allem auch deshalb, weil in vielen unter uns eine Gegenkraft wirksam ist, die diese Rüstung *bejaht*. Freilich ist es für jedermann, deshalb auch für Psychologen und Psychiater, unangenehm, diese Gegenkraft ausdrücklich zum Thema zu machen. So gilt es als unerträgliche, gar als juristisch relevante Beleidigung, irgendeinem nachzusagen, daß er nicht den Frieden wolle. Es widerspricht zutiefst unserem konventionellen Selbstbild, uns eine latente Tendenz zuzugestehen, die ich als *»psychischen Militarismus«* bezeichnen möchte. Dabei ist für jedermann offensichtlich, daß der nukleare Rüstungswettlauf den Menschen nicht von einer übermächtigen Verschwörerclique aufgezwungen, sondern von den Völkern mit offenen Augen mitgetragen wird.

Hüben wie drüben entscheiden sich *Menschen* in unübersehbarer Zahl für Tätigkeiten, in denen sie direkt oder indirekt das Wettrüsten vorantreiben. Es sind *Menschen*, die sich die Waffen ausdenken, die sie herstellen und ihre Finanzierung beschließen.

Nach einigermaßen verläßlichen Schätzungen sind mindestens ein Drittel der amerikanischen und sowjetischen Wissenschaftler und Ingenieure unmittelbar oder mittelbar mit Militärforschung beschäftigt. Von den USA wissen wir, daß sie im militärischen Sektor 46 Prozent des Kapitalwertes gebunden haben, den alle produzierenden Unternehmen für ihre Anlagen in den Bilanzen stehen haben. Daß die Sowjetunion ihren Haushalt überproportional mit Militärausgaben belastet, ist hinreichend bekannt. Wissenschaft, Technik und Militärapparate verdanken ihre Strukturen, ihre Ziele und ihre Macht dem massenhaft gebündelten Willen von *Menschen* und keinen schicksalhaften Kräften von irgendwo außerhalb. Keine unserer Selbsttäuschungen funktioniert ähnlich perfekt und ähnlich verhängnisvoll wie die, daß die gigantische gesellschaftliche Militarisierung über den Köpfen der Völker und etwa gar gegen ihren Willen ablaufe.

Aber welches sind die menschlichen Antriebe, die diesen Prozeß unterhalten? Das Volk, dem ich angehöre, hat der Welt unlängst auf furchtbare und extreme Weise ein anschauliches Beispiel von psychischem Militarismus vorgeführt, das als Lehrstück interpretiert werden kann. So verständlich die Hoffnung auch ist, daß dieses Phänomen des Nationalsozialismus mit seinen Verbrechen unwiederholbar sein möge, so sollten wir uns davor hüten, es als einen exotischen Sonderfall abzutun, der nur durch die pathologische Ausnahmeerscheinung Hitler und die spezifischen historischen und sozialpsychologischen Verhältnisse in Deutschland möglich gewesen wäre. Gewiß waren es damals besondere Umstände, welche die Deutschen für einen Hitler besonders anfällig machten – die gescheiterten Demokratieversuche, das Ressentiment nach der nationalen Kränkung durch die Kriegsniederlage und Versailles, eine desolate Wirtschaftskrise und nicht zuletzt eine nationale militaristische Tradition. Aber diese äußeren und die speziellen sozialpsychologischen Bedingungen boten nur einen besonders geeigneten Nährboden für die Entfesselung brisanter aggressiver Energien, die nach wie vor in uns allen bereitliegen und eine Rolle spielen, wenn wir die Bejahung der derzeitigen nuklearen Hochrüstungspolitik verstehen wollen.

Lassen Sie mich versuchen, an dem Lehrstück Nationalsozialismus zwei Motive zu verdeutlichen, die für einen irrationalen psychischen Militarismus charakteristisch sind:

Das ist einmal die Bereitschaft der Individuen, sich als Teile eines kollektiven Ganzen die Berechtigung zu einer rücksichtslosen Entfaltung von *Größen- und Machtwünschen* einreden zu lassen. Dabei geschieht so etwas wie eine freiwillige *Selbstentmündigung* des einzelnen, die dadurch entschädigt wird, daß er im *Kollektiv* an gemeinsamen großartigen Triumphen zu partizipieren hofft, die er im individuellen Alltag meist schmerzlich entbehrt. Der Vorgang, den ich Selbstentmündigung nenne, schwächt oder eliminiert persönliche Gewissenszweifel, wenn es darum geht, die Teilnahme an der aggressiven Expansion des Kollektivs zu bejahen. Das kann sich bis zur moralischen Pervertierung steigern, wie sie etwa Hannah Arendt am Beispiel von Naziverbrechern beschrieben hat: also als unmoralische Versuchung zu begreifen, *nicht* zu töten, wenn das Töten zur kollektiven Pflicht erklärt wird.

Das andere Motiv hängt eng mit dem *Mythos des Heroismus* zusammen. Die Entfaltung der Aggression wird moralisch verklärt durch Heiligung ihres Ziels. Die Beteiligung an der aggressiven Expansion des Kollektivs wird zu einem edlen Kampf für das Gute gegen das Böse. Als höchste Tugend wird erklärt, sich in diesem Kampf mit Einsatz des eigenen Lebens zu engagieren, das heißt, jederzeit zu dessen Opferung bereit zu sein. Der Mythos des Heroismus besagt: Wenn du schon nicht siegen kannst, so mußt du wenigstens in Tapferkeit untergehen. Am Ende kann diese Opferidee zum Leitmotiv selbst für ein großes Kollektiv werden: Dann opfern sich nicht mehr die einzelnen für den Sieg des Ganzen. Sondern in der großen Gemeinschaft akzeptieren alle den gemeinsamen Untergang, um vor dem Bösen nicht zu kapitulieren. So konnte Hitler den spätestens seit 1942 sicheren Untergang seines Regimes noch drei Jahre hinauszögern und Millionen für sein Zerstörungswerk einspannen, von denen ein Großteil wissen mußte, daß der Krieg längst definitiv verloren war.

Es kostet uns Deutsche derzeit noch immer große Anstrengung, uns mit den psychischen Hintergründen unserer Nazivergangenheit zu konfrontieren, weil es fast unerträglich scheint, die Verbrechen unter dem Naziregime, schließlich selbst Auschwitz als letzten Ausfluß einer Ideologie zu erklären, die seinerzeit nicht nur eine kleine Führungsgruppe, sondern weite Teile der Bevölkerung bestimmt hatte. Nach wie vor weigern sich viele beharrlich, in sich selbst oder in ihren Vätern und Müttern diejenigen wiederzuerkennen, die all das möglich gemacht haben, was im Hitlerreich geschehen ist. Man möchte diese Episode am liebsten als unerklärliche anfallsartige Entgleisung oder eben als isoliertes Werk einer gewissenlosen Verbrecherorganisation von sich fortrücken. Auch ich, der ich als Junge und später als Soldat unter Hitler gelebt habe, hätte einmal gern zu einer solchen entlastenden Theorie Zuflucht genommen. Aber zusammen mit einer wachsenden Zahl meiner Landsleute und speziell meiner Landsleute in der IPPNW glaube ich, daß nur umgekehrt eine gründliche und rücksichtslose Analyse der deutschen Nazigeschichte einen wesentlichen Beitrag leisten kann und muß, um neue Varianten von psychischem Militarismus präventiv zu enttarnen und zu bekämpfen. Wir sehen eine sinnvolle Verarbeitung unserer Schuld und unserer Scham darin, an unserer nationalen historischen Vergangenheit die Triebkräfte aufzuspüren, die schon damals die begangenen Verbrechen noch weit gesteigert hätten, hätte es die Entwicklung der Technik zugelassen.

Jedenfalls lehrt diese Arbeit der Erinnerung, mit Sorgen darauf zu achten, wo neuerdings politische Konzepte schon wieder eine kritiklose Idealisierung der eigenen Nation, Gesellschaftsform, Ideologie, Rasse oder Religion vornehmen und daraus eine Berechtigung für absolute Vorherrschaftsansprüche ableiten. Unbehagen meldet sich, wenn verkündet wird, glaubhafte

Abschreckung besage, daß man zum Schutz der Werte, die man auf der eigenen Seite vertrete, notfalls mit der atomaren Drohung ernst machen müsse, das heißt, die Auslöschung der Kultur mitsamt den Werten aufs Spiel zu setzen, die man angeblich verteidigen wolle. Wer sich nicht die Ohren verstopft, wird in der Tat ständig mit Zeugnissen für die Virulenz der beiden Elemente des psychischen Militarismus beschäftigt: Wer erinnert sich nicht an die politischen Propagandareden, in denen immer wieder beteuert wird, das idealisierte eigene Lager müsse sich zur Sicherung überlegener Größe und Stärke mit neuen atomaren Rüstungsanstrengungen wappnen. Andererseits klingt der heroistische Opfermythos an, wenn das bewußte Risiko, das mit einer glaubhaften Atomdrohung verknüpft ist, als Tugend verklärt wird, so als ginge es hier um Mut oder Feigheit anstatt um mörderischen bzw. selbstmörderischen Wahnsinn an Stelle von einsichtiger Vernunft. Dieser Täuschung dient der übliche Versuch, einen modernen Vernichtungskrieg als eine bloß im Maßstab vergrößerte Version einer historischen Feldschlacht oder gar eines Rambo-Szenarios darzustellen. Es gibt Nationen, von denen Mark Gerzon in seinem Buch »A Choice of Heroes« mit Recht feststellt: »Sie können nicht gestatten, daß die mechanisierte technische Wirklichkeit eines modernen Krieges die Illusion der Männer zerstört, daß der Krieg eine heroische Sache ist. Die brutale Wahrheit muß unterdrückt werden.«

Es ist schon peinlich mitzuerleben, welche Begeisterung mitunter führende Politiker mit Reden stiften können, in denen sie ihre Bevölkerung nicht anders ansprechen als eine Masse von pubertierenden Möchtegernhelden, die ihre unsichere Potenz und ihre unsichere Identität im Rausch eines vaterländischen Größenwahns festigen wollen. Und dies in einem Augenblick der Weltgeschichte, in dem alles andere als ein solches pubertäres Abenteurertum, vielmehr ein Maximum an reifer sozialer Verantwortung und Vernunft gefordert ist. Aber auf die Dauer vielleicht noch gefährlicher als in dieser groben primitiven

Variante ist moderner psychischer Militarismus in einer anderen Form wirksam. Nämlich in seiner technisierten Verkleidung.

Ich erwähnte vorher die Selbstentmündigung der Deutschen unter Hitler. Die Abtretung der eigenen Verantwortung an ihren Führer erlaubte es einer Masse von Deutschen, ihre eigene Aggression in ähnlicher Weise reinzuwaschen, wie man heute von der Reinwaschung schmutzigen Geldes spricht. Inzwischen ist eine noch raffiniertere Variante von »Aggressions-Waschanlage« in den Vordergrund getreten. Das ist die technische Hochrüstung selbst. Dieser anonyme Prozeß, an dem Millionen von Arbeitern, Wissenschaftlern, Technikern und Bürokraten teilnehmen und der von Jahr zu Jahr zur Entwicklung und Serienproduktion immer brutalerer Vernichtungswaffen führt, absorbiert in unsichtbarer Weise die psychische Aggression. Absichtlich habe ich eben von *brutalen* Vernichtungswaffen gesprochen, so als seien die Waffen brutal, was ja sprachlich unkorrekt ist. Dennoch nennen wir die Nuklearwaffen neben anderen Massenvernichtungswaffen zu Recht brutal. Denn der alleinige Zweck, zu dem diese Geräte gemacht werden, ist ja die massenhafte Vernichtung von Leben. Und diese immanente Absicht von Menschen ist in diesen Instrumenten praktisch materialisiert. An jedem kleinen Teilchen der modernen gigantischen Vernichtungsmaschinen haftet also – wie unsichtbar auch immer – eine Komponente von menschlicher Zerstörungsenergie. Dabei ist es widersinnigerweise normal, wenn die gewaltigen Scharen von Helfern, die irgendwo in der Industrie oder der Bürokratie an einem winzigen Partialschritt bei der Herstellung der Vernichtungsmonstren mitwirken, bei ihrer Arbeit den horrenden Zweck aus dem Auge verlieren, zu welchem das Endprodukt ihrer Tätigkeit bestimmt ist. Normal ist dieses Verhalten freilich nur in dem Sinne, daß die Umstände es dem einzelnen allzu leicht machen, zu verdrängen, wozu sein unscheinbares persönliches Tun letztlich dient.

Es handelt sich hierbei also um eine *Verdinglichung* von psychischem Militarismus, die diesen nahezu unkenntlich macht.

Millionen über Millionen sind täglich dabei, die Menschheit ein wenig näher an den Abgrund des Infernos heranzurücken, ohne dabei an etwas anderes zu denken, als irgendeinen ordentlichen Job ordentlich zu verrichten. Aber auch in der strategischen Perspektive ist die konsequente Abspaltung des psychischen Elementes, also der menschlichen Brutalität, immer noch auf eine bestimmte Weise möglich. Da redet man sich ein, die Entscheidung über unser Überleben oder unseren Untergang sei vor allem anderen eine Frage des Waffengleichgewichts oder -ungleichgewichts geworden. Wer waffentechnisch zu einem Primärschlag fähig sei und gleichzeitig über ein hinreichend perfektes Abwehrsystem verfüge, müßte angeblich in der Phase, in welcher der Gegner den eigenen technischen Rückstand noch nicht wettgemacht hätte, seinen Vorteil zu offensivem Handeln nutzen. Das heißt, man diskutiert die Möglichkeit der Katastrophe ernstlich als ein mathematisch technisches Problem, als ob die Arsenale der nuklearen Monstren, untereinander verbunden durch eine computerisierte Befehlsstruktur, schon fast die eigentlichen handelnden Subjekte wären, an welche die Völker ihre Verantwortung delegiert hätten. Und als ob die Regierenden der Atommächte zwangsmäßig unter das Diktat ihrer nuklearen Militärpotentiale gerieten, die von sich aus je nach Über- oder Untergewicht automatisch zumindest Erpressung oder Versklavung, wenn nicht das Schlimmste determinieren würden.

Eine entscheidende Frage ist also zunächst, wie kann den Menschen noch bewußt werden, daß es ihr eigener psychischer Militarismus ist, ihr persönlicher Destruktionswille, mit dem sie eine tödliche atomare Risikopolitik in Gang halten, wie indirekt auch immer sie in das Räderwerk dieses Prozesses eingeschaltet sind? Wie können sie, wie können wir alle den Vorgang rückgängig machen, den ich Selbstentmündigung genannt habe? Wie können wir bewirken, daß die einzelnen sich ihrer Mitverantwortung stellen und jener selbstverschuldeten Blindheit entgehen, mit der noch unlängst die Mehrheit eines Volkes die Planung der größten Verbrechen zuließ, so als sei dies nicht ihre Sache? Und wie können schließlich die Antriebe, die bisher in Ost und West den kollektiven psychischen Militarismus unterhalten, auf friedliche Ziele umgelenkt werden?

Immerhin mehren sich die Anzeichen dafür, daß immer mehr Menschen die Politik des nuklearen Wettlaufs unheimlich wird. Sie erschrecken vor den destruktiven Kräften, die da in ihrem Namen in irrwitzigem Ausmaß angehäuft werden als Ausdruck eines fatalen Größenwahns, an dem sie nicht länger Anteil haben wollen. Sie durchschauen die Verderblichkeit einer allgemeinen Grundhaltung, in der es immer nur um Siegen und um Bemächtigen geht, anstatt um die Weiterentwicklung von mitmenschlicher Solidarität und Ehrfurcht vor dem Leben. So ist es kein Zufall, daß sich in dieser kritischen Bewegung vor allem solche gesellschaftlichen Gruppen hervortun, die in besonderem Maße der Karitas, der Pflege und dem Schutz von Leben verpflichtet sind oder sich in dieser Richtung verpflichtet haben. Da finden wir bekanntlich die Frauen für den Frieden, politische Gruppen mit besonderem humanistischem Anspruch, diverse Gruppen der verschiedenen Kirchen und nicht zuletzt unsere Ärztebewegung der IPPNW.

Aber all diese Gruppen wie auch die IPPNW sind von sich aus zu schwach, um in unseren Gesellschaften den herrschenden Machtapparaten unmittelbar in den Arm zu fallen und diese an der Fortsetzung der tödlichen nuklearen Konkurrenz zu hindern. So müssen auch wir Ärzte in der IPPNW unsere wichtigste Chance vorläufig darin erblicken, als eine Art *Geburtshelfer* um uns herum Prozesse der Umbesinnung zu fördern. Das heißt, daß wir den Menschen weithin helfen, die Augen aufzumachen und sich von den fragwürdigen Idealen des psychischen Militarismus zu lösen. Es gibt wahrhaft genügend mit dem eigenen und dem Gemeinwohl verträgliche Ziele zur Betätigung von kämpferischem Ehrgeiz und narzißtischem Siegeswillen. Und zur Anwendung heroischer Tugenden bietet sich jedem bereits darin hinreichend Gelegenheit, daß er sich in seiner Friedensarbeit nicht unter dem Druck mannigfacher Anpassungszwänge korrumpieren läßt. Inmitten einer von Propaganda, Heuchelei und Taktik bestimmten Welt gebührt unbestechlicher Glaubwürdigkeit wahrhaft ein Spitzenrang unter den hehren Tugenden.

Was der IPPNW und den anderen Gruppen der Friedensbewegung bisher die psychologische Geburtshelferarbeit schwermachte, war nicht zuletzt die Unanschaulichkeit des nuklearen Risikos. Da ist nun durch die Tragödie von Tschernobyl eine dramatische Veränderung eingetreten. Vielen Millionen ist erstmalig sinnlich klargeworden, daß die atomare Gefahr etwas ist, was die Völker nicht trennt, sondern verbindet. Weit entfernt vom Ursprungsland der Katastrophe erfuhren die Mütter, daß sie ihre Kinder nicht im verstrahlten Sand vor ihrem Haus spielen lassen, daß sie das heimische grüne Gemüse nicht verwenden und sich vor strahlenbelasteter Milch in acht nehmen sollten. Und es entstand eine internationale Welle des Mitgefühls für die unmittelbar betroffenen Teile der sowjetischen Bevölkerung. Schockierend war die Ohnmacht der Medizin. Kein Arzt würde die Tausende von Strahlengeschädigten davor bewahren können, nach mehrjähriger Latenz Leukämie oder andere Krebsformen auszubrüten. Nur um die schlimmsten Akutschäden mit zweifelhaften Erfolgsaussichten zu behandeln, bedurfte es einer internationalen Kooperation von ärztlichen Top-Spezialisten. Hatte es auch einen tröstlichen Symbolwert, daß sich amerikanische und russische Ärzte zur Hilfeleistung an den Betten der schwer Strahlenverseuchten vereinten, so mußte es andererseits schockieren, wie gering die ärztlichen Möglichkeiten selbst unter optimalen institutionellen Bedingungen bereits bei einem atomaren Unfall von so beschränkter Größenordnung waren. Allen leuchtete ein, daß man sich weltweit treffen und verbünden müsse, um ein weiteres Unglück zu verhindern, wie es in Harrisburg gerade noch, in Tschernobyl nicht mehr abgewendet werden konnte. Man mag – wie es gewiß viele von uns tun – bezweifeln, ob noch so intensive internationale Absprachen und technologischer Austausch die Gefahren der zivilen Atomwirtschaft bannen können. Aber daß man, wenn man überhaupt etwas erreichen will, dabei über die Blockgrenzen hinweg präventiv kooperieren muß, leuchtet jedermann ein. Ist es da aber nicht ein gespenstischer Widersinn, in der atomaren Rüstung genau dem Prinzip der Kooperation und der wechselseitigen Hilfe zu widersprechen, das man zur Kontrolle der zivilen Nuklearwirtschaft als lebensnotwendig erkennt? Ist es nicht geradezu verrückt, gleichzeitig mit militärisch verursachten radioaktiven Wolken zu drohen, die in vieltausendfach schlimmerer Intensität und Ausdehnung die Völker in allen Teilen der Erde heimsuchen würden?

Bisher überwog der psychische Militarismus die Angst vor der Katastrophe. Tschernobyl hat nun in zahlreichen Ländern unterdrückte Angst mobilisiert und zugleich ein Bewußtsein für die internationale Gemeinsamkeit dieser Angst bzw. der objektiven Gefährdung zutage gefördert. Erweist sich die Atomenergie schon für zivile Zwecke als schwer zähmbar, wie bedrohlich sind dann erst die 50 000 nuklearen Sprengköpfe, die bei Versagen der Abschreckungspolitik oder infolge einer technischen Panne losgehen könnten. Entlarvt sich da nicht, was im Zusammenhang mit der Atomrüstung als heroische Verteidigungsbereitschaft ausgegeben wird, vielmehr als selbstmörderische Dummheit? Ist da nicht tatsächlich nur noch eine ganz andere Art von Mut gefordert, nämlich auf dem als verderblich erkannten Weg entschlossen umzukehren, anstatt sich den Beharrungskräften des absurden Bedrohungswettlaufs zu beugen?

Daß in dem atomaren Säbelrasseln etwas von heldenhafter Kühnheit stecke, ist ein Selbstbetrug, in psychiatrischer Sicht eine kollektiv verbreitete pubertäre neurotische Phantasie und im übrigen nichts anderes als eine verleugnete Resignation. Es ist die entmutigte Flucht vor gewaltigen gesellschaftlichen Aufgaben, deren Lösung um vieles dringender wäre, als etwa mit Hilfe von Billionen sogar noch den Weltraum zu militarisieren. Armut und gesundheitliches Elend in vielen Teilen der Welt, die Unterdrückung von Minderheiten und von allgemeinen Menschenrechten, nicht zuletzt die beängstigend fortschreitende Umweltzerstörung sind Probleme, vor denen wir feige zurückweichen, indem wir ihnen die Anstrengungen und Mittel entziehen, die wir für die atomare Rüstung abzweigen. Fahren wir fort wie bisher, hätten jene fiktiven Außerirdischen vielleicht eines Tages recht festzustellen, daß wir entgegen allen offiziellen Sprüchen nicht weiterleben wollten. Denn es müßte als planvolle Entscheidung aussehen, daß wir zuletzt ungleich mehr Energie auf die Herstellung von Massentötungsmaschinen als auf die Pflege der elementaren sozialen und natürlichen Bedingungen unseres Lebens verwendet haben. Aber gerade noch ist es für uns Zeit, die je nachdem als tragisch, als erbärmlich oder psychopathologisch interpretierbare Verirrung zu beheben und entschlossen auf eine internationale politische Zusammenarbeit umzuschwenken, die nicht mehr auf die Zerstörung, sondern auf die Rettung und Pflege gefährdeten Lebens auf unserem Planeten abzielt.

Literatur

Arendt, H.: Eichmann in Jerusalem. Piper Verlag, München 1964, S. 189
Gerzon, M.: A Choice of Heroes – The Changing Face of American Manhood. Houghton Mifflin Company, Boston 1984, S. 57

Ein Plädoyer
gegen Übungen in Kriegsmedizin*

Wenn es nicht zu einer *psychischen* Abrüstung komme, werde die nukleare Aufrüstung niemals gestoppt werden. Dies hat der verstorbene französische Physiker und Nobelpreisträger Alfred Kastler gesagt. Er erläuterte: Ohne diese psychische Abrüstung sei jede Vereinbarung über Begrenzung oder Verminderung bestimmter nuklearer Waffensysteme wertlos. Man werde sonst an Stelle verschrotteter Waffen sofort wieder andere bauen, die von den jeweiligen Verträgen nicht erfaßt seien. Damit werde man fortfahren, solange jede Seite wie bisher militärische Überlegenheit anstrebe. Kastlers Voraussetzung, daß ein solches beiderseitiges Überlegenheitsstreben bislang ungebrochen wirksam sei, ist schwer zu entkräften.

Den Wirkungszusammenhang zwischen psychischer Aufrüstung und dem nuklearen Rüstungswettlauf hat Carl Friedrich von Weizsäcker mit einer einfachen Formel zu erfassen versucht: »Jede Macht fühlt sich erst sicher, wenn sie ihrem möglichen Gegner überlegen ist; da der Gegner genauso denkt, entsteht ein Wettlauf.«

Ich gehe nun davon aus, daß Kastler und von Weizsäcker recht haben. Das heißt: eine Atomkriegskatastrophe wird sich letztlich nur verhindern lassen, wenn es gelingt, die *Motive* der Politik zu verändern, welche die immer risikoreichere Rüstungseskalation bislang in Gang halten.

* Überarbeitete Fassung eines Referats in der Evangelischen Akademie Tutzing über Katastrophenmedizin am 15. 1. 1983

Wie aber kann es überhaupt zu einer psychischen Abrüstung kommen?

Offenbar nicht einfach dadurch, daß irgendwelche noch so angesehenen Experten diese fordern. Überall wird heute das berühmte Einstein-Wort zitiert: »Wir brauchen eine wesentlich neue Art zu denken, wenn die Menschheit am Leben bleiben soll.« Dieses Wort ziert als Motto viele Artikel, Bücher und Kongresse. Es findet kaum Widerspruch. Aber es stiftet vorläufig längst nicht die allgemeine Unruhe, die es bei Anerkennung seiner Gültigkeit eigentlich auslösen müßte.

Ich selbst zähle mich indessen zu denen, die diese Unruhe stark verspüren. Überhaupt bin ich mir bewußt, daß ich die Fragen, die ich im folgenden behandeln werde, aus meiner persönlichen Betroffenheit aufgreife. Ich weiß als Psychoanalytiker ohnehin, daß ich mich als Wissenschaftler deshalb intensiv an ein Thema hefte, wenn dieses eng mit mir zu tun hat. Konstruktiv mit der berechtigten Angst vor einem möglich gewordenen Atomkrieg umzugehen ist also für mich ein persönliches Problem. Gelernt habe ich aus eigener innerer Erfahrung, daß vor dem radikalen Umdenken, das Einstein und Kastler fordern, die schwierige Aufgabe steht, zunächst einmal eine halbwegs *plastische Vorstellung* von der furchtbaren Möglichkeit festzuhalten.

Auch ich möchte natürlich das Ausmaß der Gefahr eigentlich gern verleugnen, um meine innere Ruhe zu schützen. Ich würde z. B. lieber nach dem Vorbild einiger sowjetischer Politiker und Experten, mit denen ich kürzlich geredet habe, an die Vernunft der Geschichte glauben können. Erleichtert wäre ich, könnte ich mir wie viele einreden, daß die politischen Führer im Osten und Westen entsprechend ihren beschwichtigenden Beteuerungen alles täten, um die gespenstischen nuklearen Risiken rasch und nachhaltig zu senken. Wenn mir kompetente Friedensforscher im Gegenteil belegen, daß die Rivalitätspolitik der Supermächte uns mit nachtwandlerischer Zwangsläufigkeit dem Abgrund bisher nur immer nähergebracht hat, so gäbe ich vieles darum, diese

Befunde widerlegen zu können. Bin ich am Ende zu einem beruhigenden Verleugnen, Verdrängen, Bagatellisieren außerstande, so wäre mir wenigstens moralisch wohler, könnte ich mir die offizielle Ideologie zu eigen machen, daß notfalls ein Kreuzzug – um ein Wort Reagans in London zu gebrauchen – gegen den östlichen Kommunismus das Opfer von Abermillionen rechtfertigen würde. Aber, so frage ich mich wie meine Freunde in der Friedensbewegung und wie z. B. die katholischen Bischöfe in den USA und in der DDR: Was gibt es noch Böseres als einen Atomkrieg?

Kurz: Alle in meinen beiden letzten Büchern zum Friedensthema erläuterten psychischen Abwehrformen der Verdrängung, der Verschiebung, der regressiven Zuflucht in infantile Autoritätsgläubigkeit und der paranoiden Feindbild-Projektion sind auch meine eigenen Versuchungen. Und ich verfüge überdies als Wissenschaftler über eine zusätzliche fragwürdige Entlastungsmöglichkeit. Das ist der Mechanismus, den wir in der Psychoanalyse als Intellektualisierung bezeichnen. Das heißt: Ich kann mich von meinem unmittelbaren Betroffensein distanzieren, indem ich mich über die Prozesse, die mich innerlich bewegen, intellektuell erhebe und sie in eine wissenschaftliche Begriffswelt einordne. Da bin ich dann nicht mehr selbst der tief Beunruhigte, der Bedrückte, der Entrüstete, sondern ich gehe mit vergegenständlichten Abstrakta um. Da kann ich dann von *der* Verdrängung, *der* Angst, *der* Depression und *der* aggressiven Projektion reden. Ich bin scheinbar ein neutraler und nüchtern distanzierter Forscher und schwebe wie ein Betrachter über den Dingen. Ich kann unter Umständen zu analytischen Diagnosen gelangen, die, wenn sie treffen, mich und unter Umständen ein zu ähnlicher Intellektualisierung befähigtes Publikum befriedigen. Wenn man weiß, wie die verschiedenen Verarbeitungsformen von Angst funktionieren, kann diese Erkenntnis als solche zu einer Entlastung werden, und man merkt kaum, daß genau dies eben auch wieder nur ein besonders raffinierter Abwehrmechanismus ist.

Nun meine ich aber keineswegs, daß etwa sozialpsychologische Untersuchungen über den psychischen Umgang mit der atomaren Bedrohung von vornherein in intellektualisierende Abwehr münden *müßten*. Sie erschöpfen sich in dieser Funktion nur dann, wenn die Befunde abgespalten bleiben von der Handlungswirklichkeit derer, die damit umgehen. Genauer gesagt: von der *politischen* Handlungswirklichkeit.

Wir haben im Deutschen das Wort »Geistesleben«. Zu diesem Geistesleben gehört alles, was z. B. in den Zeitungen neben dem Teil für Politik im gesonderten Kulturteil zu lesen ist. Da findet man Wissenschaft, Religion, Literatur, Kunst, Musik. Diese Einteilung spiegelt in repräsentativer Weise unsere Gewohnheit wider, dem »Geistesleben« neben der politischen Wirklichkeit so etwas wie eine gesonderte Wirklichkeit zuzuerkennen. Und wir finden es gemeinhin schicklich, beides nicht miteinander zu verwischen. In der Wissenschaft wird *gedacht* und über Gedachtes *diskutiert*. In der Wirtschaft und in der Politik wird *gehandelt*. Das eine ist die Welt der Innerlichkeit, und das andere ist die konkrete Welt, wo unsere materiellen Daseinsbedingungen ausgehandelt und gestaltet werden. Über die Psychologie der Politik kann man studieren, promovieren, habilitieren, publizieren und Kongresse abhalten. So gibt es z. B. eine abgeschirmte Art von Friedensforschung, die sich lediglich in dieser akademisch-fachlichen Kulturszene abspielt und eben dafür, daß sie sich von der Straße und erst recht von den Zentren der professionellen Politik fernhält, mit öffentlichen Geldern prämiiert wird. Damit will ich nicht den Vorwurf der bewußten Korrumpierung erheben. Die »Krankheit der Innerlichkeit«, wie sie Max Scheler nennt, ist zumal in der deutschen Gesellschaft in einem solchen Maße etabliert, daß wir sie weithin als normal hinnehmen. Geist und Macht sind säuberlich getrennt. Und wer sich der einen Welt verschrieben hat, sollte – so wird er erzogen – die Grenzen seines Feldes sorgsam achten und sich keine Kompetenz in dem jeweils anderen System anmaßen, in welchem andere Werte und Normen gelten.

Nun möchte ich wieder auf mich selbst zurückkommen. Ich glaube, bei mir die Gefahr einigermaßen erkannt zu haben, daß ich die intellektuelle Beschäftigung mit dem Problem der Friedensfähigkeit bereits verwechseln könnte mit einer Ausschöpfung meines gesellschaftlichen Verantwortungsrahmens. Das Steckenbleiben in einer intellektualisierenden Bewältigung des Problems wird mir zwar als ordnungsgemäßes Wissenschaftlerbetragen innerhalb der eigenen Zunft nahegelegt. Aber ich erkenne, daß ich nur durch eine Überwindung dieses künstlich gesetzten Rollenzwangs Aussicht habe, mich mit den anderen zu verbinden, die mindestens in der Friedensbewegung zu einem erheblichen Teil jenes praktisch wirksame Umdenken repräsentieren, das Einstein im Sinn hatte.

Wesentlich unterstützt durch Gedanken Max Schelers ist mir klargeworden, wie grundsätzlich wichtig es überhaupt ist, die in der »Kultur der Innerlichkeit« gewissermaßen eingesperrten humanen Kräfte unserer Gesellschaft aus ihrer Gettoisierung zu befreien und als politische Forderungen wirksam werden zu lassen. Es ist ja gar nicht so, daß das einer psychischen Abrüstung entsprechende Denken erst geboren werden oder ab ovo eingeübt werden müßte. Wir haben sogar große Berufsgruppen, in denen nicht nur Gewaltfreiheit, sondern im Gegenteil positives soziales Helfen als verbindliches Prinzip eine Selbstverständlichkeit darstellen. Seelsorger, Mediziner, Sozialarbeiter z. B. sehen sich verpflichtet, über soziale, politische, rassische Grenzen hinweg Fürsorge zu leisten. Keinem Arzt kommt es je in den Sinn, durch den Eid, der ihm verbietet, Menschen Schaden zuzufügen, überfordert zu sein.

Unter politischem Aspekt liegt das Problem darin, daß die Menschlichkeit als Sondermoral nur speziellen gesellschaftlichen Gruppen zugeteilt ist. Wir leben, wie ich das nenne, in einer »moralteiligen Gesellschaft«. Wer mit einer besonderen moralischen Sensibilität ausgestattet ist, mag z. B. Arzt, Pfarrer, Krankenschwester oder Fürsorger werden. Dort kann und soll er nach Herzenslust humanitäre Kooperation mit seinen Mitmenschen ausleben. Wer indessen auf Macht und Herrschaft brennt, mag in die Politik gehen, wo er in einem gnadenloser Rivalität verschriebenen System nach Herzenslust herumtaktieren und seine Ellbogen gebrauchen kann. Da mag er soziale Verantwortung gleichsetzen mit der Sorge für die jeweiligen Gruppeninteressen, als deren Vertreter er seine Karriere sucht. Und man wird ihm kaum verübeln, wenn er etwa Menschenrechtsverletzungen nur noch beim zu überwindenden politischen Gegner anprangert.

In dieser moralteiligen Gesellschaftsstruktur sieht es so aus, als bestehe ganz natürlicherweise ein Unterordnungsverhältnis zwischen der Politik und den humanitären Berufen. Nicht diese weisen der Politik den Weg, obwohl jene sich häufig genug diesen Anschein gibt. Vielmehr sollen, was die dem Machtprinzip verschriebene Politik an seelischem, sozialem und physischem Elend schafft, die anderen möglichst durch Therapie, Pflege, Tröstung lindern, unsichtbar machen, zumindest als gesellschaftliche Spannungsquelle beseitigen.

Der Gedanke einer umgekehrten Einflußnahme ist uns ungewohnt. Aber wir befinden uns nun offensichtlich an einem Punkt der historischen Entwicklung, der genau diese Umkehr verlangt. Die Notwendigkeit psychischer Abrüstung als Bedingung materieller Abrüstung heißt, daß diejenigen gesellschaftlichen Gruppen ihre Rollenisolierung durchbrechen, die bislang der Politik nur blindlings nachgeordnete humanitäre Hilfs- und Entlastungsdienste geleistet haben.

In der ärztlichen und in der kirchlichen Friedensbewegung hat man z. B. erkannt, daß eine Gesellschaft sich nicht gleichzeitig den Zielen der Gesundheit und des seelischen Heils der Menschen widmen und sich im Widerspruch dazu zu einem als führbar erklärten Atomkrieg rüsten und diesen unter Umständen als gerecht erklären kann. Wenn die der Medizin und den Kirchen zugewiesenen Aufgaben jene hervorragende Bedeutung haben, die angeblich das menschliche Antlitz unserer Zivilisation wesentlich bestimmen, dann muß der in seinen Ausmaßen

unvorstellbare Massenmord eines Atomkrieges politisch ausgeschlossen werden.

Der Ärztebewegung und ihren Methoden kann man nur
gerecht werden, wenn man die zuvor kritisierte Moralteiligkeit
der Gesellschaft in Frage stellt. Das heißt, wenn man anerkennt,
daß ein Mensch, der Arzt ist, eine ganzheitliche moralische
Verantwortung trägt.

Umgekehrt gilt anzuerkennen, daß sich die Politik verbindlich und nicht länger nur scheinheilig verbal den humanitären
Werten verpflichten muß, die sie bislang an apolitische soziale
Gruppen wie u. a. die Heilberufe quasi abgetreten hat. Es ist also
unangemessen, die ärztliche Einmischung in Politik von vornherein defensiv unter dem Aspekt zu diskutieren, ob dies wohl
standesmäßig zu rechtfertigen oder etwa ein unbotmäßiger
Übergriff sei. Über den Teilmoralen einzelner professioneller
Felder eine ganzheitliche, die gesamte psychosoziale Welt umfassende Moral zu akzeptieren, ist ein Aufruf an jeden einzelnen.
Jeder Bürger ist zuerst ein für das Wohl des gesellschaftlichen
Ganzen verantwortlicher Mitmensch. Wo traditionelle Standes-
gepflogenheiten und Vorschriften ihn in der Wahrnehmung dieser ganzheitlichen Verantwortung hindern, muß er sich im
Zweifelsfall darüber hinwegsetzen. Und zwar erst recht dann,
wenn eine Beschränkung auf hergebrachtes apolitisches profes-
sionelles Rollenverhalten eine Politik begünstigen würde, die
zunichte zu machen droht, wofür zu sorgen ihm aufgetragen ist.
Wenn Politik aber auf diese Bedrohung zuläuft, widerspricht sie
ohnehin nicht nur allgemeinen, sondern auch wohlverstanden
ärztlichen moralischen Maßstäben.

Der Arzt soll und will Gesundheit und Leben schützen.
Gesundheitsvorsorge gehört zu seinen wichtigsten Aufgaben.
Überall dort muß er mahnen und protestieren, wo politische
oder wirtschaftliche Interessen unter Gefährdung der Gesundheit der Menschen durchgesetzt werden sollen. Erst recht muß
er sich dort wehren, wo es nicht mehr nur um gesundheitliche
Gefährdung von einzelnen oder kleineren Gruppen, sondern um

die Provokation tödlicher Risiken für das Gemeinwesen selbst, ja für ganze Völker geht. Ein europäischer Atomkrieg, der auch nach Meinung von Nato-Oberbefehlshaber Rogers nicht zu begrenzen wäre, würde nahezu total zerstören, was die Medizin schützen soll, ja, würde diese auch selbst weitgehend mitvernichten. Eine Standesmoral, die einem Arzt zivilen Widerstand gegen die weitere Eskalierung dieser Bedrohung verböte, würde somit dem Sinn seiner eigentlichen gesellschaftlichen Bestimmung widersprechen.

Im übrigen ist es in unserer durchorganisierten Gesellschaft gar nicht mehr ins Belieben der Ärzte gestellt, sich apolitisch oder politisch zu verhalten. Sie werden, auch wenn sie apolitisch bleiben wollten, notwendigerweise in politische Prozesse einbezogen. Sie beziehen auch dann politisch Stellung, wenn sie es nicht wollen und vielleicht selbst nicht einmal bemerken. Dies ist am Fall des sogenannten Zivilschutzes genauer zu erläutern.

Meine These lautet: Durch systematische Schulung in praktischen Verhaltensregeln für den Krieg wird der Fall selbst wahrscheinlicher gemacht, dem die Vorbereitung dient. Umgekehrt kann Widerstand gegen solche Maßnahmen eine kriegsverhindernde Politik begünstigen. Wenn diese These richtig ist, dann muß der Arzt bedenken, daß er z. B. mit einer Teilnahme oder Nichtteilnahme an kriegsmedizinischer Fortbildung so oder so politisch handelt. Er mag sich dies ausreden und in den Vergleich flüchten wollen, daß eine Verweigerung von Feuerwehrübungen doch auch nicht der Vorbeugung von Waldbränden dienen könne. Wie sollte etwas Böses von Übungen ausgehen können, die doch ausdrücklich nur auf Schutz und Therapie abzielen.

Dennoch bleibe ich bei meiner These und habe diese nun eingehender zu begründen. Zunächst darf ich wiederum auf Einstein verweisen, der noch in den letzten Tagen vor seinem Tod in einem Brief an die belgische Königinmutter geschrieben hat, daß schon die Vorbereitung *auf* einen militärischen Konflikt

– also nicht erst die Vorbereitung *des* militärischen Konflikts selbst – den zur Vernichtung aller führenden Fall am Ende provozieren müsse. Denn schon in dieser Vorbereitung auf das Ereignis stecke das unheilvolle falsche Denken, von dem man sich abwenden müsse.

Die Ablehnung der kriegsmedizinischen Vorbereitungen stützt sich im wesentlichen – allerdings nicht allein – auf drei miteinander zusammenhängende Argumente:

1. Die Medizin wäre im Ernstfall ohnmächtig. In den auf den Kriegsfall zugeschnittenen katastrophenmedizinischen Veranstaltungen werden utopische Möglichkeiten simuliert.

2. Die Gewöhnung an die Vorstellung eines Atomkriegs, der absolut unmöglich gemacht werden muß, darf nicht durch einschlägige Vorkehrungen gefördert werden, die eben die Illusion nähren, ein Atomkrieg sei vielleicht doch zu überstehen. Eine solche Gewöhnung würde das zu verhindernde Ereignis selbst wahrscheinlicher machen.

3. Der Protest gegen solche Vorkehrungen kann als solcher aufrüttelnd auf die Öffentlichkeit und die Entscheidungsträger wirken und somit indirekt zu einer kriegsverhindernden Politik beitragen.

Das erste Argument, über das bereits hinreichende Literatur vorliegt, möchte ich übergehen. Auf dem 2. Kongreß der IPPNW-Ärzte in Cambridge 1982 wurde in den Vorträgen jedenfalls übereinstimmend belegt, daß ein Atomkrieg die medizinische Versorgung praktisch ausschalten würde. Ich empfehle in diesem Zusammenhang die Lektüre des ersten Kapitels des Hiroshima-Taschenbuches von Elke und Jannes K. Tashiro. Dies vermittelt eine Vorstellung, was es medizinisch bedeuten würde, wenn gleichzeitig unmittelbar benachbart zahlreiche Hiroshimas entständen.

Die Argumente zwei und drei gründen sich auf die zuvor bereits genannte These eines unmittelbaren psychologischen Wirkungszusammenhangs zwischen Schutzvorkehrungen für den Fall der Katastrophe und deren Ermöglichung.

Ehe ich auf Belege für diese These eingehe, möchte ich den Hinweis vorausschicken, daß sie nicht nur auf westlicher Seite, sondern auch im Osten zahlreiche Anhänger findet. Ich erinnere an den von mehreren tausend DDR-Bürgern unterschriebenen Appell von Pfarrer Eppelmann, in dem die Sätze stehen: »Sollen wir nicht auf die Übungen zur sogenannten Zivilverteidigung verzichten? Da es im Atomkrieg keine Möglichkeit einer sinnvollen Zivilverteidigung gibt, wird durch diese Übungen nur der Atomkrieg verharmlost. Ist es nicht womöglich eine Art psychologischer Kriegsvorbereitung?«

Die Richtigkeit der Behauptung, daß die Vorbereitung auf einen Atomkrieg dessen Eintritt begünstige, ließe sich schlüssigerweise nur im nachhinein, also wenn es zu spät wäre, beweisen. Anders steht es mit dem Umkehrsatz, nämlich dem Argument Nummer drei. Das ist die Annahme, daß von einer Verweigerung etwa medizinischer Zivilschutzleistungen Impulse in Richtung verstärkter Friedens- und Abrüstungsinitiativen ausgehen würden. Hier liegen nun in der Tat bereits bemerkenswerte Erfahrungen vor. Denn in den Vereinigten Staaten ließ sich von Sozialforschern überprüfen, ob und welchen Einfluß ärztlicher ziviler Widerstand gegen kriegsmedizinische Vorkehrungen auf das öffentliche Bewußtsein ausüben kann, dessen Wirkung auf politische Prozesse ebenfalls zu verfolgen war. Das muß ich nun konkret und genauer ausführen.

Das Pentagon in Washington hatte eine Aktion gestartet, um 50 000 Reservebetten für einen eventuellen überraschenden Kriegsfall in Übersee sicherzustellen. Dagegen leisteten zahlreiche Ärzte Widerstand. Ärzte im San-Francisco-Bay-Gebiet schrieben, man wolle an dem zivilmilitärischen Vorsorgeplan nicht mitwirken, weil damit »die Vorbereitung eines Krieges von katastrophalem Ausmaß ermutigt wird«. Eine Gruppe aus Massachusetts, der 6500 Mediziner angehören, schrieb: Der Pentagon-Vorschlag »ist ein Markstein auf dem Weg, der die Vereinigten Staaten von Amerika militärisch auf die Führung eines begrenzten Nuklearkrieges in Übersee vorbereiten soll«. Der römisch-katholische Erzbischof von San Francisco, Quinn, forderte die katholischen Krankenhäuser ausdrücklich auf, die Aktion zu boykottieren. Die Bereitstellung von Hospitalbetten mache einen begrenzten Nuklearkrieg denkbarer und damit wahrscheinlicher.

Tatsächlich fand das Pentagon trotz mehrmonatiger Suche nur 19 000 an Stelle der gesuchten 50 000 Hospitalbetten.

Diese medizinische Verweigerungskampagne hat nun in der amerikanischen Bevölkerung ungeheures Aufsehen erregt. Sozialforscher haben die sozialpsychologischen Wirkungen des ärztlichen Widerstands untersucht und sind überraschenderweise zu dem Resultat gelangt, daß die US-Friedensbewegung außer durch die Kirchen vor allem durch die protestierenden Ärzte zu ihrem raschen und starken Aufschwung gebracht worden sei.

Wegen der Bedeutung dieses Befundes im Rahmen unserer Diskussion möchte ich den Soziologen Prof. Norman Birnbaum von der Georgetown University zitieren. Er sagt über den Wandel der öffentlichen Meinung Amerikas zugunsten der Freeze-Bewegung wörtlich: »Der Beitrag der Ärzte ist ungeheuer wichtig gewesen, nicht zuletzt ihre organisierte Weigerung, sich an den Vorbereitungen für die Zivilverteidigung zu beteiligen.«

Daß dieser Umschwung in der öffentlichen Meinung seinerseits wesentlichen Anteil daran hatte, daß sich die Stimmung im amerikanischen Kongreß im letzten Jahr geändert hat und daß selbst vom Weißen Haus moderatere Töne gegenüber Moskau angeschlagen werden, wird von vielen versierten Beobachtern der Szene bestätigt. Mit anderen Worten: *Es ist keine luftige Spekulation, daß Ärzte durch Verweigerung medizinischer Vorkehrungen für den Kriegsfall einen bis in die Politik hineinwirkenden Anstoß zum Umdenken geben können.* Ein solcher Einfluß ist, wie das Beispiel zeigt, nachweisbar, womit das Argument Nummer drei erhärtet wird. Der Vergleich mit den Feuerwehrübungen erweist sich als gegenstandslos.

Damit erweitert sich die Bedeutung entsprechenden ärztlichen zivilen Widerstands von einer bloßen persönlichen Gesinnungshandlung zu einem politisch wirksamen Akt. Dies wirft ohne Frage neues Licht auf die Kriterien, die bei der Beantwortung der Frage zu berücksichtigen sind, wie medizinische Vorkehrungen für einen Atomkriegsfall zu bewerten sind.

An sich ist es prinzipiell von Vorteil, wenn sich ein Arzt für jeden noch so unwahrscheinlichen Fall denkbarer Hilfeleistung systematisch fachlich vorbereitet. Aber wie ist es nun, wenn er durch dieses Verhalten in der vorliegenden Situation die Chance versäumt, einen bedeutsamen positiven Beitrag zu einer ebenso politisch wie medizinisch relevanten Prävention einer atomaren Katastrophe zu leisten? Wenn also eine Kollision vorliegt, die eine eindeutige Prioritätssetzung verlangt? Wir sind jetzt über 4000 Ärzte* in der Bundesrepublik, die sagen, daß wir bei diesem Entweder-Oder unsere höhere ärztlich-moralische wie zugleich politische Pflicht darin sehen, dem Beispiel der sich verweigernden amerikanischen Kollegen zu folgen. Wir wollen genau wie diese amerikanischen Ärzte durch die Verweigerung einer speziellen medizinischen Vorbereitung auf den Kriegsfall ein Alarmsignal setzen und Druck ausüben, um der Forderung nach einer Politik der atomaren Abrüstung mehr Nachdruck zu verleihen.

Wir legen Wert darauf, daß wir diese Entscheidung als Ärzte und nicht als Freunde oder Anhänger einer Partei oder irgendeiner politischen Organisation treffen. Wir wollen beispielgebend zeigen, daß wir die sich ausbreitende passive Gewöhnung an die Möglichkeit eines ungeheuren Verbrechens verhindern wollen. Wir wollen zu dem von Einstein geforderten Umdenken in der Politik beitragen. Dies bedeutet für uns eine Stärkung des gesellschaftlichen Selbstheilungswillens, also eines politischen Prozesses, der aber zugleich in medizinischen Kategorien begriffen werden kann.

* Seit der Abfassung dieses Vortrags ist die Zahl auf über 6000 gestiegen.

Wir müssen, so meine ich, heute davon ausgehen, daß die psychisch-geistige Verfassung der Bevölkerung nicht mehr normal ist. Es ist nicht normal, wenn sich laut EMNID-Umfrage in unserem Land eine pessimistische Grundstimmung wie nie zuvor in den letzten dreißig Jahren ausgebildet hat; wenn ein großer Teil der Jugendlichen düstere Zukunftserwartungen hat; wenn 89 Prozent der Amerikaner bei der Frage nach ihren Sorgen trotz Wirtschaftsnot und Arbeitslosigkeit die Kriegsgefahr an erster Stelle nennen. Diese bedrückte pessimistische Verfassung vor allem in der jungen Generation, von der Kinder- und Jugendpsychiater hierzulande wie auch in Amerika berichten, ist nicht durch Psychotherapie, sondern nur durch ein anderes politisches Klima zu kurieren. Und dieses Klima ist nicht durch markige Aufmunterungssprüche und unverbindliche Willenserklärungen von politischen Amtsträgern, sondern nur durch eine konkrete Entspannungs- und Abrüstungspolitik zu schaffen. Dazu erscheint es notwendig, daß die Menschen sich in immer größerer Zahl aufraffen und ihre pessimistische Passivität in entschlossenen Selbstbehauptungswillen verwandeln.

Entscheidend ist, daß dieser Selbstbehauptungswille, der zugleich als Selbstheilungswille zu begreifen ist, mit einer Überwindung des radikalen Feindbilddenkens einhergeht. Deshalb ist es für uns Ärzte in der IPPNW so wichtig, daß unsere Initiative über die Blockgrenzen hinausreicht. Unsere politische Forderung nach einem sofortigen Einfrieren der Atomrüstung als Vorstufe zu einer definitiven Abrüstung richten wir gemeinsam als Ärzte aus West, Ost und blockfreien Ländern gleichermaßen an die Regierungen beider Supermächte.

Einige Worte noch am Ende zu den mißlichen Spannungen zwischen den Ärzteinitiativen bzw. den IPPNW-Ärzten einerseits und den gegen uns polemisierenden Standesfunktionären und ihren Sympathisanten andererseits. Hier werden Vorwürfe ausgetauscht, die das Problem in einer die Öffentlichkeit irreführenden Weise verschieben. Uns wirft man eine mangelhafte Bereitschaft zur Hilfeleistung vor, obwohl unsere »Frankfurter

Erklärung«*ausdrücklich das Prinzip unbedingter Hilfeleistung und auch die Notwendigkeit der Fortbildung in Notfallmedizin anerkennt. Natürlich muß jeder Arzt z. B. lernen, Verbrennungen, Wunden und Schockzustände zu behandeln sowie beim Massenanfall von Verletzten und Kranken zu erkennen, wer zuerst seiner Hilfe bedarf. Allerdings sträuben wir uns entschieden gegen die u. a. von dem katholischen Moraltheologen Prof. Scholz nahegelegte Bevorzugung von Verletzten, »deren Leben für das gesellschaftliche Wohl besonders bedeutsam ist«. Wir halten ein solches Selektionsprinzip für zutiefst unärztlich.

Ein nicht minder absurder gegen uns gerichteter Vorwurf bezichtigt uns der offenen oder ahnungslosen Unterstützung des Kommunismus. Als Beispiel habe ich in meinem Buch »Zur Psychologie des Friedens« die entsprechenden Vorwürfe des Geschäftsführers der Bundesärztekammer und des Deutschen Ärztetages** zitiert. Darin meint dieser Funktionär zu meiner schriftlich formulierten Position, daß »der feste Wille, sich der Wirklichkeit in Mitteleuropa nicht zu stellen, aus jeder Zeile

---

* Die Frankfurter Erklärung, bei der Gründung der Sektion Bundesrepublik Deutschland der Internationalen Ärzte für die Verhütung des Atomkrieges (IPPNW) formuliert und inzwischen von über 6000 Ärzten unterschrieben, lautet:

»Ich halte alle Maßnahmen und Vorkehrungen für gefährlich, die auf das Verhalten im Kriegsfall vorbereiten sollen. Ich lehne deshalb als Arzt jede Schulung oder Fortbildung in Kriegsmedizin ab und werde mich daran nicht beteiligen. Das ändert nichts an meiner Verpflichtung und Bereitschaft, in allen Notfällen medizinischer Art meine Hilfe zur Verfügung zu stellen und auch weiterhin meine Kenntnisse in der Notfallmedizin zu verbessern.

Da ein Krieg in Europa nach überwiegender Expertenmeinung unter Benutzung der modernen Massenvernichtungswaffen geführt werden würde, muß er absolut unmöglich gemacht werden. Jede Vorbereitungsmaßnahme indessen, die von seiner Möglichkeit ausgeht, fördert indirekt die Bereitschaft, sich auf etwas einzustellen, was um jeden Preis verhindert werden muß. Deshalb erkenne ich als Arzt nur eine einzige auf den Kriegsfall bezogene Form der Prävention an, nämlich die Verhütung des Krieges selbst mit allen Anstrengungen, zu denen ich mein Teil beizusteuern entschlossen bin.«

** Inzwischen ist der Mann aus diesen Ämtern ausgeschieden.

spricht. Wahrscheinlich hätte es auch nichts genützt, wenn das atomar ausgerüstete U-Boot statt an der schwedischen Küste am Rheinufer in Mannheim gestrandet wäre«.

Gewiß hat es da die amerikanische Ärztebewegung leichter infolge ihrer massiven Unterstützung durch die dortigen Kirchen. Man stelle sich vor, daß hier ein katholischer Erzbischof – wie in Amerika geschehen – den katholischen Krankenhäusern seiner Region verbieten würde, an einer regierungsamtlichen Bettenreservierungsaktion für einen eventuellen Kriegsfall teilzunehmen. Die Kirchen verhelfen den zivilen Widerstand leistenden amerikanischen Ärzten zur Bestätigung der Glaubwürdigkeit, die wir hier weitgehend auf uns selbst gestellt beweisen müssen.

Weder klären wir indessen unsere Glaubwürdigkeit, noch verbessern wir unseren aufrüttelnden Einfluß, wenn wir uns von Gegnern in der eigenen Zunft und anderen eine ewige Rechtfertigungsdiskussion über unsere ärztliche Pflichttreue und unsere politische Integrität aufnötigen lassen. Die eigentliche hintergründige Kontroverse bezieht sich ja nicht auf diese Punkte, die nur vorgeschoben sind. Eigentlich geht es darum, ob man das von Einstein verlangte Umdenken als Basis für einen Abbau des Bedrohungswettlaufs für möglich hält und sich dafür engagiert oder ob man umgekehrt das bipolare Bedrohungssystem als irreversibel einschätzt. Von diesem zuletzt genannten Standpunkt aus, von dem übrigens die amerikanischen katholischen Bischöfe in ihrem Hirtenbrief entschieden abweichen, gilt natürlich jede Initiative, die der psychischen Abrüstung dient, paradoxerweise als gefährlich. Denn es wird immer unterstellt, daß sie einseitig schwächt und den als unbeirrbar bösartig wahrgenommenen Feind zur Erpressung oder Schlimmerem ermutigt. Da nützt es im konkreten Fall uns Ärzten der IPPNW auch nichts, wenn wir unsere Zusammenarbeit mit gleichgesinnten Kollegen aus Warschauer-Pakt-Ländern hervorheben und auf wichtige Initiativen hinweisen, die von diesen ausgehen. Wer im Osten nichts als verbrecherische Angriffslust wahrhaben will,

für den sind und bleiben alle potentielle gefährliche Kapitulan-
ten, die im Westen um eine Förderung des Entspannungswillens
bemüht sind. In dieser Perspektive gilt dann übrigens der von
den amerikanischen Ärzten und Kirchen erzielte Einfluß auf das
öffentliche Bewußtsein nicht etwa als Erfolg, vielmehr umgekehrt als bedauernswerter Rückschlag für den westlichen Ab-
schreckungswillen.

In unserer Ärztebewegung erkennen wir es jedenfalls als
wichtig an, daß wir uns nicht in einer Rechtfertigungsdiskussion
gegen diejenigen aufreiben, für die wir – was wir auch immer
dagegen sagen mögen – Erfüllungsgehilfen des Teufels im Osten
sind. Wir sollten aber auch unsererseits klar sagen, daß wir den
Befürwortern für Zivilschutzveranstaltungen nicht unterstellen,
diese *wollten* damit zur Ermöglichung des Krieges beitragen.
Natürlich ist den Betreffenden genauso wie uns daran gelegen,
daß uns allen ein Atomkrieg erspart bleibt. Wir sollten uns also
nicht gegenseitig durch *falsche* Verdächtigungen von einer ernst-
haften und gewiß schwierigen Prüfung der ärztlich-moralischen
und politischen Konsequenzen der einen oder anderen Hand-
lungsstrategie abbringen lassen.

Wie mir bekanntgeworden ist, hat sich eine Arbeitsgemeinschaft für Medizinische Ethik des Leiterkreises der Evangelischen Akademien in Deutschland ausführlich mit der Kontroverse um die Katastrophenmedizin beschäftigt. Diese Arbeitsgemeinschaft setzt sich für eine gegenseitige Annäherung der
Standpunkte ein, hinter denen jeweils eine in sich schlüssige
Ethik stehe. In meinem Referat habe ich versucht aufzuzeigen,
daß wir als Mitglieder der Ärztebewegung zur Verhinderung
eines Atomkriegs nicht davon abrücken können, kriegsmedizinische Vorbereitung auf den sogenannten Verteidigungsfall und
Verweigerung einer solchen Vorbereitung als ein Entweder-
Oder-Problem anzusehen, das keine Überbrückung durch einen
taktischen Kompromiß zuläßt. Als ein Schritt zur Annäherung
scheint mir aber die Erkenntnis möglich und notwendig, daß wir
uns nicht durch wechselseitige Feindbild-Projektion von der

Wahrnehmung der eigentlichen großen Gefahr ablenken lassen dürfen, die uns gemeinsam bedroht und zu deren Abwendung wir eben auch als Ärzte jeden uns nur möglichen Beitrag leisten sollten.

Nachwort 1987

Seit fünf Jahren bekennen wir »Ärzte gegen den Atomtod« uns zur professionellen Vorbereitung auf Notfälle und zivile Katastrophen. Wogegen wir uns nach wie vor mit Entschiedenheit wenden, ist ein von Militärärzten geleitetes Training in Kriegsmedizin, das einen – unmöglichen – Zivilschutz für den Ernstfall vortäuscht und in Wirklichkeit nur der Infrastruktur der Abschreckung dient.

Natürlich müssen Ärzte lernen, was sie bei Verbrennungen, chemischen Vergiftungen oder radioaktiven Verseuchungen an möglicher Hilfe leisten können. Die Behörden und speziell die Gesundheitsdienste müssen sich auch organisatorisch auf Großunfälle präparieren. Tschernobyl hat gelehrt, wie wichtig das prompte Funktionieren von organisatorischen Maßnahmen wie z. B. Evakuierungen sein kann. Andererseits hat aber auch gerade Tschernobyl wieder gelehrt, wie machtlos die Medizin speziell gegenüber der Strahlenkrankheit ist. Die bedeutendsten Spezialisten der USA und der UdSSR haben bekanntlich mit großem Aufwand versucht, den schwer Strahlengeschädigten mit Knochenmarktransplantationen zu helfen. Retten konnten sie gleichwohl nur wenige, obwohl sie über optimal funktionierende medizinische Einrichtungen verfügten. Im Fall eines Krieges speziell in Zentraleuropa würde es aber sowohl an den Spezialisten als an intakten medizinischen Einrichtungen fehlen.

Man erinnere sich: In Hiroshima tötete seinerzeit die »kleine« Atombombe 120 von 150 Ärzten und 1654 von 1780 Krankenschwestern. Damals konnte Hilfe aus dem intakten Umland herangeführt werden. Aber wie sähe es hierzulande bei einem flächendeckenden Einsatz von Massenvernichtungswaffen aus!

Für zivile Katastrophen ist medizinische Schulung sinnvoll und notwendig. Aber wir wehren uns in unserer Ärztebewegung gegen die täuschende Verwendung des Terminus Katastrophenmedizin für Fortbildungsveranstaltungen, in denen unverkennbar der Kriegsfall geprobt wird. Diese medizinischen Kriegsspiele verfehlen ihren vorgeblichen Zweck und streuen der Bevölkerung Sand in die Augen.

In einer Studie der Weltgesundheitsorganisation, in der die bedeutendsten internationalen Experten zusammengewirkt haben, heißt es im Resümee u. a.:

»Es leuchtet ein, daß kein Gesundheitsdienst irgendwo auf der Welt der Aufgabe gewachsen wäre, sich in dem erforderlichen Umfang um die Hunderttausende von Menschen zu kümmern, die durch Druck, Hitze oder Strahlung *nur einer einzigen* Ein-Megatonnen-Bombe schwer verletzt würden.

Der einzige Weg, die Auswirkungen von Atomexplosionen auf die Gesundheit in den Griff zu bekommen, besteht daher darin, solche Explosionen von Anfang an zu verhüten, das heißt also, einen Atomkrieg zu verhindern.«

Unsere Bevölkerung sieht das nicht anders:

– Eine Umfrage des EMNID-Instituts, im Jahre 1985 veröffentlicht, ergab: 68 Prozent der Bundesbürger würden in einem Gesetz zum Schutzraumbau nur den Versuch sehen, der Bevölkerung ein unrealistisches Sicherheitsgefühl zu vermitteln.

– 69 Prozent der Bevölkerung würden für sich keinen Schutzraum bauen, selbst wenn der Staat dafür die gesamten Kosten übernähme. 76 Prozent glauben nicht daran, einen Atomkrieg in einem Schutzraum überleben zu können. Aber was ist, wenn einige doch übrigbleiben würden? 79 Prozent sagen, sie würden in einer nach dem Krieg atomar zerstörten Umwelt gar nicht weiterleben *wollen* (!).

Beim Besuch des Moskauer Friedensforums im Februar 1987 konnte ich Valentin Falin, Exbotschafter in der Bundesrepublik und Mitglied des Beraterkreises von Michail Gorbatschow, interviewen. Ich sagte: »Unser ärztliches Argument lautet: In einem Atomkrieg wird es keine nennenswerte medizinische Hilfe mehr geben. Was man als Zivilschutz ausgibt und organisieren will, verdient diesen Namen nicht. Deshalb prangern wir den Bau von Bunkern und andere Zivilverteidigungsmaßnahmen als Irreführung der Bevölkerung an. Lassen sich die Leute erst weismachen, sie könnten mit Hilfe von Schutzbauten oder systematischer medizinischer Vorkehrung einen Atomkrieg vielleicht doch überstehen, dann werden sie sich die wahnwitzigen Risiken einer atomaren Stärkepolitik eher gefallen lassen.«

Falin: »Es stimmt. Es gibt keinen wirksamen Schutz. Es würde so kommen, wie es zum erstenmal, glaube ich, Hemingway gesagt hat: Die zunächst noch Überlebenden würden die Toten beneiden.«

Literatur

Arbeitsgemeinschaft für medizinische Ethik des Leiterkreises der Evangelischen Akademien in Deutschland: Katastrophenmedizin – Verhütung oder Vorbereitung der Katastrophe? Manuskript 1982
Birnbaum, N.: Die »Reaganisten« sollten die Welt nicht anzünden. Vorwärts, Nr. 23, 1982
Einstein, A.: Brief an die belgische Königinmutter vom 11. 3. 1955. In: Ders.: Frieden. Lang Verlag, Bern 1975, S. 614
EMNID-Institut: dpa-Meldung vom 11. 1. 1985
Kastler, A.: Briefwechsel mit dem Verf.
Scheler, M.: Von zwei deutschen Krankheiten (1919). In: Schriften zur Soziologie und Weltanschauungslehre. Ges. Werke, Bd. 6. Francke Verlag, Bern/München 1963, S. 204–219
Scholz, F.: Sterbenden beistehen oder gezielt töten? Das doppelte Gesicht der Euthanasie. Aktuelle Informationen 27, hg. von der Abt. Öffentlichkeitsarbeit im Bischöflichen Ordinariat Mainz 1982, S. 16
Tashiro, E. u. J. K. Tashiro: Hiroshima – Menschen nach dem Atomkrieg. Deutscher Taschenbuchverlag (dtv Sachbuch 10096), München 1982
Weizsäcker, C. F. v.: Abschreckung – nur eine Atempause? Die Zeit, Nr. 13, 26. 3. 1982, S. 17 f.

Notizen zu einem Fernsehinterview über Zivilschutz

Die Regierung konfrontiert uns mit zwei Paradoxien:

Paradoxie a):

1. Glaubt daran, daß der Friede immer sicherer wird, indem wir den neuen Atombombentests, der Überschreitung der Grenzen von Salt II und der Weltraumrüstung zustimmen.
2. Trotzdem sollt ihr euch immer intensiver auf den Krieg vorbereiten, das heißt Bunker bauen, euch auf Evakuierungen einstellen usw.

Da müssen sich die Menschen doch fragen: Warum hat man denn uns diesen »Zivilschutz« nicht verordnet, als der Frieden angeblich noch viel unsicherer war?

Paradoxie b):

Die Weltgesundheitsorganisation hat in einer Studie ermittelt, daß es in einem Atomkrieg praktisch keine wirksame Hilfe gibt. Und daß ein Krieg in Mitteleuropa ein Atomkrieg sein würde, ist in der geltenden Nato-Strategie wie in allen Manövern der Nato und des Warschauer Paktes seit vielen Jahren vorausgesetzt. Schließlich ist die Bundesrepublik das Land mit der größten Konzentration nuklearer Sprengköpfe auf der ganzen Welt.

Trotzdem soll ein Gesetz her, das für einen Schutz sorgen soll, den es in der Praxis nicht geben kann.

Es ist davon auszugehen, daß die Regierung diesen Widerspruch durchschaut. Warum verspricht sie trotzdem, was gar nicht zu realisieren ist, nämlich die Erhaltung von Leben und Gesundheit auch nur für eine nennenswerte Minderheit der Bevölkerung?

Folgende Erklärungen:

1. Die Regierung will dem Gegner aufgrund der Abschrekkungslogik demonstrieren: Seht her, wir sind nicht nur bis an die Zähne mit Atomraketen gerüstet. Unsere Bevölkerung demonstriert euch, daß sie sich im Ernstfall einen Atomkrieg leisten kann und will. Das nennt man flankierende psychologische Infrastruktur der atomaren Bedrohung. In diesem Sinne ist also Zivilschutz nichts anderes als psychologische Aufrüstung bzw. Mobilisierung.

2. Die Regierung will das Gesetz gar nicht in erster Linie zur Abwendung von Tod und Elend haben, sondern zur Sicherung der eigenen Gewalt und Kontrolle. Dementsprechend nennt z. B. ein internes Handbuch des britischen Innenministeriums als erstes Ziel der Zivilverteidigung oder des Zivilschutzes »die Aufrechterhaltung der inneren Sicherheit«. Man beachte, daß unser Zivilschutzgesetz-Entwurf ausdrücklich die Einschränkung der Grundrechte der Freiheit der Person und der Freizügigkeit vorsieht. Handhabe gegen Pazifisten, Verweigerer usw.

3. Das Gesetz soll die mit der fortschreitenden atomaren Hochrüstung verbundene Beunruhigung psychotherapeutisch beschwichtigen. In dieser Hinsicht ist es gewissermaßen als *Psychotherapie-Gesetz* gedacht. Man bedient sich verbreiteter irrationaler Angstabwehr-Mechanismen in der Bevölkerung.

a) *Verführbarkeit durch Orwellsche Wortmagie:* Wer Angst hat, wünscht sich Schutz, Hilfe, Rettung. Genau von diesen Worten strotzt der Gesetzentwurf.

Da ist in einem fort die Rede von Schutz, Selbstschutz, Schutzplätzen und Ersatzschutzplätzen, Schutzräumen, Schutzbauwerken, Selbstschutzberatern, von Hilfe und diversen Gruppen von Helfern im Warndienst, im Katastrophenschutz, im Schutzraumbetriebsdienst usw., von Rettung und Rettungsdiensten.

Wie in der Werbepsychologie erprobt, sind viele verführbar, bereits an die Realität eines Effektes zu glauben, auch wenn dieser nur durch suggestive Worte vorgegaukelt wird.

b) Ein anderer Angstabwehrmechanismus ist so etwas wie Dämonenvertreibung durch Symbolhandlungen. In Frühkulturen bedient man sich z. B. eines Maskentanzes, um gefürchtete böse Geister zu bannen. Heute geht unser Aberglaube andere Wege, um angsterregende Gefahren durch Symbolhandlungen zu bannen. Wir glauben z. B., daß uns nichts mehr passieren kann, wenn wir uns gegen alles und jedes versichern. Wir lassen uns unter Umständen weismachen, daß uns ein Atomkrieg nicht umbringen kann, wenn wir nur genügend Geld dafür ausgeben, ein großes technisches System von Schutzbauten, Schutzbehörden und Schutzorganisationen aufzubauen. Man überläßt sich nicht dem unerträglichen Bewußtsein passiver Ohnmacht, sondern man macht etwas, man programmiert, organisiert, man managt und bürokratisiert. Das Machen an sich mit dem Anschein technokratischer Rationalität schafft Erleichterung und ein gewisses Sicherheitsgefühl, auch wenn dieses Machen in seiner praktischen Bedeutung nicht die eines dämonenbeschwörenden Maskentanzes übertrifft.

Was geschieht aber, wenn das Gesetz durchkommt und die geschilderten psychologischen Wirkungen entfaltet?

Dadurch würde ein Krieg denkbarer und führbarer werden. In der Psychologie kennt man den Zusammenhang, daß man ein gefürchtetes Ereignis dadurch um so wahrscheinlicher macht, je intensiver man mit seinen Gedanken und Planungen diesen Ernstfall vorwegnimmt, anstatt alle Kraft und Konzentration darauf zu richten, diesen Ernstfall zu verhindern.

Ein Beispiel: Ich will nicht, um in einem Haus mit lauter offenen Benzinbottichen zu leben, mir darüber den Kopf zerbrechen, wo überall ich Feueralarm-Melder und Löschapparate installieren sollte. Da ziehe ich es doch entschieden vor, mein Haus zu einer benzinbottichfreien Zone zu machen.

Die amerikanische Ärztin Dr. Jennifer Leaning hat kürzlich gesagt:

»Zivilschutz ist ein psychologisches Opium. Wir werden besänftigt und lassen es dadurch zu, daß die Regierung noch militanter werden kann.«

Weiteres Argument der Regierung: Mit unserem Zivilschutz wollen wir doch nur tun, was andere Länder auch machen:

In Amerika gibt es die FEMA, eine Art Bundesamt für Zivilschutz. Nach deren Programm könnte die Zahl der Toten vielleicht auf 45 Millionen Amerikaner reduziert werden, wenn es gelänge, 150 Millionen Einwohner rechtzeitig in wenig gefährdete Gebiete zu evakuieren. In unserem dichtbesiedelten kleinen Land gibt es aber solche risikoarmen Evakuierungsräume kaum. Und selbst in den Vereinigten Staaten begegnet das Zivilschutzprogramm großen Widerständen. Als das Pentagon landesweit die Bereitstellung von 50 000 Reservebetten für einen Kriegsfall forderte, haben Bischöfe und viele Ärztegruppen diese Aktion sabotiert, so daß in dem geforderten Zeitraum nur 19 000 Betten gemeldet wurden. Die Bischöfe und Ärzte argumentierten: Wir wollen die Regierung daran hindern zu glauben, man könnte die Risiken eines atomaren Krieges durch Zivilschutz begrenzen und deshalb einen solchen Krieg als realistische Möglichkeit ins Auge fassen.

In Großbritannien hat das Innenministerium das Land mit Flugschriften überschwemmt, in denen alle Hausbesitzer zu Selbstschutzmaßnahmen aufgefordert wurden. An die Grafschaften hat man Gelder zum Ausbau von Schutzanlagen versandt. Aber 152 Grafschaften haben sich widersetzt und sich zu »kernwaffenfreien Zonen« erklärt. Ganz Wales hat sich zur kernwaffenfreien Zone erklärt. Zahlreiche Grafschaften haben das Geld nicht in den Zivilschutz gesteckt, sondern in Aufklärungskampagnen, in denen zum Engagement für nukleare Abrüstung aufgefordert wurde.

Auch unter Ärzten der DDR wächst, wie mir genau bekannt

ist, das Unbehagen über das dortige Programm der Zivilverteidigung.

Von der Sowjetunion ist zwar berichtet worden, daß sie ein großes Zivilschutzprogramm proklamiert habe. Aber dem Buch der Amerikaner Garrison und Shivpuri über die russische Bedrohung entnehme ich indessen gerade, daß von praktischen Vorbereitungsmaßnahmen zur Zivilverteidigung bislang kaum etwas durchgesickert ist. Der Wirrwarr und die Verzögerung der Evakuierungsmaßnahmen in Tschernobyl sprachen eher für spontane Improvisation. Bei einer Vergleichsuntersuchung an amerikanischen und sowjetischen Kindern mit einem Durchschnittsalter von dreizehn Jahren hat sich gezeigt, daß etwa vier Fünftel der sowjetischen Kinder nicht daran glauben, sie und ihre Familien könnten einen Atomkrieg überleben. Nur halb soviel amerikanische Kinder waren ähnlich pessimistisch. Jedenfalls spricht diese gemeinsam von amerikanischen und sowjetischen Psychiatern angefertigte Studie nicht gerade dafür, daß die sowjetische Bevölkerung besonderes Zutrauen zu den Chancen von Zivilschutz hat.

Literatur

Garrison, J. und P. Shivpuri: Die russische Bedrohung – Mythos oder Realität. Bertelsmann Verlag, München 1985

Der Arzt und das Umdenken zum Frieden*

1963 schrieb der Arzt und Träger des Friedensnobelpreises Albert Schweitzer:

»Seit Jahren bemühen sich die Regierungen der atomwaffenbesitzenden Länder durch zwischen ihnen geführte Verhandlungen, sich über die Abschaffung der Atomwaffen einig zu werden. Es gelingt ihnen nicht. Alle Vorschläge, die sie sich gegenseitig machen, sind ja unvermögend, das zum gegenseitigen Verzicht auf Atomwaffen erforderliche große gegenseitige Vertrauen zu schaffen...«

»Ermöglicht wird die Abschaffung der Atomwaffen erst dadurch, daß in den Völkern eine öffentliche Meinung entsteht, die sie verlangt und garantiert. Die dazu erforderliche Gesinnung kann nur durch Ehrfurcht vor dem Leben geschaffen werden.«

Als Albert Schweitzer dies schrieb, hatte er bereits vergebliche Bemühungen verfolgt, wenigstens zu einem atomaren Teststopp zu gelangen. Er selbst hatte diese Forderung schon 1958 erhoben.

Seitdem haben die Regierungen der Supermächte unablässig weiter verhandelt. Hervorgebracht haben sie keinen Teststopp, keine Fortschritte in der Abrüstung, sondern immer noch gefährlichere Nuklearwaffen und somit die sich steigernde Gefahr einer unendlichen Katastrophe. Hin und wieder hat sich

---

* Festrede auf dem 6. Weltkongreß der IPPNW in Köln, gehalten am 29. 5. 1986

in einigen Völkern Unwillen über diese Entwicklung geregt, aber keineswegs hat die von Albert Schweitzer verlangte öffentliche Meinung auch nur annähernd den Stand erreicht, der die Politiker zur Umkehr zwingen würde.

Immerhin sind aus dem einen mahnenden Arzt Albert Schweitzer inzwischen über 150 000 Ärzte geworden. Wir Ärzte spielen heute eine führende Rolle in der internationalen Friedensbewegung. Mit unserer immer noch wachsenden Zahl haben wir eine Chance, auf die Öffentlichkeit aufklärend und aufrüttelnd einzuwirken. Wir tun dies mit großer Anstrengung. Dabei finden wir viel Zustimmung, aber wir stoßen auch auf Skepsis und Ablehnung. Deshalb haben wir immer wieder Grund, unsere Botschaft, mit der wir auf die Menschen einzuwirken versuchen, kritisch zu überprüfen.

Bisher war es unsere Hauptbemühung, die Illusion von der Überlebbarkeit eines Atomkriegs zu zerstören und vor allem die Hilflosigkeit der Medizin im Ernstfall klarzumachen. Die Studie der Weltgesundheitsorganisation und die Forschungsberichte über den »nuklearen Winter« konnten wir als überzeugende Belege nutzen. Aus Umfragen wissen wir, daß die große Mehrheit inzwischen unsere Informationen aufgenommen hat. Die Menschen wissen, was ihnen droht. 69 Prozent der Bürger dieses Landes halten den Bau von Schutzräumen für sinnlos, und 79 Prozent möchten in einer nuklear zerstörten Umwelt nicht mehr weiterleben, selbst wenn sie persönlich einen Atomkrieg zunächst überstehen könnten. Und die Mehrheit zweifelt heute auch nicht mehr daran, daß der fortgesetzte nukleare Rüstungswettlauf den Eintritt eines atomaren Infernos, dessen Ausmaß sie zutreffend einschätzt, immer wahrscheinlicher macht.

Der Reaktorbrand von Tschernobyl müßte auch dem letzten die Augen dafür geöffnet haben, daß schon eine lokale atomare Katastrophe selbst ferne Länder notwendigerweise in Mitleidenschaft zieht. Plastischer als durch tausend Vorträge ist den Menschen vorgeführt worden, daß uns die atomare Gefahr längst über die Blockgrenzen vereint, daß also bereits ein sogenannter begrenzter Atomkrieg Luft, Wasser, Böden, Milch in weiten Gebieten für Freund und Feind verseuchen würde. Müßte sich nun nicht der Gedanke aufdrängen, daß in der militärischen Atomtechnologie bzw. in den vorgeschalteten Computer-Warnsystemen mindestens solche Pannenrisiken stecken wie in den zuvor als absolut sicher gepriesenen zivilen Kernreaktoren?

Aber die Gefahr ist, daß bald ein ähnlicher Verdrängungsprozeß einsetzen wird wie nach Hiroshima und Nagasaki; daß die Mehrheit ihr düsteres Wissen wieder unterdrückt, anstatt sich nachhaltig gegen die immense Bedrohung aufzulehnen. An den hierfür maßgeblichen Hemmungskräften müssen wir ansetzen, wollen wir unsere Wirksamkeit in dem notwendigen Maße steigern.

Die Zuerkennung des Friedensnobelpreises an unsere Organisation war da insofern ein instruktiver Testfall, als sie uns eine der psychologischen Barrieren vor Augen geführt hat, die sich uns entgegenstellen. Viele Menschen sind nach wie vor empfänglich für eine Propaganda, die ihnen sagt: Das Risiko eines Atomkriegs ist schlimm. Aber noch schlimmer ist das Risiko, die Werte, für die wir auf unserer Seite der Welt einstehen, kampflos preiszugeben. Moralische Priorität gebühre also der Bereitschaft zum Kampf, notfalls zum Opfer des Lebens, um die Errungenschaften der eigenen Gesellschaft zu schützen. Dies zu bestreiten bedeute Feigheit, moralische Korruption, fehlende Selbstachtung oder gar Ideologieverrat.

Die Haltlosigkeit dieser pseudomoralischen Argumentation ist an sich leicht nachzuweisen. Der angedrohte atomare Völkermord bzw. Völkerselbstmord würde hüben wie drüben die gesamte Kultur mit ihren Werten und Errungenschaften zerstören, also nichts davon übriglassen, was das Kriegsrisiko angeblich rechtfertigt. Alles, was man jeweils der Gegenseite an Unmoral und Schlechtigkeit vorwerfen kann, wird tausendfach durch die Unmoral und Brutalität der Vernichtungswaffen übertroffen, die im Ernstfall zum angeblichen Schutz des Guten eingesetzt werden müßten.

Dennoch findet die militaristische Propaganda noch immer eine unheilvolle Resonanz. Nicht zuletzt deshalb, weil sie die Verführungskraft eines zählebigen Mythos ausnützt, an dem ein nicht geringer Teil der Männergesellschaft nach wie vor hängt. Es ist der Traum, die vielen Wunden eines enttäuschenden und demütigenden Alltags dadurch heilen zu können, daß man, wie indirekt auch immer, dem Bösen der Welt kämpferisch – notfalls auch in einem Krieg – die Stirn biete. In der Phantasie verklärt sich dabei das Szenario eines solchen Krieges zu einer vergrößerten Nachbildung alter Kampflegenden oder von High Noon oder Rambo. Die atomare Drohungspolitik zu bejahen wird als Beweis einer hochherzig heroischen Gesinnung umgedeutet. Die fiktive moralische Genugtuung, verbunden mit narzißtischen Größen- und Siegesvisionen, schaltet den Realitätssinn aus. Die Raketen der eigenen Seite verkehren sich zu Symbolen der Moral und der Potenz und stabilisieren das im frustrierenden Betrieb der Massengesellschaft lädierte Selbstbild.

Dann kommen wir Ärzte und verlangen von diesen Menschen, ihre verführerischen Illusionen aufzugeben und sich der düsteren Realität zu stellen. Viele wehren sich gegen unsere für sie nur negativ klingende Botschaft, die sie einer Krücke zur Stabilisierung ihres Selbstgefühls zu berauben scheint. Wir haben uns also zu fragen, auf welche Weise wir diese große Gruppe stärken können, die nötige Desillusionierung zu ertragen. Wir müssen die bedrückende Wahrheit mit einer *positiven* Botschaft verknüpfen, die in den Menschen Widerstandskräfte stärkt. Die Geschichte lehrt uns, daß es noch jedesmal einer *positiven Utopie* bedurfte, um Massen nachhaltig zu stimulieren, sich gegen bedrückende Verhältnisse wirksam zu wehren. Unsere Gegner sagen: Was wollt ihr denn? Frieden als Nichtvorhandensein eines Atomkriegs habt ihr doch schon in unseren Industrieländern, und zwar gerade wegen der abschreckenden Atomwaffen! Was wollt ihr denn mehr? Aber unsere Vision ist ja nicht die Fortsetzung eines Scheinfriedens unter dem Damoklesschwert stetig wachsender atomarer Risiken. Unsere positive

Utopie ist eine andere, nämlich die Ausdehnung des Ethos unserer Heilberufe auf das Zusammenleben der Völker. Wir wollen begreiflich machen, daß der Kampf für eine solche geistige Wandlung den Menschen allein das Gefühl von Sinnhaftigkeit und Eigenwert vermitteln kann, das jener militaristische Heldenmythos nur vorlügt.

Für uns Ärzte hat bekanntlich jedes Individuum primär als potentiell hilfsbedürftiger Mitmensch zu gelten und erst an zweiter Stelle als Landsmann oder Fremder, Amerikaner oder Russe, Angehöriger dieses oder jenes Bündnisses, Weißer oder Schwarzer, Bürgerlicher oder Sozialist. Warum sollte es nicht möglich sein, dieses humanitäre Prinzip zum Allgemeingut zu machen? Warum soll nur für Mediziner verbindlich sein, daß Hilfsbedürftigkeit und Hilfepflicht die Grenzen von Parteien, Rassen, Nationen und politischen Ideologien überschreiten?

Im Zeitalter nach Hiroshima sind wir alle miteinander auf dieser Welt Hilfsbedürftige geworden, nämlich stigmatisierte Morituri. Das sollte uns darin stärken, uns als eine große Gemeinschaft zu begreifen, in der wir weltweit aufeinander angewiesen sind. Unsere Vision ist also eine *Politik*, welche in diesem Sinne eine erdumspannende *präventive Medizin* zu betreiben hätte.

Nicht wir Ärzte wollen Politiker werden, aber wir dringen darauf, daß die Politik sich ihrer medizinischen Verantwortung bewußt wird, denn sie muß mit ihren Mitteln die Prävention leisten, die allein die jetzt Lebenden und ihre Nachkommen vor Ausrottung bewahrt. Unsere Vision ist also, daß wir uns als Völker im Geiste einer globalen Selbsthilfegemeinschaft zusammenfinden, den Anlaß unserer gemeinsamen tödlichen Bedrohung benutzend, unsere Abwehrkräfte in gegenseitiger Unterstützung zu mobilisieren, solange dazu noch Zeit ist. Dieser Aufgabe sollten wir genau die Tugenden widmen, welche die Militaristen mißbräuchlich für sich zu reklamieren versuchen, nämlich Engagement, Mut, Standfestigkeit, Opfersinn.

Es ist gewiß kein Zufall, daß diese positive Utopie von ungeteilter Solidarität, der wir in unserer Botschaft einen zentralen Platz einräumen sollten, immer wieder gerade von bedeutenden Ärzten beschworen worden ist, so etwa von Albert Schweitzer 1958 in ganz einfachen Worten:

»Das Bewußtsein, daß wir miteinander Menschen sind, ist uns in Kriegen und Politik abhanden gekommen. Wir kamen dazu, miteinander nur noch als Angehörige verbündeter oder gegnerischer Völker zu verkehren und in den sich daraus ergebenden Ansichten, Vorurteilen, Zuneigungen und Abneigungen gefangen zu bleiben. Nun heißt es wiederentdecken, daß wir miteinander Menschen sind und uns zu bemühen haben, uns gegenseitig zuzugestehen, was in dem Wesen des Menschen als moralische Fähigkeit vorhanden ist. So können wir uns zu dem Glauben erheben, daß auch in Angehörigen anderer Völker das Bedürfnis eines neuen Geistes wach werden wird, wodurch wir beginnen werden, füreinander wieder vertrauenswürdig zu sein.«

Der Erinnerung wert scheinen mir in diesem Zusammenhang auch zwei halbvergessene große Ärzte des lateinischen Mittelalters zu sein, der Moslem Averroës und der Jude Maimonides. Beide haben in ihrer von Glaubensfeindschaft, Pogromen und Kreuzzugskriegen zerrissenen Zeit die versöhnende Idee einer gemeinsamen Wahrheit und Ethik für alle Menschen verkündet. Kurz nacheinander, 1126 und 1135, wurden Averroës und Maimonides in derselben Stadt Córdoba geboren, seinerzeit kulturelle Metropole des maurischen Spanien. Averroës wurde später Leibarzt des Kalifen Abu Ja'kub Jusuf in Marokko, Maimonides Leibarzt am Hofe des Sultans Saladin, der während seiner Herrschaft Jerusalem von den Christen zurückeroberte. Beider Ärzte Leben stand im Zeichen der Kreuzzüge, des Kampfes der Christen und Moslems um Palästina und Spanien, der Erinnerungen an die ersten schaurigen mitteleuropäischen Judenpogrome im Rahmen der Bauernkreuzzüge und unter dem Eindruck der Judenverfolgung durch die islamischen Almohaden in Spanien. Averroës verfaßte eine medizinische Enzyklopädie, Maimonides Abhandlungen über verschiedene Krankheiten, darunter die erste größere Monographie über Asthma. Beide suchten darüber hinaus unabhängig voneinander nach einer gemeinsamen philosophischen Wahrheit, die den feindlichen Gegensatz zwischen den drei monotheistischen Religionen zu überbrücken geeignet war. Der eine wie der andere lehnte sich dabei an die Philosophie des Aristoteles an und entwarf in einer eigenen Variante eine Art von philosophischer Universalreligion. Beide vertraten die Idee einer ganzheitlichen Welt, einer gemeinsamen menschlichen Vernunft und Ethik. Der Intellekt aller Menschen sei der Zahl nach ein einziger, lehrte Averroës. Maimonides verkündete: Zweck der gesamten Schöpfung sei der Erkennende, der Weise. »Er liebe den Frieden, und er eifere um den Frieden... Er gehöre zu den Verfolgten und nicht zu den Verfolgern, zu den Gedemütigten und nicht zu den Demütigenden.«

Beide hatten es schwer, ihre den kriegerischen Glaubensstreit überbrückende Weltanschauung und Ethik ihren jeweiligen Glaubensgenossen plausibel zu machen, obwohl sich Averroës durchaus als berufener Interpret des Korans fühlte und Maimonides ein tiefgläubiger Jude war. Dennoch wurden sie tatsächlich Verfolgte und Gedemütigte. Averroës wurde den orthodoxen islamischen Theologen zum Ärgernis, weil seine versöhnliche Philosophie nicht gerade der Kampfmoral – heute würde man Verteidigungsbereitschaft sagen – gegen die christliche Reconquista förderlich war. So ließ ihn sein Kalif fallen. Durch ein Tribunal wurde ihm die Rechtgläubigkeit aberkannt, er wurde verbannt. Maimonides blieb zwar von einem Teil der jüdischen Gemeinde in Ägypten, wohin er ausgewandert war, hoch geachtet. Aber erbitterte Gegner ächteten ihn als Abtrünnigen, schrieben auf sein Grab das Wort Ketzer und warfen seine Bücher ins Feuer.

Ihre Verfolgung verhinderte jedoch nicht, daß diese beiden großen philosophierenden Ärzte durch ihre Ideen lange weiterwirkten. Jüdische Übersetzer retteten einige Texte des Averroës vor der islamischen Inquisition. Als sogenannter Averroismus beschäftigte das Werk des Averroës noch über Generationen christliche Universitäten. Maimonides wird bis zum heutigen Tag als einer der bedeutendsten jüdischen Philosophen aller Zeiten geachtet und diskutiert.

Es wäre eine unstatthafte Anmaßung, diesen islamischen und jenen jüdischen Arztphilosophen als Vorläufer unserer heutigen Ärztebewegung zu vereinnahmen. Immerhin war es ein beispielhafter Versuch der beiden, den Glaubenskriegen und dem »Blockdenken« ihrer Zeit mit einer übergreifenden Weltsicht und Ethik entgegenzutreten.

Verwandt können wir Heutigen uns den beiden vielleicht dennoch darin fühlen, daß auch wir ein neues Bewußtsein fördern wollen, das die Menschen weltweit verbindet. Wir erhoffen von diesem Bewußtsein, daß es einen gewaltträchtigen Gegensatz zwischen Völkern und Völkergruppen in den Grenzen friedlicher Auseinandersetzung zu bewahren vermag. Allerdings besteht unser spezielles gegenwärtiges Problem darin, daß die größte Gefahr zweifellos gar nicht darin liegt, worin die polarisierten Atommächte miteinander *verfeindet,* sondern worin sie in verhängnisvollem Maße miteinander *einig* sind.

So unversöhnlich sich heute östlicher Kommunismus und westlicher Kapitalismus auch öffentlich gebärden, so ist ihre Rivalität gewiß weder für die Führer des einen noch die des anderen Lagers ein hinreichender Grund, mit Bedacht die Gefahr eines Nuklearkriegs und damit eines gemeinsamen Untergangs laufend zu erhöhen. Wenn sie dennoch mit dem risikoreichen nuklearen Wettrüsten fortfahren, so zahlen sie damit Tribut an einen wissenschaftlich-technisch-industriellen Fortschrittsprozeß, den sie nicht mehr hinreichend im Griff haben. Die beiderseits propagandistisch gepflegten Feindbilder stützen den Wettlauf und seine Akzeptanz, sind aber nicht dessen entscheidender Motor. Die eigentliche hier wie dort treibende Kraft ist ein an den technischen Fortschritt delegierter gigantischer Machtwille, eine statt auf Ehrfurcht vor dem Leben auf dessen absolute *Bemächtigung* ausgerichtete Grundhaltung der führenden Industriegesellschaften. Die daraus folgende atemberaubende technische Entwicklung produziert mit unheimlicher Automatik phantastische Errungenschaften, über die verantwortlich zu verfügen wir alle miteinander, einschließlich der Experten, offensichtlich überfordert sind. Die sogenannte Modernisierung der schrecklichen Massenvernichtungswaffen, die riskanten Spielmöglichkeiten mit der Kerntechnik überhaupt und die soeben auftauchenden revolutionären Möglichkeiten der Gentechnologie treffen auf ein Bewußtsein, das diesen von uns selbst geschaffenen Herausforderungen nicht mehr gewachsen ist. Die Giftgaskatastrophe von Bhopal, die Kernreaktorunfälle von Three Mile Island und nun der verheerende von Tschernobyl sind nur herausragende punktuelle Vorläufersymptome auf einem destruktiven Weg, dessen infernalisches Ende abzusehen ist.

Indem wir Ärzte als ersten Schritt ein striktes Verbot weiterer Atomtests und einen anschließenden Abbau der Nuklearwaffen fordern, ist uns bewußt, daß wirksame Abrüstung nur im Zusammenhang einer *psychischen* Abrüstung, eines *allgemeinen Umdenkens* stattfinden kann, das sich auch in vielen anderen Bereichen auswirken muß, wo Leben aus wie immer verbrämten Machtinteressen heraus bedroht oder geschädigt statt geschützt und gepflegt wird. Also wollen wir Ärzte als hunderttausendfache Multiplikatoren für die Ausbreitung einer Haltung wirken, die Schweitzer als »Ehrfurcht vor dem Leben« gekennzeichnet hat.

Wenn der Begriff Ehrfurcht vielen neuerdings absonderlich und anachronistisch anmutet, so zeigt dies nur die weit fortgeschrittene Verarmung unserer emotionalen Beziehung zu unserer sozialen und natürlichen Umwelt. Daß uns ursprünglich unser Gefühl kundgibt, wie nahe und mitverantwortlich wir mit allem sonstigen kreatürlichen Leben verbunden sind, ist dem allgemeinen Bewußtsein kaum mehr gegenwärtig. Es ist, als müßten erst die radioaktiven Wolken von Tschernobyl in uns ein Empfinden dafür wecken, daß wir in *gemeinsamer* Verantwortung sämtliches Leben auf unserem Planeten zu hüten haben; und daß die leichtsinnige Provokation der horrenden Risiken der zivilen und erst recht der militärischen Nuklearpotentiale eine fatale Mißachtung dieser Verantwortung ausdrückt.

Aber schließlich wird uns die Frage gestellt: Ist es ausgerechnet Sache der Ärzte, sich in ihren Völkern als Moralerzieher zu betätigen? Steht es ihnen zu, außer der Aufklärung über die medizinischen Aspekte der nuklearen Bedrohung obendrein so etwas wie politische Ethik zu predigen?

Uns deutschen Ärzten hilft zur Beantwortung dieser Frage, uns daran zu erinnern, wie unser Berufsstand in der Hitlerzeit reagiert hat. Vor unseren Augen steht noch immer das Bild eines in schrecklicher Weise mit der Politik verquickten Teils der Medizin. Ärzte verschiedener Fachrichtungen haben bei der Entwicklung und den menschenverachtenden Anwendungsformen der nationalsozialistischen Rassentheorie und Rassenpolitik mitgewirkt. Manche unter uns sehen darin ein warnendes Beispiel dafür, worin sich Ärzte leicht verirren können, wenn sie an gesellschaftlichen Heilslehren mitstricken, anstatt sich abstinent auf ihr enges Berufsfeld zu beschränken.

Genaueres Hinsehen führt zu der umgekehrten Schlußfolgerung. Denn nicht, weil sie ihre medizinische Ethik in die Politik hineingetragen haben, sind jene nationalsozialistischen Ärzte moralischer Korruption erlegen. Sie haben im Gegenteil ihre hippokratische Ethik preisgegeben und sich innerhalb der Medizin dem Herrschaftsdenken Hitlerscher Gewaltpolitik ausgeliefert. So sahen sie schließlich eine Menschheit vor sich, in der angeblich rassisch wertvolles Leben mit angeblich unwertem Leben um Sieg oder Untergang rang, und fanden dann nichts dabei, ihre Wissenschaft in den Dienst einer makabren Ausmerzungsstrategie zu stellen – mit den uns allen bekannten furchtbaren Folgen. Das Ende waren die Gaskammern in psychiatrischen Anstalten, die dann in Auschwitz weiterverwendet wurden. Noch immer ist die Gefahr nicht ausgestanden, daß eher das Herrschaftsdenken der Machtpolitik die Medizin unmenschlich macht, als daß die Medizin durch Ausbreitung ihrer Ethik die Politik menschlicher macht. Dieser Gefahr können wir Ärzte nicht besser wehren als durch unsere offensive Aufklärung mit dem Ziel einer – vereinfachend ausgedrückt – Medizinalisierung der Politik.

Aber erliegen wir nicht bloß naivem Größenwahn, wenn wir den fortgeschrittenen Prozeß der gesellschaftlichen Militarisierung einschließlich der dadurch vielfältig geschaffenen Sachzwänge noch durch eine moralische Kampagne wenden wollen? Wichtig ist dazu zuerst das unbeirrte Festhalten an der Überzeugung, daß nichts anderes als eine radikale geistige Umkehr uns noch helfen kann. Noch so nützliche Abmachungen zwischen den Supermächten – mögen diese auch näherrücken – werden uns nicht retten, wenn sie nicht von einer starken öffentlichen Meinung der Völker ratifiziert werden. Moralische Sensibilität, wie sie für ein friedliches Umdenken erforderlich ist, liegt genügend bereit. Nur müssen wir befreien, was davon noch immer dank entsprechender Propaganda in die verlogenen heroistischen Ideale und in die unkritische Fortschrittsergebenheit eingeht. Die Ereignisse in den Philippinen haben uns erst kürzlich gezeigt, wie eine praktisch nur auf moralischer Basis geführte Kampagne in großem Maße mobilisieren kann, was dort als »People's Power« gefeiert wird. Auch in den Völkern der Industrieländer steckt noch genügend Potential für »People's Power«, das für die Idee einer echten Friedensethik zu gewinnen sein müßte. In der Jugend vieler Länder finden wir ja bereits Spuren einer alternativen geistigen Strömung, die im Sinne Albert Schweitzers so etwas wie eine neue Ehrfurcht vor dem Leben fordert und in veränderten Lebensformen praktisch zu verwirklichen sucht.

Aber gemeinsam mit gleichgesinnten gesellschaftlichen Gruppen können wir als Ärzte nur Größeres bewirken, wenn wir selber vorleben, was wir als Maßstab politischer Moral im Atomzeitalter fordern. Wir dürfen den Konflikten nicht ausweichen, die vor allem aus unserem Widerspruch zu der Unmoral der atomaren Abschreckung erwachsen. Wir alle miteinander sind in diesem Punkt *Ketzer*, solange das atomare Abschreckungsdogma offizielles Kriterium der Rechtgläubigkeit ist. Nur der Mut zum Verketzertwerden sichert uns die gesellschaftliche Ausstrahlung, die wir benötigen. In einer Zeit, in der täglich Frieden, Moral, Menschenrechte, Freiheit als parteiische Kampfbegriffe mißbraucht werden, ist es an uns und den anderen Kräften der Friedensbewegung, unser Ziel einer überparteiischen Ethik gegen jede Vereinnahmung und einseitige Mißdeutung zu schützen. Das ist unter unterschiedlichen gesellschaftlichen Verhältnissen mal schwieriger, mal leichter. Wir müssen uns da gegenseitig in unserer Standfestigkeit unterstützen. Kein anderes Argument erreicht jedenfalls für unsere Zwecke auch nur annähernd ähnliche Bedeutung wie der Beleg unserer unbedingten Glaubwürdigkeit. Der Überdruß an gefilterten, halben, parteiischen, so oder so manipulierten Informationen hat überall das Verlangen nach Wahrheit, Authentizität und moralischer Integrität enorm ansteigen lassen. Dieses Verlangen so gut wie möglich zu erfüllen ist unsere große Chance. Dann haben wir auch berechtigte Aussicht, als 150 000 und bald hoffentlich noch viel mehr Katalysatoren die Gegenkraft zu fördern, die als einzige zwischen unseren Völkern einen Atomkrieg verhindern kann: *Vertrauen und Vertrauenswürdigkeit auf der Basis gemeinsamer Ehrfurcht vor dem Leben.*

Literatur

Averroës: Die medizinischen Kompendien des Averrois und Avicenna Colliget und Contica. Venetiis apud Junctas (1562–1574). Nachdruck Minerva GmbH., Frankfurt a. M. 1962
s.a.
    Erdmann, J. E.: Grundriß der Geschichte der Philosophie. W. Hertz Verlag, Berlin, 4. Aufl. 1896, S. 339–344
    Strohmaier, G.: Denker im Reich des Kalifen. Urania Verlag, Leipzig/Jena/Berlin 1979, S. 104–115

Windelband, W.: Lehrbuch der Geschichte der Philosophie. Mohr
Verlag, Tübingen 1935, S. 261, 267–269

Emnid-Umfrage: zit. nach Gießener Anzeiger, Nr. 10, 12. 1. 1985

Maimonides, M.: Über die Lebensdauer. Hg. u. übers. v. G. Weil.
Karger Verlag, Basel/New York 1953

– Treatise on Asthma. Hg. v. S. Muntner. Lipincott Comp., Phila-
delphia/Montreal 1963

– In: Schneider, L. u. P. Bachem (Hg.): Moses Maimonides. Ein
Querschnitt durch das Werk des Rabbi Mosche ben Maimon. Hegner
Verlag, Köln 1966

– Von der Lebensführung des Weisen. In: ebda., S. 107, 111

– On the Causes of Symptoms. Hg. v. J. O. Leibowitz u. S. Marcus.
Univ. of California Press, Berkeley/Los Angeles/London 1974

s. a.
Guttmann, J.: Der Einfluß der maimonidischen Philosophie auf das
christliche Abendland. In: Gesellschaft zur Förderung des Juden-
tums (Hg.): Moses ben Maimon, sein Leben, seine Werke und sein
Einfluß. Buchhandlung Fock, Leipzig 1908, S. 135–230

Pagel, J.: Maimuni als medizinischer Schriftsteller. In: ebda.,
S. 231–247

Schweitzer, A.: Friede oder Atomkrieg (1958). In: Ges. Werke in
5 Bänden. Buchclub Ex libris, Zürich o. J., S. 578, 608

– Die Entstehung der Lehre der Ehrfurcht vor dem Leben (1963). In:
ebda., S. 191

– Appell an die Menschheit. In: ebda., S. 577

Zum Friedensnobelpreis an die Ärzte

1985 haben die Ärzte der IPPNW den Friedensnobelpreis erhalten. Als ich aufgrund meiner Funktion in dieser Organisation mit nach Oslo fuhr, um an der Preisvergabe teilzunehmen, sann ich darüber nach, was ich zwei Jahre zuvor in meiner Satire »Alle redeten vom Frieden« über diesen und ähnliche Preise geschrieben hatte. Unter der bösen Kapitelüberschrift »Ablenkungstherapie« hatte ich ironisch dafür plädiert, Friedensorden, Friedensplaketten und Friedenspreise nur an karitative Helfer oder wissenschaftliche Friedenstheoretiker zu verleihen, die sich nicht in politische oder gar militärische Probleme einmischen. Dies schreibend, hatte ich mich daran erinnert, daß dem Nobelpreiskomitee immer nur dann ungeteiltes Lob widerfahren war, wenn es ungefähr in der Richtung Mutter Theresa entschieden hatte.

Mit dem Fortschritt der bedrohlichen Rüstung wächst natürlich die geheime Sehnsucht der Menschen nach Frieden. Sie verlangen wenigstens nach symbolischen Beweisen erfolgreicher Friedensliebe. Aber an solche können sie fast nur noch glauben, wenn sie außerhalb der realen politischen Welt auftauchen – eben in abgespaltenen sozialen Feldern, wo Menschen- und Naturliebe sich noch leidlich geschützt entwickeln können. Alle anderen Bereiche sehen die meisten von der egozentrischen Rivalität beherrscht, die – wie uneingestanden auch immer – auch zu ihrem eigenen leitenden Prinzip geworden ist. Wie in ihrer eigenen kämpferischen Selbstbehauptung Sanftheit und Liebe zu kurz kommen, so können sie sich erst recht nicht mehr vorstellen, daß in der politischen Ebene der großen kollektiven Machtkonflikte echte Versöhnlichkeit und Brüderlichkeit noch eine Chance haben. So können sie nur mit Skepsis und Zweifeln einer Ärzteorganisation begegnen, die sich mit ihren Forderungen nach Atomteststopp und nuklearer Abrüstung zwischen beide Blöcke und gegen die Abschreckungsdoktrin beider Seiten stellt.

Daß in manchen kommunistischen Ländern, aber auch im Nato-Land Türkei unabhängige Friedensgruppen immer wieder mundtot gemacht, daß ihre Repräsentanten eingesperrt oder verbannt wurden, haben wir hier viele Jahre hindurch bestürzt erfahren. Ziemlich unbehelligt unsere Ärztebewegung im Westen entwickelnd, konnten wir längere Zeit wähnen, man werde von offizieller Seite unsere politisch unabhängige und rein ethisch motivierte Initiative billigen, wenn nicht gar im Interesse der Vertrauensförderung zwischen den Völkern gutheißen. Aber der Nobelpreis entlarvte diese Illusion. Wider besseres Wissen eröffneten das Innenministerium und der Generalsekretär der CDU gegen uns Ärzte eine konzentrische Diffamierungskampagne. Sie folgten damit exakt dem Rezept, mit dem bereits ein Vierteljahrhundert vorher CDU-Innenminister Schröder die damalige Anti-Atombewegung verleumderisch bekämpft hatte:* Das Ganze sei ein von Moskau gesteuertes Komplott. Die Ärzte der IPPNW operierten »im Vorfeld kommunistischer Frontorganisationen«.

Wörtlich stand es dann auch so in der »Frankfurter Allgemeinen Zeitung«. Und die Bundesregierung stellte sich, laut Staatssekretär Spranger, zunächst hinter diese abenteuerliche Behauptung. Eine unerfreuliche Stellungnahme gegen Sacharow, von dem sowjetischen Co-Präsidenten Tschasow zwölf Jahre zuvor

---

* Zur Diffamierung der ersten Ostermarsch-Bewegung durch CDU-Bundesinnenminister Schröder, NRW-Innenminister Dufhues u. a. s. K. A. Otto: Vom Ostermarsch zur APO. Campus Verlag, Frankfurt/New York 1977, S. 126–129

abgegeben, wurde als Beleg dafür ausgegraben, daß die IPPNW nicht nur in ihrem unabhängigen Friedensengagement unglaubwürdig sei, sondern sogar Menschenrechtsverletzungen akzeptiere.

An Tschasows früherer Äußerung gab es nichts zu beschönigen. Daß einige von uns – darunter Präsident Lown, vor allem Tschasow selbst, auch ich – sich längst diskret für Sacharow eingesetzt hatten, erfuhr die breite Öffentlichkeit nicht. Und es gelangte auch nicht in die »Frankfurter Allgemeine Zeitung«, daß Staatssekretär Spranger schließlich im März 1986 auf öffentliche Anfragen von FDP-Abgeordneten im Deutschen Bundestag kleinlaut zugestehen mußte, die bundesdeutsche Sektion der IPPNW sei keineswegs kommunistisch beeinflußt. Die Verfassungsschützer hatten sogar über die Klage DKP-naher Zeitschriften berichtet, unsere Bewegung distanziere sich »geradezu zwanghaft« von allem Kommunistischen. Selbst der Bundesnachrichtendienst – nur für Auslandsaufklärung zuständig – hatte unsere Sektion mit negativem Erfolg durchleuchtet. So stellte der Staatssekretär im Hessischen Innenministerium Andreas von Schoeler im März 1986 fest, es sei »in aller Deutlichkeit« klargeworden, »daß die deutsche Sektion über jeden Zweifel an ihrer Unabhängigkeit von kommunistischen Frontorganisationen erhaben ist«.

Wir sind froh, daß wir in der Sowjetunion mit einflußreichen Ärzten zusammenarbeiten können, die, wie sich inzwischen zeigt, auch Gehör bei Generalsekretär Gorbatschow finden. Sie unterstützen ihn aktiv in seiner Menschenrechtspolitik. Die sowjetischen Anti-Atomärzte haben in ihrem Land an öffentlicher Aufklärung und an Beratung der Politik viel mehr geleistet, als viele hier denken.

Alle Richtigstellungen und Dementis verhinderten nicht, daß von Geißlers und Sprangers gezielten Diffamierungen einiges an uns haften blieb. Ein eher konservativer, hoch renommierter Kollege, engagierter Christ, ungemein fleißig und erfolgreich in unserer ärztlichen Friedensarbeit, sah sich in einer Ärzteversammlung plötzlich als verkappter Kommunist verdächtigt. Entsetzt distanzierte sich die CDU-Opposition unseres Magistrats, als dessen Mehrheit mir die Ehre erwies, mich in das Goldene Buch unserer Stadt einzutragen. Demonstrativ blieben die Unionschristen dem Akt fern. Kommentar: »Diese Feier hätte man ja auch gleich in Moskau stattfinden lassen können!«

Noch unlängst bezichtigte mich das Bundeskanzleramt in der Antwort auf eine Zuschrift, ich gehörte zu denen, die eine Revolution forderten, obwohl Revolutionen doch bekanntermaßen »zu massenhaftem Tod und Elend« geführt hätten. Provoziert hatte ich den grotesken Vorwurf allein dadurch, daß ich in einer Rede den bedeutenden amerikanischen Biochemiker Emil Chargaff mit der Hoffnung auf eine *geistige* Revolution zitiert hatte, »worin mit der Galle auch der Haß ausgespien würde, mit der Furcht vor dem Tode auch die Furcht vor dem Leben«. Ausgerechnet diesen Begriff von Revolution zu dämonisieren, wäre nur zum Lachen, fügte sich das Beispiel nicht zu zahlreichen anderen einer inquisitorischen Ächtungsstrategie.

Aber wen wundert das alles? Politik stellt sich der Öffentlichkeit ja ohnehin fast nur noch in Symbolen dar. Nicht was geschieht, sondern mit welchen Symbolen es verknüpft wird, bestimmt die Meinung. In der schwarzweißen Welt der Blockideologie dürfen dem Gegner keine positiven Symbole überlassen bleiben. Wir Ärzte der IPPNW erschienen unseren Pershing- und SDI-Befürwortern erst durch den zuerkannten Nobelpreis gefährlich, weil dieser immer noch einen beträchtlichen positiven Symbolwert hat. Am ehesten war der Schaden für die offizielle Feindbildpropaganda dadurch zu begrenzen, daß man gegen uns schleunigst das mächtigste Gegensymbol aufbot, das heißt den Kommunismus.

Kommunismus in Verbindung mit Moskau, da genügt das Gerücht, um in Millionen Alarmglocken schrillen zu lassen. Das geht direkt ins Blut und macht jedes weitere Nachdenken und Nachprüfen überflüssig. Das erzeugt einen Abscheureflex wie ätzender Geruch oder ekliger Geschmack. Die primitive Suggestionswirkung erinnert an die magische Macht der Teufelssymbole früherer Zeiten. Man erinnere sich, wie hilflos jahrhundertelang die vermeintlichen Hexen dastanden, versuchten sie vor der Inquisition ihre Unschuld zu beweisen. Gewisse Exponenten der heutigen schwarzen Inquisition mögen ahnen, daß sie etwas von der magischen Macht der alten Hexenjäger geerbt haben bzw. daß sie vergleichbare Mechanismen ausnützen. Wie die Hexenverfolger stützen sie sich auf die vom Religionsstifter Mani über den Kirchenvater Augustinus in das Christentum eingedrungene Lehre von dem unversöhnlichen Gegensatz zwischen einem Reich des Lichts und einem Reich der Finsternis. Wer zu der kommunistischen UdSSR Brücken schlagen will – wie wir Ärzte der IPPNW – wird zu einem Abtrünnigen erklärt, weil er sich mit den Herren der Finsternis einläßt, weil er die Front des Guten gegen das Böse zu schwächen droht.

Alles in allem hat uns der Nobelpreis dennoch genützt. Da wir keine unverbindliche Friedensmoral predigen, sondern der nuklearen Politik praktisch in den Arm fallen wollen, müssen wir gewärtigen, daß die Militaristen und ihre Sympathisanten uns bekämpfen. Die Verteufelung beweist uns, daß man unsere öffentliche Wirkung ernst nimmt, daß diese also gewachsen ist. Und viele Mitglieder unserer Ärztebewegung lernen unter dem Gegendruck eine politische Standfestigkeit, die entbehrlich schien, solange ihnen wenig bestritten wurde, sich als die Guten im Lande zu fühlen. Schließlich liegt es an uns, mit der Schubkraft des Preises nun noch mehr Sand ins Getriebe des Nuklear-Militarismus zu streuen. Wir müssen unsere Bekanntheit in gesteigerten Druck auf die Mächtigen umsetzen und das große Publikum nach wie vor aufrütteln, innerhalb dessen sicher nicht wenige gewünscht haben, sie können erst recht im Schatten des Nobelpreises an uns abtreten, was sie selber tun müssen. Gerade diesen Delegationseffekt des Preises müssen wir zunichte machen und zugleich weiter an der Entlarvung der modernen Inquisition arbeiten, deren Glaubwürdigkeit heute immerhin leichter zu erschüttern ist als diejenige ihrer Vorgänger.

Literatur

Bundeskanzleramt, Ministerialrat W. Sykora: Briefe an Frau M. S. vom
    30. 1. 1987 u. an den Verf. vom 18. 2. 1987
Chargaff, E.: Zeugenschaft. Klett-Cotta Verlag, Stuttgart 1985, S. 172
Spranger, D.: Antworten auf Anfragen der Abgeordneten Horn,
    Hamm-Brücher, Vogel, Stahl, Kleinert, Emmerlich, Tatge, Hirsch
    in der 180. Sitzung des Deutschen Bundestages am 4. 12. 1985
Spranger, D.: Antworten auf Anfragen der Abgeordneten Baum und
    Hamm-Brücher in der 204. Sitzung des Deutschen Bundestages am
    13. 3. 1986

Über Leiden, Selbsthilfe und Therapie

Beratung in unserer Gesellschaft*

Wie sich Beratung und Sozialtherapie gestalten, hängt davon ab, wie in einer bestimmten Gesellschaft zu einem bestimmten Zeitpunkt Krankheit, Behinderung, Delinquenz, soziales Scheitern, abweichendes Denken eingeschätzt werden. Der Blick für diese Abhängigkeit wird geschärft, wenn man Gelegenheit hat, über mehrere Jahrzehnte zu studieren, wie und warum sich das Selbstverständnis von Betreuern und Klienten und ihre Beziehungen zueinander im Wandel allgemeiner gesellschaftlicher Prozesse verändern.

Zunächst werde ich mich in der Hauptsache auf das engere Feld von Beratung und Sozialtherapie konzentrieren, freilich stets eingedenk des gesellschaftlichen Symptomcharakters der behandelten Phänomene. Ich wähle als Ansatz die Frage, wie sich die Situation von Beratung und Sozialtherapie in den dreieinhalb Jahrzehnten, die ich übersehe, verändert hat.

Folgende Punkte werde ich deutlich zu machen versuchen:

1. *Gemeindenähe:* Es ist eine Tendenz erkennbar, Betreuung vermehrt dort anzubieten, wo die Hilfsbedürftigen leben, also in ihrem Stadtteil, in ihrem engeren sozialen Umfeld. Menschen in Konflikten sind stets in irgendeiner Weise von Isolation bedroht. Also muß psychosoziale Hilfe bedacht sein, dieser Gefahr entgegenzuwirken, nämlich die Verwurzelung in dem Gemeinde-Umfeld zu schützen.

---

* Nach einem Vortrag auf der Bundeskonferenz für Erziehungsberatung in Freiburg am 2. 10. 1984

2. *Verstärkte Zusammenarbeit der psychosozialen Dienste:* Wechselseitige Unterstützung der psychosozialen Dienste in einer Region soll das rivalisierende Nebeneinanderherarbeiten ersetzen. Die Verfolgung dieser Absicht läßt sich als weiterer Beleg für ein wachsendes Gemeinde- oder Nachbarschaftsbewußtsein deuten.

3. *Ganzheitlichere Sichtweise:* Mit dem Versuch, menschliche Probleme im Gesamt psychischer, physischer und sozialer Bedingungen zu erfassen, verbindet sich eine Tendenz zur Vereinfachung. Es entsteht eine Orientierungsunsicherheit. Brauchen wir eine weitere Spezialisierung oder statt dessen eine sogenannte »neue Einfachheit«?

4. *Methodeninflation in der Psychotherapie:* Es herrscht ein Psychoboom, verstehbar als Reaktion auf die zunehmende Dehumanisierung der Arbeits- und Lebenswelt. Die Psychoszene verändert sich durch den Zustrom von Scharen, die in ihr Lebenshilfe zur Kompensation allgemeiner Frustration erhoffen.

5. *Berater als Ratbedürftige:* Auch die psychosozialen Helfer reagieren sensibel auf kollektive Bedrohungen durch destruktive Faktoren des Gesellschaftsprozesses. Sie fühlen sich in ihrer Rolle mitverwickelt in die Frage nach Anpassung oder Auflehnung gegenüber technischen Entwicklungen und politischen Strategien, die u. a. auf zunehmende Umweltzerstörung und auf immer schwerer kontrollierbare militärische Risiken zusteuern.

Nun zu den einzelnen Punkten:

1. Die Beratungsdienste suchen, wie man zu sagen pflegt, eine größere *Gemeindenähe.* Ähnlich wie die gemeindenahe Psychiatrie bemüht sich die Beratung um einen engeren lokalen Kontakt zu ihren potentiellen Klienten. Große zentrale Beratungsstellen bilden Ableger in bislang unversorgten Stadtteilen. Man geht auch eher zu marginalen Bevölkerungsgruppen hin, um die man sich früher wenig gekümmert hatte. Ich meine die

Sozialzentren in sozialen Brennpunkten und Ausländersiedlungen. Heute sind Kontaktstellen in Randgruppenvierteln, wie ich sie in der Startzeit Anfang der siebziger Jahre selbst mitgefördert und beschrieben habe, längst die Regel. Je dichter man mit dem Beratungsangebot an die Menschen heranrückt, um so leichter werden diese mit solchen Institutionen vertraut und können ihre traditionelle Hemmschwelle eher überwinden, wenn sie Hilfe brauchen.

Aber die Entwicklung zur gemeindenahen Beratung ist, wie wir alle wissen, längst noch nicht hinreichend weit gediehen. Auf der Landkarte der Bundesrepublik gibt es immer noch weite ländliche Gebiete ohne Erziehungs- und Familienberatungsstellen, ohne Psychotherapeuten oder Psychiater. Mit der von der Psychiatrie-Enquete geforderten Errichtung von Psychosozialen Kontaktstellen in solchen Regionen hapert es immer noch bedenklich.

2. Verstärkt hat sich, das ist eine zweite positive Veränderung, in letzter Zeit die *Zusammenarbeit unter den regionalen Beratungs-, Betreuungs- und Behandlungsdiensten.* Das Modell der *Psychosozialen Arbeitsgemeinschaft* hat Schule gemacht. Das Konzept der gemeindenahen Arbeit führt automatisch zu einer wechselseitigen Annäherung unter den Stellen. Man kann sich für die Gemeinde nützlicher machen, wenn man sich miteinander mehr abstimmt, die Klientenarbeit koordiniert und gemeinsame Planungsvorschläge für die Verbesserung der Versorgung in der Region entwickelt.

Aber auch hier gibt es gegenläufige Tendenzen, die vor allem von der Trägerseite aus gefördert werden. Manche Träger sind um ihre hierarchische Kontrolle besorgt, wenn ihre Angestellten sich an der Basis netzwerkartig in einer Region verbünden. Da gibt es manche restriktiven Interventionen etwa von konfessionellen Trägern. Mancherorts haben aber auch die staatlichen Verwaltungen nicht begriffen oder nicht begreifen wollen, daß Psychosoziale Arbeitsgemeinschaften für die Beteiligten nur attraktiv sind, wenn sie von der Basis getragen und sich mit hinreichender Spontaneität entfalten können. Wo die Verwaltungen aus den PSAGs zentralistisch gesteuerte Ausschüsse für psychosoziale Gesundheit gemacht haben, sind vielfach Lähmungserscheinungen festzustellen.

3. Ein dritter erfreulicher Wandel ist die Hinwendung der meisten Beratungsstellen zu eher *ganzheitlichen Beratungskonzepten*. Man hat gelernt, die Klientenfamilien jeweils in ihrem gesamten psychosozialen Lebenszusammenhang zu sehen. Das hat in den siebziger Jahren zur Ausbreitung der Familientherapie geführt. Es drängte sich auf, Kinder und Jugendliche mit ihren Problemen im Zusammenhang der Gesamtfamilie zu begreifen und zu betreuen. Die Begeisterung für Familientherapie hat da und dort zu der übertriebenen Konsequenz geführt, daß man Einzelbetreuungen überhaupt eliminierte und nur noch Familientherapie machen wollte. Inzwischen setzt sich, wenn ich es richtig sehe, wieder eine differenziertere Praxis durch. So wichtig es ist, den beziehungspsychologischen Aspekt immer im Auge zu behalten, so bleiben doch genügend Konstellationen übrig, die Einzelgespräche oder Einzeltherapien sinnvoll oder sogar notwendig machen. Entscheidend ist freilich, daß Einzelgespräche nicht aus der Rationalisierung des Betreuerbedürfnisses entstehen, pathogene Familienangehörige rivalisierend ersetzen zu wollen. Wer kennt nicht jene Erziehungsberaterinnen, die aus ihren Kindertherapien die Mütter vor allem deswegen heraushalten, weil sie ihren eigenen unerfüllten mütterlichen Ehrgeiz sättigen wollen.

Der erfreuliche Durchbruch zu einer familiendynamischen Sichtweise hat zwangsläufig auch zu einer Umstrukturierung in unseren Institutionen geführt. Man kann Familien nur helfen, sich als Ganzheit für ihre Probleme verantwortlich zu fühlen, wenn man als Beratungs- und Behandlungsteam selber eine vergleichbare integrierte Ganzheit repräsentiert. Diese Einsicht hat zu einem Rückgang der Überspezialisierung geführt, wie sie vor ein paar Jahrzehnten etwa in den EBs noch gang und gäbe war. Da untersuchte der Arzt nur medizinisch, die Psychologinnen oder Psychologen machten Tests und diagnostische Gutachten, und die Sozialarbeiterinnen oder Sozialarbeiter kümmerten sich um Geld, Wohnung, Heimplätze und machten vielleicht auch noch Spieltherapie. Die tarifrechtlichen Tätigkeitsvorschriften wurden pedantisch befolgt und führten zu einer grotesken Zerstückelung der Arbeit. Zum Teil hielt man sogar die Befunde voreinander geheim. Nicht selten passierte es, daß Mutter und Kind von zwei verschiedenen Personen *gegeneinander* therapiert wurden. Eine gemeinsame Supervision gab es nicht. Heute würde man eine solche Teamstruktur nur noch als Ausdruck einer pathologischen Gruppendynamik verstehen. Fast überall trifft man Beratergemeinschaften an, in denen Sozialarbeiter sich ebenso an der Klärung psychologischer Probleme beteiligen, wie sich die Psychologen um soziale Schwierigkeiten kümmern. In Kotherapie arbeiten häufig unterschiedlich ausgebildete Kollegen miteinander. Und es ist längst zu einer Binsenwahrheit geworden, daß die jeweiligen Spezialisten in ihrem eigenen Feld manches von anders ausgebildeten Teamkollegen lernen können.

Aber es läßt sich nicht übersehen, daß nicht jeder alles kann und daß man gut daran tut, spezielle Kompetenzen anzuerkennen und auszunützen. Die Tendenz zu einer übertriebenen *Deprofessionalisierung*, wie sie in manchen Gruppen der sozialen Psychiatrie aufgekommen ist, kann sich zu einer Gefahr für die Arbeitsqualität auswachsen. In dem Konzept der sogenannten *neuen Einfachheit* werden m. E. zwei Dinge durcheinandergebracht. Begrüßenswert ist, worüber noch zu sprechen sein wird, eine Reduzierung des omnipotenten Expertengehabes auf der Beraterseite. Der Ratsuchende braucht einen einfühlsamen Partner, der zuallererst ein teilnehmender, zuverlässiger Mitmensch ist. Einer, von dem man sich angenommen und respektiert fühlt und der nicht als brillierender Schlaukopf oder als heilender Wunderbringer Selbstbestätigung sucht. In dieser Hinsicht ist »neue Einfachheit« gewiß ein sinnvolles Leitbild. Aber wo es als Aufforderung zur Vernachlässigung des fachlichen Wissens und Könnens mißverstanden wird, führt es in die Irre.

Ich gehöre zu denen, die meinen, daß eine Beratung mit wenigen Gesprächen oft schwieriger und fachlich anspruchsvoller ist als manche langdauernde Therapie. In einer Langzeittherapie kann man fehlerhafte Einschätzungen oder unzweckmäßige Deutungen nachträglich immer wieder korrigieren. Bei einer kurzen Beratungssequenz muß jede Intervention »sitzen«. Das heißt, man muß sehr rasch einen differenzierten diagnostischen Überblick gewinnen und sehr genau abwägen, mit welchen klärenden und ermutigenden Eingriffen man in Kürze die Anstöße geben kann, die auf der Klientenseite optimal Selbsthilfeimpulse wecken oder verstärken können. Das ist eine sehr anspruchsvolle Aufgabe. Einfachheit als Leitbild sollte also nicht mit nivellierter »common sense«-Pragmatik verwechselt werden. Aber mir scheint, daß dies auch nur selten geschieht. An dem neuen Schlagwort bleibt immerhin fruchtbar, daß es dem Hang mancher Narzißten entgegenwirkt, sich von ihren Persönlichkeits- oder Familientheorien sowie von ihren Strategiekonzepten mehr beeindrucken zu lassen als von den Menschen, die ihre hilfreiche Zuwendung suchen.

4. In der Reihe der aufzuzählenden Veränderungen darf eine nicht unerwähnt bleiben, die ich als große Entlastung empfinde. Ich meine die *Minderung der Schulrivalitäten* in und zwischen den Institutionen. Was gab es da alles früher an erbitterten und zermürbenden Kämpfen innerhalb des Spektrums der analytischen Therapiegruppen wie zwischen diesen einerseits und den verhaltenstherapeutischen Gruppen andererseits. Sich in ihrer Identität permanent gefährdet fühlend, produzierten manche Schulgruppen eine regelrechte Sektenkultur und übten Loyalitätszwänge ein, die vielen jungen Kollegen manches von der psychischen Freiheit nahmen, die sie eigentlich in ihrer Berufsausbildung erstrebt hatten. Inzwischen haben sich die älteren Schulgruppen längst konsolidiert. Ihre Rivalität untereinander ist aber auch dadurch relativiert worden, daß sie sich einer kaum

noch übersehbaren Fülle von Konkurrenten in Gestalt neuer Psychotherapieformen gegenüber sehen. Keine der Therapieschulen weiß mehr so richtig, mit wem alles oder gegen wen alles sie heute um die Gunst des Nachwuchses und der Klienten im Wettbewerb liegt. In Amerika haben sich offiziell mehr als 120 Therapieschulen bei den Behörden angemeldet. Vielleicht sind es bei uns noch ein paar weniger. Aber was macht das? Anscheinend gibt es einen sehr vielgestaltigen Bedarf, der das breitgefächerte Angebotsspektrum produziert. Ich selbst kenne mich da nur noch wenig aus. Ich sehe indessen, daß trotz oder eben gerade wegen dieser Inflation der Schulen in meiner eigenen psychoanalytischen Vereinigung die Angst vor Bedrohung durch andere und insbesondere ähnliche Theorie- und Therapiekonzepte weitgehend gewichen ist. Das heißt freilich leider nicht, daß sich die Strenge der Ausbildungs- und Prüfungskontrolle gemindert hätte.

In den Institutionen können jedenfalls Kollegen aus verschiedenen Ausbildungsschulen in der Regel viel leichter als früher zusammenarbeiten. Man stellt fest, daß man zu den Fähigkeiten schulfremder Teammitglieder mitunter mehr Zutrauen findet als zu jenen mancher Genossen aus dem eigenen Fachverein. Im übrigen erzieht die Gruppendynamik in den Beratungsinstitutionen heute eher zu aufgeschlossener Kooperationswilligkeit und prämiiert kaum mehr die Hochstilisierungsversuche von Schulsektierern.

5. Als fünfte positive Errungenschaft möchte ich auf der Beraterseite die Tendenz werten, sich selbst kritischer einzuschätzen und eigene Hilfsbedürftigkeit anzuerkennen. Während früher die eigene Analyse oder die Teilnahme an einer Selbsterfahrungsgruppe vor allem als Pflichtteil der Ausbildung absolviert wurde, überwiegen inzwischen in der Motivation für solche Aktivitäten die Bedürfnisse nach Eigentherapie. In den Selbsterfahrungsgruppen, die wir an unserem Gießener Zentrum anbieten, wollen die Teilnehmer meist lange über ihre Ausbildungszeit hinaus die Selbsterfahrung fortsetzen. Bei Fort-

bildungsprogrammen finden Selbsterfahrungsangebote stets besonderes Interesse. In der Gruppensupervision, der sich viele Beraterteams unterziehen, werden zu einem nicht geringen Teil Selbsthilfebedürfnisse befriedigt. Je mehr sich Berater in ihren Institutionen darauf einlassen, in den gemeinsamen Besprechungen auch über den eigenen Anteil an den Prozessen zu reden, die in der Klientenarbeit in Gang kommen, um so besser pflegt es um das Gruppenklima zu stehen. *Der Typ des Beratenden, der sich selbst als einen zeitlebens Ratbedürftigen anerkennt, wird zu einer alltäglichen Erscheinung.*

Freilich treffen diese von mir bislang aufgeführten Veränderungen nicht überall zu, und es sieht da und dort noch oder schon wieder ganz anders aus. Es gibt nach wie vor EBs, die alles andere als gemeindenah arbeiten und die den Anschein erwecken, als sei es ein großes Wunder, wenn man bei ihnen ohne viele Umstände und langes Warten als Klient angenommen wird. Es fehlt ferner nicht an Stellen, die auch heute noch ohne intensive regionale Kooperation narzißtisch vor sich hinarbeiten. Und wie eh und je streitet man in manchen Beratergruppen so heftig um die einzig wahre Theorie oder Beratungstechnik, daß kaum noch Energie übrigbleibt, sich intensiv auf die Klienten und deren Sorgen einzulassen. Es gibt schließlich auch EBs, in denen man miteinander nicht gerade offen über die eigenen Probleme redet, sondern diese rivalisierend zu verdecken trachtet. Schließlich hat die berühmt-berüchtigte *Wende* einige zuvor unterdrückte autoritäre Bevormundungswünsche neu belebt. An die Stelle von Hilfe zur Selbsthilfe tritt gelegentlich bereits wieder kräftiges Manipulieren. Da wird tüchtig verordnet, verschrieben, befohlen – natürlich durch scheinbar unfehlbare Schulkonzepte abgesichert. Das Bild des Beraters oder Therapeuten als eines Geburtshelfers, der lediglich behutsamen Beistand auf dem Weg leistet, den Klienten selber für sich suchen, ist schon wieder umstritten. Das Schlagwort vom »Mut zur Erziehung« findet in einigen Kollegenkreisen durchaus Sympathie.

Indessen glaube ich mich nicht darin zu täuschen, daß die

Klienten in ihrer Mehrzahl in psychosozialer Beratung und Therapie alles andere als eine Wiederholung der Strukturen und Mechanismen ihrer Alltagswelt wünschen. Sie stellen sich nicht eine Betreuung vor, in der sie gehorsam nach undurchschaubaren Programmen funktionieren und sich wie sonst hierarchischem Druck ergeben sollen. Ihnen schwebt bei der Beratung eher eine *Gegenwelt* vor, in der sie sich als Person fühlen können, der man zuhört, die man auch in ihren Phantasien und Träumen, in ihren Unfähigkeiten und Verrücktheiten ernst nimmt. Je mehr sich Berater der Attitüde derer annähern, von denen man draußen auf Schritt und Tritt kontrolliert, administriert, eingeschüchtert und infantilisiert wird, um so eher scheinen sie wenigstens vorläufig nur Aussicht zu haben, um oder genauer unter sich eine Gemeinde von expertenhörigen Phobikern oder suggestiblen Schülertypen zu versammeln. Das heißt, die Mehrzahl der Klienten stimmt nach meinem Eindruck durchaus mit der Tendenz überein, die ich anhand der fünf aufgeführten Punkte beschrieben habe. Sie wünschen sich Berater, die ihnen den Kontakt zu ihnen in der Gemeinde leichtmachen und mit denen sie unbefangen und auf gleicher Augenhöhe reden können. Beratungsstellen mit einem elitär akademischen oder behördenartigen Gehabe wirken abschreckend gerade auf die besonders sensibilisierten Gruppen der Bevölkerung, die wenigstens in der Szene, wo psychosoziale Hilfe stattfindet, ein *alternatives* Klima anzutreffen hoffen.

Da ist nun der aktuelle Reizbegriff genannt. Was hat eigentlich das Beratungswesen mit der *alternativen Bewegung* zu tun? Ich meine, dies sei eine sehr wichtige Frage, die ich nun weiter verfolgen möchte. Was man heute als alternative Kultur bezeichnet, ist ja nicht unwesentlich mitgeprägt worden durch neue Ansätze im psychosozialen Bereich, die zum Teil schon erwähnt wurden. Anfang der siebziger Jahre entstanden die therapeutischen Gemeinschaften in der sozialen Psychiatrie. Initiativgruppen in der Gemeinwesenarbeit, Kinderläden, therapeutische Selbsthilfegruppen, Frauenhäuser, therapeutische Wohngemeinschaften, PSAGs, selbstverwaltete Jugendzentren, neuartige Kinderschutz-Initiativen sind nur einige weitere aus der großen Zahl von spontan entstandenen Modellen, die sich im Kontrast zu herkömmlichen Formen psychosozialer Versorgung entwickelt haben. Kennzeichnende Elemente sind Selbsthilfe, Solidarisierung mit sozial Schwächeren oder Diskriminierten, basisdemokratische Strukturierungen, ganzheitliche psychosoziale Konzepte, politische Sensibilität und Engagiertheit.

In vielen Beratungsstellen und Kliniken hat man einiges von den neuen Impulsen und Arbeitsformen eher glatt und geräuschlos assimiliert, so wie man sich neuen Stilen und Moden anpaßt. Aber nun zeichnet sich immer deutlicher ab, daß die netzwerkartig wachsende alternative Bewegung einen *gesellschaftlichen Grundkonflikt* markiert, der sich zusehends zuspitzt und von uns in der psychosozialen Szene eine Grundsatzdiskussion über unsere Position herausfordert. Wir erleben, daß unsere Selbsthilfebedürfnisse nicht allein aus unseren privat-persönlichen Problemen entspringen, die laufend durch unsere Klienten aktualisiert werden. Wir verstehen uns plötzlich gemeinsam mit unseren Ratsuchenden und Patienten als *Mitbetroffene in einer heiklen gesellschaftlichen Krisenlage*. Gefährdet ist nicht nur der Standort, von dem aus wir Beratung oder Therapie machen, sondern unsere elementare Orientierung in einer Kultur, in der die Kräfte der Destruktivität überhandgenommen zu haben scheinen.

Dazu ein, wie ich meine, bezeichnendes Beispiel: An unserem Gießener Institut führen wir zur Zeit in Wochenend-Blockveranstaltungen einen Fortbildungskurs in Familientherapie durch. Eingeleitet wird jede Veranstaltung mit dem Vortrag eines der Ausbilder. Zunächst gab es Vorträge, wie sie auch in jedes Einführungsbuch über Familiendynamik und Familientherapie passen würden. Aber eines Tages brach Annegret Overbeck aus dieser Gewohnheit radikal aus und leitete ihr Fortbildungsreferat folgendermaßen ein:

248

»Liebe Kolleginnen und Kollegen, seit wir bei unserer letzten Zusammenkunft hier in diesen Räumen miteinander vereinbarten, unsere eigene Betroffenheit von politischen Entwicklungen und Zuständen zum Thema zu machen, ist einiges in mir vorgegangen, was mich außerstande sein läßt, mich hierher zu stellen und in der Art eines wissenschaftlichen Vortrags zu Ihnen zu sprechen – darüber, wie wir diese Einwirkungen als Therapeuten wahrnehmen und zu verarbeiten trachten. Selbst wenn ich wollte, könnte ich es nicht mehr fertigbringen als Therapeut, als Frau oder als was auch immer nur belehrend zu sprechen. Das Maß der Bedrohung und der Angst, welches ich empfinde angesichts der imperialen Weltmachtpolitik der Supermächte, diese Bedrohung arbeitet an den sicheren Gefängnissen meiner sozialen Rollen und setzt Empfindungen frei, die tief in mein ganz persönliches Leben und in meine Geschichte hineinreichen.

Ich sorge mich sehr um mein Leben und um das Leben von denen, die mir am nächsten stehen, die ich liebe – das spüre ich –, und ich empfinde eine viel tiefere Sympathie für meine Mitmenschen und Zeitgenossen, als ich es bisher von mir kannte. Gleichzeitig bin ich oft bedrückt, wenn ich sehe, wie fern wir uns jedoch im Alltag, in der Familie sein können. Ich begreife meine Lage als die eines Menschen, der schwer krank geworden ist und dadurch weiß und fühlt, daß sich die Lebenszeit nicht unbegrenzt in die Zukunft erstreckt. Meine sichere therapeutische Distanz schrumpft. Ich sehe weniger das Abweichende, eher sehe und fühle ich mit bei den uns allen gemeinsamen Versuchen und unserer täglichen Anstrengung, wie auch immer – unser Leben zu erhalten, unsere seelischen Wunden und Beeinträchtigungen zu kompensieren, unsere Einsamkeit und die Angst davor und unser oft gefühlloses Nebeneinander zu überwinden.

Ich spüre ein großes Bedürfnis nach Geborgenheit: Ich möchte mich am liebsten auf den Schoß großer warmer Elternfiguren flüchten und die Augen schließen vor der schlimmen Gefahr. Denn in meinem Leben habe ich ja auch die Erfahrung gemacht, daß Eltern da sind, die einen vor äußeren und inneren Bedrohungen schützen können. Und so möchte ich auch meinen Kindern jetzt noch so viel Geborgenheit geben, wie mir möglich ist. Ich glaube, ich neige in letzter Zeit dazu, sie mehr zu verwöhnen als früher, und daß ich trotz einer gewissen Erschöpfung, die ich bei mir feststelle, darin nachlasse, meine Forderungen zu stellen und mich durchzusetzen. Ich bin auch oft unsicher darüber, was ich ihnen von mir aus über den bedrohten Zustand unserer Erde und unseres Lebens zugänglich machen soll. So hatte ich zum Nikolaustag im vorigen Jahr für meine älteste Tochter das Buch von Jonathan Schell ›Das Schicksal der Erde‹ gekauft, dann jedoch gezögert, es zu verschenken, obwohl ich weiß, daß meine Kinder wissen wollen, was los ist. Es lag dann auf meinem Schreibtisch, bis nach einigen Tagen meine Tochter fragte, was in diesem Buch drin stehe und ob sie es lesen könne. Erst da hatte ich dann den Mut, es ihr zu geben und ihr mein Zögern zu erklären. Vor einigen Wochen haben wir uns darüber unterhalten und mußten uns gegenseitig trösten, so gut es ging.«

Die Vortragende war außerordentlich bewegt, und entsprechend reagierte die große Mehrheit der etwa hundert Kursteilnehmer. Es wurde ein Wochenende, das eine besondere Verbundenheit unter allen Mitwirkenden stiftete. Wir sprachen in kleinen Gruppen ähnlich miteinander, wie es wohl Annegret Overbeck mit ihrer Tochter getan hatte.

Aber dann setzte abrupt eine Gegenbewegung ein. Und ich erinnere mich, daß man bei den kommenden Veranstaltungen strikt innerhalb der fachlichen Ebene verbleiben wollte. Zu schlimm war der Blick in die aufgerissenen Abgründe gewesen, als daß man sich zutraute, die Diskussion über die Konsequenzen solcher Betroffenheit im privaten und beruflichen Leben unmittelbar fortsetzen zu können. Das war indessen, so wie ich es verstehe, kein unangemessenes Fluchtverhalten. Wir alle sind durch die Dimension der Bedrohung in unserem Reaktionsvermögen überfordert. Damit sind Angst- und Ohnmachtsgefühle verbunden, die auszuhalten und zu verarbeiten es längerer Lernprozesse bedarf.

Was Annegret Overbeck hier bespricht, läßt sich nicht etwa bruchlos in das Kapitel Gegenübertragungsprobleme des Therapeuten oder Beraters einfügen. Und es ist ehrlich und konsequent, wenn sie hier von dem Podest als belehrende Fortbilderin heruntersteigt und den Kursteilnehmern gegenüber eingesteht, daß sie sich – bezogen auf die weltpolitischen und die militärischen Gefahren – wie eine Schwerkranke fühlt, die sich am liebsten in den Schoß behütender Eltern verkriechen möchte. Das sind Gefühle, die jeder von uns kennt, der heutzutage die Informationen über die scheinbar unaufhaltsame Umweltzerstörung und die Risiken der irrationalen Überrüstung an sich heranläßt. Unser aller Selbstsicherheit hängt, wie sich in diesem Fall zeigt, von der Gewißheit ab, von einer verläßlichen, ernährenden, beschützenden Umwelt gehalten zu werden und daran mitzuwirken, diese Bedingung zu garantieren. Geht diese Gewißheit verloren, droht Panik mit unberechenbaren Konsequenzen archaischer Regression. Um diese zu vermeiden, liegt es nahe, sich aus sporadischen Angstdurchbrüchen immer wieder in eine angestrengte Verdrängungshaltung zu retten. Wie instabil diese aber ist, beweist die massive Wut, die sich gegen die Mahner der Friedensbewegung richtet, welche diese Verdrängung fortgesetzt stören. Es gilt bereits wieder als unanständig, an die Wahrheit zu erinnern und die Unglaubwürdigkeit der offiziellen Beschwichtigungspropaganda zu entlarven.

Vor genau 25 Jahren schrieb Karl Jaspers in seinem Buch »Die Atombombe und die Zukunft des Menschen«: »Wie der Kranke sein Karzinom vergißt, der Gesunde, daß er sterben wird, der Bankrotteur, daß kein Ausweg mehr ist, verhalten wir uns so auch gegenüber der Atombombe und machen, den Horizont unseres Daseins verdeckend, gedankenlos noch eine Weile fort? Man möchte von der Atomgefahr am liebsten nichts wissen. Man wehrt ab: Unter der Drohung der totalen Katastrophe lasse sich keine Politik und keine Planung machen. Wir wollen leben, nicht sterben. Trete aber jenes Unheil ein, so sei alles aus. Es habe keinen Sinn, daran zu denken. Es ist, als ob diese Sache zu denen gehört, über die man anstandshalber schweigt. Denn es ist Gefahr, daß sie das Leben unerträglich macht. Aber diese Unerträglichkeit ist das, was allein zu dem Ereignis führen kann, das den so drohenden Tatbestand selber verändert.«

Genau das, was Jaspers hier mit Recht fordert, wird uns von oben planmäßig ausgeredet. Von den verantwortlichen Politikern ebenso wie von konservativen Fernsehmoderatoren. Da ereiferte sich etwa Günter von Lojewski in einer moralisch verbrämten Fernsehsendung scheinheilig über die Vertreter der christlichen Friedensbewegung, die den Menschen Unruhe über die Atomrüstung bereiteten, anstatt ihnen die Angst durch die Verkündung des Evangeliums zu nehmen.

Aber wie kann man, um auf die Worte von Jaspers zurückzukommen, verändern, was man nicht einmal anzuschauen aushält? Und was können wir Berater hier machen, da wir uns in diesem Punkt genauso belastet und ratbedürftig fühlen wie alle anderen? Müssen wir nicht zunächst lernen, das scheinbar Unerträgliche auszuhalten? Aber wie? Offensichtlich hilft es weiter, wenn man ähnlich gestimmte Partner findet, mit denen man über das Unfaßbare reden kann. Das vermittelt das Bewußtsein, daß man etwas gemeinsam trägt, wovon man sich als isolierter einzelner total erdrückt fühlen würde.

Gruppen der Friedensbewegung, die solchen Austausch nach Art von therapeutischen Selbsthilfegruppen als wichtigen Teil ihrer Arbeit begreifen, gehen meines Erachtens sehr sinnvoll vor. Einleuchtend finde ich auch das sogenannte »despair work«, wie es Joanna Macy beschreibt und durchführt. Es sind Workshops, die nicht mehr, aber auch nicht weniger bezwecken, als den Teilnehmern zu helfen, mit ihrer Verzweiflung umzugehen. Die Menschen lernen, ihre Angst und ihr Leiden zu akzeptieren und auszudrücken, so daß diese Gefühle weder zu einer verheerenden Überschwemmung des Ich führen, noch per

Verleugnung, Projektion oder sonstwie abgewehrt werden müssen. Wie Joanna Macy in einer erläuternden Broschüre beschreibt, kann es den Menschen Kraft vermitteln, wenn sie miteinander die Erfahrung machen, daß sie ihre Verzweiflung tragen können. Joanna Macy sagt dem Sinn nach, daß dort aus Verzweiflung nicht echte Hoffnung aufsteigen kann, wo es gesellschaftliche Pflicht ist, immer Hoffnung auszustrahlen, zu lächeln und Fitneß zu mimen. Gerade in einer Gesellschaft, in der jeder glaubt, vor dem anderen aus Anstand seine Angst und seine Bedrücktheit verbergen zu müssen, schwindet die innere Kraft, schwere seelische Belastungen zu ertragen. Joanna Macy geht es darum, diese Kräfte wieder zu stärken.

Wie Annegret Overbeck mit ihrer Tochter das Buch von Jonathan Schell besprochen hat und wie beide einander getröstet haben, liegt offensichtlich in der Richtung dieses »despair work«.

Jedenfalls scheint mir, daß die Eigenschaften, die uns zu einer erfolgreichen Arbeit in unseren psychosozialen Berufen verhelfen, uns in besonderem Maße dazu disponieren, die gemeinsame Bedrohung besonders intensiv zu spüren. Unsere Offenheit und Sensibilität, die uns das einfühlende Mitgehen mit unseren Klienten ermöglicht, bringt viele von uns in ähnliche Zustände, wie sie Annegret Overbeck von sich geschildert hat. Andererseits erfahren wir in unserer Arbeit auch wieder Einflüsse, die wir als Verdrängungshilfe benutzen können. Nur selten hören wir von unseren Klientenfamilien, daß sie die Ursache ihrer Beziehungs- oder Erziehungsprobleme, ihrer Ängste oder Depressionen in apokalyptischen Vorstellungen suchen. In aller Regel beziehen sie ihr Leiden auf landläufige Konflikte in der Familie, in der Schule, am Arbeitsplatz oder in der Interaktion mit Behörden. Gestört ist das Leben im engen alltäglichen Beziehungssystem, und da soll es mit unserer Hilfe wieder in Ordnung kommen.

Für diese Hilfe sind wir auch ausgebildet und angestellt. In der Tat gibt es in diesem engen persönlichen Bereich genügend zu tun, was wir mit unserem klinischen Wissen und mit unseren erlernten therapeutischen Fähigkeiten bewältigen können und müssen. Hier sind wir von massenhaft altvertrauten Neurosen und Beziehungskonflikten umgeben, die wir wie eh und je im Zusammenhang mit mangelhaft bewältigten Kindheitserfahrungen verstehen und bearbeiten können. Das ist und bleibt ein wesentlicher Teil unseres beruflichen Geschäfts. Aber nicht selten liegen hinter dem, was unsere Klienten an Sorgen verbalisieren, verdeckte Probleme einer tieferen Schicht, die unter Umständen erst aus Traumphantasien erschließbar werden und für die den Betroffenen zunächst jede Ausdrucksmöglichkeit fehlt. Erst bei längerer Zusammenarbeit, und auch nur dann, wenn der Berater oder Therapeut hellhörig entsprechende Spuren verfolgt, kommt er an diese Hintergründe heran.

Wenn man Kinder und Jugendliche ihre Phantasien über ihre Zukunft malen oder in Aufsätzen beschreiben läßt, erschrickt man in der Regel über die finsteren Szenarien, die da zum Vorschein kommen. Von Psychiatern der IPPNW ist eine größere Zahl einschlägiger Studien mit weitgehend übereinstimmenden Befunden veröffentlicht worden. Bemerkenswert ist ein Resultat: Man erfährt von den meisten Kindern und Jugendlichen von ihrem Pessimismus und ihren tiefen Ängsten erst, wenn man auf sie zugeht und sie gezielt anspricht. Die meisten kommen damit im Alltag nicht spontan heraus. Sie haben gelernt, ihre düsteren Vorstellungen und Gefühle abzuschirmen. Sie leben mit einem gespaltenen Ich. Quasi im Hinterkopf glauben sie, daß die Welt in absehbarer Zeit kaputtgehen wird. Nichtsdestoweniger widersprechen viele mit ihrer alltäglichen Lebenspraxis dieser geheimgehaltenen Hinterkopf-Perspektive. Sie planen und leben scheinbar so unbefangen drauflos, als wäre alles in Ordnung. Ihre »Pseudonormalität« im Alltagsverhalten verführt ihre Umgebung, manche Politiker und auch einige Fachgenossen zu schönfärbenden Fehldiagnosen.

Aber wir wissen nur zu gut, daß einem anderen Teil der Jugend diese Abspaltung nicht gelingt. Bei ihm führen die negativen Erwartungsvorstellungen zu schweren Konzentrationsstörungen, zu Antriebslähmungen, zur Flucht in Drogen oder zu zweifelhaften Gurus oder in andere Aussteigerkulturen. Mit den meisten unserer traditionellen Beratungsinstitutionen sind wir für diesen Teil der verletzten und resignierenden Jugend nicht mehr attraktiv. Wir erscheinen diesen jungen Leuten als Agenturen derjenigen organisierten Gesellschaft, von der sie sich gerade nichts mehr versprechen. Andere sind freilich noch hoffnungsvoll genug, um irgendwann in dem Bereich der Alternativszene Fuß zu fassen, wo man konstruktiv versucht, aktiv eine freundlichere Gegenwelt zu entwickeln.

Die unterschiedlichen, z. T. polaren Reaktionen der Jugend sind symptomatisch für einen brisanten Spannungszustand in der Gesamtgesellschaft. Die Vorboten von Massenelend durch wachsende Arbeitslosigkeit, von verheerenden Rückschlägen einer vom Wachstumsmythos geblendeten Wirtschaft, die bereits allenthalben vorhandenen ökologischen Zerstörungen und die Risiken der Overkill-Rüstung bedrohen den gesellschaftlichen Konsensus bereits in höherem Maße, als es oberflächlich scheint. Je nach dem Maß, in dem die Bedrohungsgefühle noch abgespalten werden können oder bereits durchbrechen, entfremdet man sich voneinander. Oft geht die Kluft, wie wir wissen, mitten durch die Familien hindurch. Und auch in unseren psychosozialen Berufsgruppen erfahren wir diesen gesellschaftlichen Grundkonflikt als eine Zerreißprobe.

Nehmen wir das Beispiel der Psychiatrie. Da gibt es heute konservative Pharmako Psychiater, die sich der Bundesregierung als Helfer für die Planung des Zivilschutzes angedient und die Hortung von Millionen Psychopharmaka zur Prävention von Panikreaktionen im Atomkriegsfall empfohlen und fachlich gesteuert haben. Sie sind mit allem Eifer dabei, die psychologische Infrastruktur der Abschreckungsstrategie stabil zu erhalten. Ihnen gegenüber stehen ihre in der ärztlichen Friedensbewegung engagierten Kollegen, die sich nicht nur der Fortbildung in Kriegsmedizin, sondern jeder Mitwirkung an einem medizinischen Zivilschutz verweigern, den sie schon in seinem Namen als Irreführung verurteilen. Sie bekämpfen genau, was ihre Fachgenossen auf der anderen Seite tun, indem sie deren Wirken als indirekte Mithilfe einschätzen, der Bevölkerung illusionäre Überlebenschancen für den Atomkriegsfall zu suggerieren. Beide Seiten berufen sich auf ihr Helferethos, empfinden aber jeweils die andere als zutiefst unmoralisch. Im Grunde ist es – wie ich es sehe – ein Kampf um die Aufrechterhaltung oder die Aufhebung der Verdrängung, also zwischen zwei konträren Reaktionsmustern, die uns in den psychosozialen Berufen wie weite Teile der übrigen Gesellschaft entzweien.

Ich selbst habe mich auf der Seite der ärztlichen Friedensbewegung engagiert. Dazu bin ich durch innere Prozesse gelangt, ausgelöst durch die Nazizeit, den Krieg und dessen Folgen. Eine sehr wesentliche Rolle spielt für mich auch, was ich an unbewältigter Schuld und an unbewältigtem Schmerz von den Älteren, einschließlich meiner psychoanalytischen Lehrer, übernommen zu haben glaube, die in ihrer Generation nicht zu Ende verarbeiten konnten, was auch bereits unter meiner Mitverantwortung geschehen ist. Andere sind mit ihrer Erfahrung anders umgegangen. Und vielen Jüngeren ist manches gewiß fremd, was Angehörige meiner Generation geprägt hat. Aber sich gemeinsam über diese persönlichen psychohistorischen Hintergründe zu unterhalten, erlebe ich immer wieder als eine fruchtbare Chance, sich vor voreiliger wechselseitiger Ablehnung oder gar moralischer Verdächtigung zu bewahren. Ich denke, daß ein Austausch in dieser Ebene ein gutes Beispiel unserer Berufsgruppen sein könnte, wie man sich in einer Gesellschaft gemeinsam mehr Klarheit zu gesellschaftlichen Grundfragen verschaffen könnte, auf die im einzelnen sehr schwer rettende Antworten gefunden und politisch durchgesetzt werden können. Gemeinsam Rat suchen, das wäre das adäquate Verhalten einer Gesellschaft, die allen Grund hätte, sich in echter Notlage als eine Selbsthilfegesellschaft zu begreifen und zu benehmen, anstatt blindlings einer politischen Machtelite nachzulaufen, die uns mit dem Versprechen irreführt, alles zu wissen und unfehlbar richtig zu planen.

Der Ansatz der Selbsthilfe bedeutet, daß wir zwar *auch* miteinander erforschen, was andere, was gesellschaftliche Kräfte mit uns machen. Aber *wichtiger* ist für den einzelnen zu fragen: Wo stehe *ich selbst,* und welchen Weg entscheide ich mich zu gehen? Was folgt aus meiner Erkenntnis und meinem Gewissen als Konsequenz für mein Tun? Wer sich – und das ist eine aktuelle Versuchung – ausschließlich mit den widrigen äußeren Verhältnissen befaßt, ist schon auf dem Wege, sich resignativ nur noch als Objekt und nicht mehr als Subjekt des gesellschaftlichen Prozesses zu begreifen.

Dies erfahren wir alltäglich in unserer therapeutischen und beraterischen Arbeit. Gerade in einer Phase, in welcher der äußere Druck der totalen Verplanung, Verdatung und funktionellen Einvernahmung stetig zunimmt, müssen wir unsere Klienten wie uns selbst darin stärken, der *eigenen Identität* inne zu werden und aus dieser heraus zu handeln. Die vielen uns konsultierenden verängstigten Eltern müssen lernen, nicht nur ewig danach zu fragen, wie ihre Kinder dafür besser passend gemacht werden können, was man von ihnen erwartet. Wichtiger ist, daß die Kinder zu sich selbst finden. Aber darin können sie nur von Eltern und Beratern unterstützt werden, die sich ihrerseits nicht mit ihren von außen definierten sozialen Rollen verwechseln und die den Glauben daran nicht aufgegeben haben, daß gerade in der nivellierenden und anonymisierenden Massengesellschaft jeder einzelne aufgerufen ist, darüber mitzuentscheiden, wie wir miteinander und in der Natur weiterleben wollen, ja, wie wir das Weiterleben für unsere Kinder und Enkel überhaupt sichern können.

Literatur

Jaspers, K. (1958): Die Atombombe und die Zukunft des Menschen. Piper Verlag, München, Sonderausgabe 1960, S. 23 f.

Macy, J.: Mut in der Bedrohung – Psychologische Friedensarbeit im Atomzeitalter. Kösel Verlag, München 1986

Richter, H.-E.: Die Psychosoziale Arbeitsgemeinschaft Lahn-Dill. In: Ders.: Engagierte Analysen. Rowohlt Verlag, Reinbek bei Hamburg 1978. Rowohlt Taschenbuch Verlag, Reinbek bei Hamburg 1981, S. 177–211

Psychotherapeut und Mitmensch*

Unter den psychoanalytischen Therapeuten, denen ich zuge-
höre, wird der Begriff Psychoanalytiker oft in einem die Ganzheit der Person umfassenden Sinne verwendet. Als verwandle
sich einer, der Psychoanalytiker wird, in ein Wesen, das ganz in
dem Psychoanalytiker-Sein aufgeht. Es entsteht dann der
Anschein, als ob sich ein Psychoanalytiker von seinen Mitmenschen ähnlich abhebe wie die Mitglieder gewisser Sekten, deren
Existenz vollständig von der Sekte bestimmt wird. Nun läßt sich
schwer leugnen, daß sich die Psychoanalyse als Wissenschaft
vom Unbewußten einem besonders hohen Anspruch verpflichtet. Als Therapie ist Psychoanalyse nicht irgendeine, sondern
eine in das psychische Leben tief eingreifende Tätigkeit. Sie
strebt an, dem Analysanden, der sich mit seinen ihm zuvor
verborgenen inneren Impulsen und Phantasien auseinanderzusetzen lernt, zu einer umfassenderen Selbsterkenntnis und,
damit zusammenhängend, zu einer größeren inneren Freiheit zu
verhelfen. Wer sich ein so großartiges Ziel steckt, nimmt sich
eine außergewöhnliche Leistung vor. Weil er etwas ganz Besonderes leisten muß, mag mancher Psychoanalytiker glauben, auch
etwas ganz Besonderes sein zu müssen. Die Versuchung liegt
nahe, zur Unterdrückung von Unsicherheit ein überhöhtes pro-
fessionelles Selbstbild zu entwickeln. Dann mag es ihm schwer-
fallen, sich in seinen Therapien nicht immer nur als fabelhaft

---

* Nach einer Rede im Rahmen der Norddeutschen Psychotherapie-Tage in
  Lübeck am 9. 10. 1986

souveräner Therapeut, sondern zugleich als anfälliger Mitmensch zu erleben.

Nicht leicht ist es für einen Therapeuten, jederzeit zu durchschauen, ob er, wenn sich zwischen seinem Patienten und ihm ein spannungsvolles Übertragungsverhältnis entwickelt, seine Deutungsinstrumente wirklich nur zum Wohl des Analysanden oder nicht auch gelegentlich zum Selbstschutz anwendet. Ich habe den einen oder anderen wissenschaftlich ausgezeichneten Therapeuten kennengelernt, dem es entging, daß sich seine besondere narzißtische Empfindlichkeit deutlich auf seine Behandlung auswirkte. Es kamen Patienten oder Lehranalysanden heraus, die schließlich bis ins Gehabe und in die Sprache hinein den Stil ihres Meisters genau kopierten, dessen Name ihnen heilig wurde. Man mußte auf eine Beziehung zum Therapeuten rückschließen, die ihnen eine solche Überidentifizierung bzw. Unterwerfung nahegelegt hatte. Offensichtlich hatten sie sich dem Übertragungskonflikt mit dem Therapeuten dadurch entzogen, daß sie sich diesem krampfhaft anzugleichen versucht hatten. Wiederholt sich ein solcher Effekt immer wieder, sagt er natürlich einiges über unkontrollierte narzißtische Bedürfnisse des betreffenden Therapeuten aus. An einem bekannten internationalen psychoanalytischen Institut hatte ein Theoriestreit die Lehranalytiker entzweit. Ohne deren Zutun wäre es kaum zu dem Phänomen gekommen, daß die Ausbildungskandidaten mit der Zeit regelmäßig die Fraktion ihres jeweiligen Lehranalytikers verstärkten.

Kein Therapeut kann vermeiden, daß es ihm gelegentlich Schwierigkeiten bereitet, eine unbequeme Haltung seines Patienten auszuhalten. Gefährlich wird es erst dann, wenn er, identifiziert mit einem perfektionistischen Selbstbild, seine Beklemmung weder sich selbst noch seinem Patienten einzugestehen wagt und sich dessen Zumutungen unter Vortäuschung therapeutischer Souveränität zu erwehren sucht. Der Therapeut ist, wie es so schön heißt, »auch nur ein Mensch«. Also muß er gewärtigen, daß ihn gelegentlich ein Patient in echte Verlegenheit bringt. Er muß sich dieser Anfälligkeit bewußt sein, um zu vermeiden, daß er automatisch immer auf den Patienten zurückspiegelt, was in Wirklichkeit sein eigenes Problem ist. Ein sensibler Analysand wird diese Ungereimtheiten ohnehin spüren. Nämlich daß der Therapeut ihn, wie logisch er auch immer deutet, derzeit nicht gefühlsmäßig annimmt.

Nach meiner Erfahrung wird die Entwicklung eines überhöhten professionellen Ich-Ideals mit ihren negativen Auswirkungen in der Subkultur mancher Institute geradezu systematisch gefördert. Das sei etwas näher erläutert.

In seiner Ausbildung wird der junge Therapeut gründlich in Diagnostik, Indikationsstellung und therapeutischer Technik geschult. Unter Supervision lernt er, unter welchen Bedingungen und wie er die Instrumente der psychoanalytischen Intervention anwenden darf oder soll. In der Lehranalyse erfährt er die Wirksamkeit dieser Instrumente an sich selbst. Zugleich soll ihm die Selbsterfahrung so weit eine Kontrolle über die eigenen Konflikte vermitteln, daß diese sich fernerhin nicht unbewußt in sein therapeutisches Tun einmischen. Es wird ihm das Ideal vermittelt, daß er als »durchanalysierter« Therapeut ein Stadium erreichen könne, psychoanalytische Therapie als Methode ohne Verunreinigung durch subjektive Voreingenommenheiten anzuwenden.

Aber wie sehr er sich in seiner Lehranalyse auch innerlich bereichern und verändern mag – am Ende wird er sich eingestehen müssen, daß jenes hehre Ideal utopisch ist. Lernt er die Verhältnisse an seinem Institut und in seiner Vereinigung genauer kennen, wird ihm klar werden, daß die anderen nicht viel besser dran sind als er selbst. An seinem Institut und in seiner Vereinigung sieht er sich von etablierten Kollegen umgeben, die im Umgang miteinander die gleichen neurotischen Konfliktmuster präsentieren, wie sie überall vorkommen. Es wird ihm nicht entgehen, daß Therapeuten in ihren Ehen und mit ihren Kindern oft genug Schwierigkeiten aus denselben Fehlhaltungen heraus provozieren, die alltäglicher Gegenstand ihrer Patientenarbeit sind. Er wird sich also nicht einsam fühlen, wenn er sich am Ende seiner Lehranalyse noch immer mit gravierenden Schwierigkeiten behaftet erkennt. Aber nun mag er ein stillschweigendes interkollegiales Übereinkommen feststellen, diese gemeinsame Mangelhaftigkeit zu verleugnen. Zwar ist es in diskreten Einzelgesprächen üblich, daß man hinter vorgehaltener Hand rivalisierenden Kollegen alle möglichen neurotischen Konflikte nachsagt. Aber sitzt man gemeinsam am Tisch und verhandelt beispielsweise Ausbildungsfragen, funktioniert in der Regel wieder eine kollektive Selbst-Idealisierung und eine Projektion des Negativen nach außen.

Wenn in den letzten Jahrzehnten die Zulassungs- und Ausbildungsanforderungen immer höhergeschraubt und die Prüfungen an vielen Orten strenger gehandhabt wurden, so war dies nicht nur eine Reaktion auf die Bewerber-Inflation, sondern sicher auch und nicht zuletzt eine Projektion eigener Insuffizienzgefühle auf die Kandidaten. So wie Eltern, die ihre eigenen Sexualkonflikte nur mangelhaft bewältigt haben, oft in eine übertriebene Sexualkontrolle ihrer Kinder verfallen, so neigen etablierte Analytiker, die mit ihren neurotischen Schwächen unausgesöhnt sind, zu einer mißtrauischen und besonders rigorosen Überwachung ihres fachlichen Nachwuchses. Dieser soll dann durch besonders lange und umfassende Ausbildung wettmachen, was die Älteren als unbewältigte eigene Anfälligkeit drückt. Aber der Gedanke, daß es so sein könnte, gilt offiziell als so ungeheuerlich, daß sich zur Persona ingrata macht, wer ihn etwa innerhalb eines offiziellen Gremiums ausspricht.

Nun könnte man den irrigen Eindruck gewinnen, ich würde hier über etwas reden, wovon ich mich selber weniger betroffen glaube, etwa weil ich mich erfolgreicher analysiert dünke. Meinen Lehranalysen verdanke ich – das ist viel –, daß ich mich mit meinen Unzulänglichkeiten besser verstehen kann. Mir liegt gerade daran, das Ideal eines psychoanalytischen Therapeuten als eines perfekteren Menschen als falsch und sogar schädlich nachzuweisen. So ist denn die schon angeschnittene Frage noch zu vertiefen, wie es denn zu diesem Ideal gekommen ist und warum es immer noch weithin gepflegt wird.

Ich wiederhole: Es ist sicher kein narzißtischer Größenwahn, vielmehr die Sensibilität für die Brisanz der analytischen Situation, die zu dem übermäßigen Vollkommenheitsanspruch verführt. Kein anderer sozialer Beruf außer dem des Seelsorgers konstelliert eine ähnliche risikoreiche persönliche Nähe zwischen dem Ausübenden und seinem Klienten als Partner. Die Arbeit am Unbewußten sprengt die sonst üblichen Umgangsregeln, die es erleichtern, affektive Beziehungsprozesse unter Kontrolle zu halten. Es ist ein enormer Anspruch an den Therapeuten, der seitens des Patienten mit zum Teil entwicklungsgeschichtlich sehr frühen und vehementen Gefühlen, Ängsten und Triebimpulsen bedrängt wird, sich für diese Emotionen verstehend zu öffnen, ohne sich selbst dadurch verwirren zu lassen. Die Sorge, wie wir Therapeuten diese ungeheure Zumutung bestehen können, läßt uns das Problem oft vorschnell auf die moralische Ebene verlagern. Eine überaus umfangreiche Literatur beschäftigt sich mit den Übertragungsmotiven der Patienten und gibt dem Therapeuten Ratschläge, wie er damit umgehen darf oder soll. Es fehlt auch nicht an hilfreichen Anweisungen, wie er diejenigen Gefühle handhaben solle, durch die sich der Patient in ihm abspiegelt. Aber was er *von sich aus* an Impulsen gegenüber dem Patienten produziert, wird üblicherweise eher nebenbei und jedenfalls von vornherein unter dem normativen Aspekt der Abstinenz und der Kontrolle abgehandelt.

Ein treffendes Beispiel ist Freuds Aufsatz über die »Übertragungsliebe«. Freud erörtert darin ausführlich, warum sich Patientinnen in einen männlichen Therapeuten verlieben, inwiefern diese Liebe Neuauflage infantiler Gefühle sei, inwiefern sie dem Widerstand diene, inwiefern sie realitätsblind und einer normalen Verliebtheit ähnlich oder von dieser unterscheidbar sei. Über den Therapeuten wird in demselben Aufsatz in variierenden Versionen nur immer gesagt, daß er standhaft bleiben müsse, daß er den Patientinnen Befriedigung versagen müsse, daß die Kur in der Entbehrung zu geschehen habe, daß ein Nachgeben ausgeschlossen sei, usw.

Selbstverständlich sind diese Ratschläge sinnvoll und notwendig. Aber macht es die Regel der Abstinenz überflüssig, sich darüber Gedanken zu machen, ob und welche emotionalen Regungen der Therapeut von sich aus auf Patienten richtet? Wenn das nicht untersucht und besprochen wird, wird damit indirekt verpönt, was der Therapeut nichtsdestoweniger in sich erlebt. Die Konsequenz ist leicht eine Verleugnung, die es um so eher möglich macht, daß das Verpönte sich auf unkontrollierte Weise in die Therapie einschleicht. Je zwanghafter der Therapeut gefühlsmäßig neutral sein will, um so weniger kann er es sein.

Jeder Therapeut verbindet mit seiner Berufsarbeit bewußte und auch unbewußte Gefühlserwartungen unterschiedlicher Art. Er ist nicht zuletzt deshalb Therapeut geworden, weil er mit Hilfe der Patienten auch selbst weiterkommen möchte. Wo Patienten in besonderem Maße zu dieser Erwartung passen, findet er sie sympathischer als andere. Schon bei der bloßen diagnostischen Wahrnehmung wirken solche Bedürfnisse unbewußt gestaltend mit. Weil diese Prozesse schwer kontrollierbar sind, hält sich leicht das alte Vorurteil, daß nur schlechte Therapeuten solchen affektiven Vorurteilen unterlägen, die sich mit der Abstinenzforderung nicht vertrügen.

Zur Entkräftung dieses Vorurteils habe ich bereits verschiedentlich von einer älteren Untersuchung berichtet, in der wir Gießener Therapeuten, Mitglieder der Psychosomatischen Klinik, uns einst überführt haben, daß wir jeder auf individuelle Weise geneigt sind, uns von Patienten ein subjektiv gefärbtes Bild zu machen. Also bereits vor einer therapeutischen Beziehung fließen, wie die Studie gezeigt hat, in unsere diagnostische Einschätzung unbewußte Zutaten ein. Offenbar bringt es jeder von uns fertig, Patienten wenigstens ein Stück weit so zu sehen, wie sie zu den eigenen therapeutischen Beziehungswünschen passen.

Wem diese Untersuchung noch nicht bekannt oder nicht mehr erinnerlich ist, dem sei sie kurz erläutert: Wir haben eine Reihe von fernsehaufgezeichneten Erstinterviews mit Patienten angesehen, und jeder von uns hat diese Patienten anschließend mit Hilfe eines skalierten Fragebogens beurteilt. Es war eine Vorform des nach psychoanalytischen Kriterien konstruierten Gießen-Tests. Bei der rechnerischen Auswertung fand Dieter Beckmann, daß jeder von uns in Richtung eines individuellen Stereotyps spezielle diagnostische Akzente gesetzt hatte.

In einem nächsten Untersuchungsschritt beurteilten wir Therapeuten uns gegenseitig mit Hilfe desselben Fragebogens. Verblüfft stellten wir nun fest, daß das Psychogramm eines jeden glänzend zu der Richtung paßte, in der er diagnostisch stereotypisierte. Überall schienen sich sinnvolle psychologische Ergänzungsverhältnisse zwischen Therapeut und Patient abzubilden.

Plötzlich verstanden wir nun auch besser den Hintergrund mancher Kontroversen, die uns in unseren gemeinsamen Fallkonferenzen längere Zeit irritiert hatten. Hinzuzufügen ist allerdings, daß die nun nachgewiesenen subjektiven Abweichungen in unserer Patientendiagnostik lediglich ein begrenztes Ausmaß hatten. Und diejenigen unter uns, die bereits über längere psychoanalytische Erfahrung verfügten, stereotypisierten bedeutend weniger als junge Ausbildungskandidaten. Aber nachweisbar war das Phänomen bei jedem. Überdies machten wir die Beobachtung, daß die einzelnen offenbar auch am liebsten solche Patienten in Therapie nahmen, die in der Richtung ihrer diagnostisch bevorzugten Merkmale lagen.

Mir ist nicht bekannt, daß eine solche Untersuchung an anderem Ort wiederholt worden wäre. Es handelt sich ja auch um ein Vorhaben, das für eine Therapeutengruppe keine geringe Belastung darstellt. Auch wir wurden damals durch die Resultate in unterschiedlichem Maße beunruhigt. Als ich die Methode einst in einem größeren Fachkreis vortrug, äußerte ein erregter prominenter Psychoanalytiker sogar Zweifel, ob diese Art von Gruppen-Selbsterforschung nicht schon den Grad des menschlich Zumutbaren überschreite. Aber was muten wir denn erst unseren Patienten zu, wenn wir die Erforschung unserer subjektiven Bedingungen vernachlässigen, die in jedem Fall die Gestaltung unserer Therapeut-Patient-Beziehungen mit beeinflussen? Übrigens haben wir die Erfahrung gemacht, daß unsere Untersuchung sich sehr positiv auf unsere künftigen kasuistischen Diskussionen auswirkte. Wir stritten uns weniger darum, ob ein bestimmter Patient nun genauso oder anders sei, weil wir uns gegenseitig mit mehr Nachsicht eine subjektive Komponente in der Beurteilung zugestanden. Es war nicht nur mein Eindruck, daß es uns guttat, durch diese Studie genötigt zu werden, unsere professionellen Selbstbilder kritisch zu überprüfen.

An anderen Instituten hielt sich zwar eine Zeitlang die Version: unsere Untersuchung habe nur entlarvt, was wir in Gießen für unzulängliche Therapeuten seien. Wir indessen sind noch heute der Meinung, daß eine vergleichbare Untersuchung bei anderen analytischen Gruppen ähnliches zutage fördern und damit einer realistischeren Selbsteinschätzung in unserer Berufsgruppe den Weg bahnen würde.

Psychoanalytiker sind – lassen Sie mich diese triviale Formel wiederholen – »auch nur Menschen«. In ihre therapeutische Partnerwahl und in die Gestaltung ihrer therapeutischen Partnerbeziehungen mischen sich subjektive Voreingenommenheiten ein, wie sie Freud in der Beschreibung von Typen der Objektwahl oder wie ich sie bei der Klassifizierung der unbewußten Erwartungen von Eltern an ihre Kinder genannt habe.

Ein Beispiel für eine solche Rollenerwartung möchte ich herausgreifen, um an ihm das Problem noch weiter zu klären und seine Bedeutung zu prüfen. In unserer Untersuchung stellte sich heraus, daß solche Therapeuten, die von ihren Kollegen als vorwiegend phallisch-narzißtisch eingestuft werden, bei Patienten eher oral-depressive Merkmale besonders hervorheben. Sie sehen die Patienten bevorzugt in dieser diagnostischen Richtung, weil sie – so läßt sich annehmen – sich mit Menschen dieser

Kategorie aus einem unbewußten Bedürfnis heraus besonders gern therapeutisch zusammentun möchten. Welcher Gewinn kann es nun sein, den Therapeuten mit ausgeprägteren phallisch-narzißtischen Merkmalen von oral-depressiven Patienten erwarten? Tut es ihrem Narzißmus wohl, sich von schwachen, besonders leidenden Patienten bewundern zu lassen? Schützt es sie vor Bedrohungsängsten, wenn sie mit möglichst hilflosen Menschen arbeiten können, die ihnen vermutlich gravierende Rivalitätskonflikte ersparen? Brauchen sie das Kindschema, um mütterliche Fürsorgeimpulse ausleben zu können?

Es leuchtet ein, daß jeder der aufgezählten Wünsche die Gefahr in sich birgt, daß der Therapeut den Patienten auf ein solches einseitiges Rollenmuster fixiert, was er ihm auch sonst Gutes antun mag. Ist der Analytiker aus neurotischen Gründen genötigt, die eigene Abwehrstruktur mit Hilfe des Patienten zu verteidigen, wird er diesen immer nur bis zu dem Punkt fördern können, an dem der Analysand an dieses Defensivsystem rührt. Es wird den eher phallisch-narzißtischen Analytiker dann in seiner Haltung gefährden, wenn ihn der Patient schließlich doch einmal mit hartnäckigen kämpferischen Herausforderungen auf die Probe stellt.

Aber man kann sich durchaus auch vorstellen, daß sich die Beziehungsform ganz anders entwickelt, sofern nämlich ein Therapeut komplementäre Wesenszüge bei Patienten nicht deshalb sucht, um die eigene Position dagegen abzuschirmen, sondern um sich selbst zu vervollständigen, indem er einem Patienten hilft, sich innerlich zu erweitern. Das hieße etwa bei dem gewählten Beispiel: Der Therapeut tut alles, um dem Patienten den Weg aus seiner oral-depressiven Verfassung heraus zu erleichtern, indem er selber mitfühlend lernt, eigene Schwäche und Depressivität, die er bisher schwer zulassen konnte, bei sich deutlicher wahrzunehmen. Der Therapeut macht also Seite an Seite mit dem Patienten Lernfortschritte und erträgt nicht nur, sondern fördert eine allmähliche Umwandlung der anfänglich eher polaren Rollenkonstellation. Dann kann die komplementäre therapeutische Partnerwahl also einen fruchtbaren analytischen Prozeß eher begünstigen.

Entscheidend bleibt in jedem Fall, ob ein Therapeut an alle seine Therapien mit der Bereitschaft herangeht, sich von den Patienten auch selbst in Frage stellen zu lassen. Ob er, indem er die Patienten eigene verborgene Seiten zu entdecken hilft, auch sich selbst immer neu zu sehen fähig ist. Viele Therapien können nur dadurch gelingen, daß der Therapeut sich ein Stück mit verändert, um die Patienten in der Bearbeitung von solchen Konflikten zu ermutigen, die auch in ihm stecken. Die generalisierte Vorstellung, es sei für Patienten nur schädlich, wenn der Therapeut eine eigene Schwäche durchsichtig werden läßt, ist die Projektion eines falschen, überhöhten Therapeuten-Selbstbildes. In Wirklichkeit spüren Patienten in aller Regel ohnehin nach einiger Zeit, wo ihr Therapeut Schwierigkeiten mit sich selbst hat. Und es macht ihnen Angst oder fixiert sie in einer Widerstandshaltung, wenn der Therapeut sie etwa mit analytischen Interpretationen zwingen will, das, was sie an ihm entdecken, nur als ihre eigene neurotische Phantasie einzugestehen.

Die eigenen Probleme, die ein Therapeut – wie gut er auch immer ausgebildet und lehranalysiert worden sein mag – in die Arbeit mit seinen Patienten einbringt, wurzeln in seinen biographischen und seinen präsenten psychosozialen Erfahrungen. Von letzteren möchte ich jetzt noch reden, weil ihr Einfluß eher unterschätzt wird.

Der Therapeut ist wie jeder Mitbürger mitbetroffenes und mitverantwortliches Glied seiner Gesellschaft, die ihn außer in seinem Privatbereich auch in seiner Identität als Therapeut vielfältig beeinflußt. Ich möchte das Problem wieder gleich anschaulich machen und benutze ein drastisches historisches Beispiel:

Studien der letzten Jahre haben sich intensiv mit dem Verhalten der nichtjüdischen deutschen Psychoanalytiker unter Hitler beschäftigt, als ihre jüdischen Kollegen vertrieben wurden und ihnen selbst eine immer stärkere Verleugnung von Elementen der Lehre Freuds aufgenötigt wurde. Man hat sich gewundert, bis zu welchem Grad von Anpassung und Unterwerfung sich die meisten Kollegen damals drängen ließen. Gewundert deshalb, weil das Hitlerregime in so eklatanter Weise die Menschlichkeit unterdrückte, deren Förderung das eigentliche Ziel der Psychoanalyse ist. Sonderbarerweise benahmen sich die in Deutschland verbliebenen Analytiker eher wie die Hüter eines Kunstschatzes, den man zeitweise auslagern kann, um ihn in besseren Zeiten wieder der Öffentlichkeit zu präsentieren.

Die Interpretation liegt nahe, daß manche jener Kollegen das Ausmaß ihrer Kapitulation deshalb verkannten, weil sie sich vormachten, die Psychoanalyse sei eine gesellschaftlich neutrale bzw. von der gesellschaftlichen Wirklichkeit abgehobene Lehre und daß der Konflikt mit den Nazis – abgesehen von deren rassischer Diskriminierung Freuds und seiner jüdischen Schüler – vorrangig die äußeren Arbeitsmöglichkeiten betreffe. Daß eine zutiefst der Humanität verpflichtete Wissenschaft nicht neben einem, sondern nur gegen ein menschenverachtendes System zu betreiben war und ihre Repräsentanten als politische Bürger zu besonderem Widerspruch hätte herausfordern müssen, diese Erkenntnis versagten sich diese Kollegen. Ihre Ausweichhaltung war und ist ein Beleg dafür, daß Psychoanalytiker sich davor hüten sollten, sich schon von Berufs wegen eine im Vergleich mit ihren Mitbürgern hervorragende Konfliktfähigkeit zuzutrauen. Je mehr sie mit einem solchen angemaßten Selbstbild leben, um so eher kann ihnen passieren, daß sie gesellschaftlicher Druck des Gegenteils überführt.

Einer solchen Selbsttäuschung kann erliegen, wer eine Bemerkung Freuds in »Das Unbehagen in der Kultur« überinterpretiert. Da heißt es dem Sinn nach: In dem Maße, in dem man sich auf die inneren psychischen Prozesse konzentriere, schrumpfe die Abhängigkeit von den Widrigkeiten der Außenwelt. Dementsprechend könnte man sich als Psychoanalytiker, der sich in seiner Lebensform besonders den Prozessen der Innenwelt zuwendet, einbilden, fernerhin mit der politischen Realität weniger verwickelt zu sein. Ein solcher Fehlschluß erinnert mich an kleine Kinder, die beim Versteckspielen die Augen zumachen und glauben, daß man sie nun nicht mehr aufspüren könne. Keiner entrinnt seiner Verwicklung in den gesellschaftlichen Prozeß, indem er von ihm wegsieht.

Es ist eine magische Illusion, daß konsequente Introspektion die konstante Wechselbeziehung zwischen innen und außen aufhebe oder auch nur einschränke. Was man gedanklich abschaltet, verliert darum nichts von seiner realen Macht. Was man für souveräne Distanzierung hält, kann in Wahrheit eher blinde Unterwerfung sein. Vor allem Paul Parin hat dieses Phänomen an der historischen Entwicklung der psychoanalytischen Gesellschaft sorgfältig untersucht. Er hat verfolgt, wie die internationale psychoanalytische Organisation, indem sie sich mehr und mehr von gesellschaftskritischen Fragen abwandte, sich gleichzeitig einschränkenden sozialen Anpassungsforderungen unterwarf.

Eine Fülle von Belegen dokumentiert uns die Anfälligkeit von Psychotherapeutengruppen der verschiedensten Schulen für eine opportunistische Autoritätsergebenheit, die oft nicht einmal als Problem bemerkt wurde. Ein bekanntes Beispiel: Scharenweise waren Therapeuten im letzten Krieg dazu bereit, bei sogenannten Kriegsneurotikern die Kriegsverwendungsfähigkeit wie selbstverständlich zum neuen Maßstab ihrer Therapie zu machen. Daß man dabei, wenn verbale Verfahren nicht genügten, schmerzhaftes Elektrisieren zur Unterdrückung von Konflikten, die das militärische Funktionieren hemmten, anwandte, belegen manche erschreckenden Beispiele der deutschen Kriegspsychiatrie und Kriegspsychotherapie. Der Begriff von psychischer Gesundheit wurde nahezu automatisch den militärischen Interessen angeglichen. Symptomfrei im Betrieb des Tötens mitzuwirken hieß das anerkannte Ziel männlicher Gesundheit. Bekannte amerikanische Kollegen beklagten es seinerzeit als Unglück, daß es in ihrem Land eine besonders hohe Quote von psychogenen Kriegsuntauglichen gab. Zur Abstellung des Übels forderten sie eine Revision des Erziehungssystems. Lange hat es gedauert, ehe unsere Zunft solche geradezu automatisch ablaufenden Anpassungen an politische Opportunitäten überhaupt als Problem zu thematisieren begonnen hat.

Gerade in den letzten Jahren ist allerdings zu erkennen, daß die relative gesellschaftliche Blindheit in der psychotherapeutischen Berufsgruppe in allmählichem Abnehmen begriffen ist. Wie in manchen anderen Ländern registrieren auch hierzulande immer mehr Psychotherapeuten, daß es einen unmittelbaren Zusammenhang zwischen intakter Umwelt und gesunder Innenwelt bzw. zwischen gesellschaftlichen Bedrohungen und psychischen Störungen gibt. *Politischer* Militarismus wird als Kehrseite eines *psychischen* Militarismus erkannt. Ebenso wird begriffen, daß sich in der *Umweltzerstörung* ein rücksichtsloser *megalomaner Bemächtigungsdrang* der Menschen austobt. Kinderpsychiater und Kinderpsychotherapeuten belegen in Untersuchungen, daß in Kindern und Jugendlichen weltweit eine *Angst vor der Zukunft* ansteigt, welche die machttragende Generation mit immer höheren Risiken gefährdet. Verfolgt man die Kongreßthemen unserer Berufsgruppe in den letzten Jahren, so zeigt sich eine deutliche Erweiterung des Bewußtseinshorizonts: Es wird untersucht, was Arbeitslosigkeit, unverträgliche Technologien, Umweltzerstörung und atomarer Wettlauf psychisch in den Menschen anrichten – so wie umgekehrt, wenn auch noch zaghafter, danach gefragt wird, wie diejenigen psychischen Kräfte gestärkt zu werden vermögen, die zur Veränderung schädlicher wirtschaftlicher, technologischer und militärpolitischer Strategien mobilisiert werden können.

Ich denke, daß wir uns vornehmen sollten, uns künftig gerade auch dieser zuletzt genannten Fragestellung intensiver zu widmen. Leicht ist es gewiß nicht, dafür den Mut aufzubringen, vergegenwärtigt man sich die gewaltigen Machtkomplexe der Wirtschaft, der Technik, der Militärs und der Bürokratie, die sich weiß Gott nicht danach richten, wie der einzelne mit ihnen psychisch zurechtkommt. Es wäre auch nur eine andere als die vorher zitierte größenwahnsinnige Selbstüberschätzung, würden wir Psychotherapeuten erwarten, mit unseren Einsichten gewaltige gesellschaftliche Wirkungen auszulösen. Aber rings um uns sind ja auch schon in zahlreichen anderen Gruppen kritische Besinnungsprozesse in Gang gekommen. Speziell die Raketenrüstung und Tschernobyl haben in vielen Millionen zumindest die Ahnung geweckt, daß es gefährlich ist, sich ohne praktische Wahrnehmung von Mitverantwortung Entwicklungen gefallen zu lassen, die scheinbar eigendynamisch über unseren Köpfen ablaufen, aber jeden einzelnen und unsere gemeinsame Zukunft vital bedrohen. Weil diese ineinander verflochtenen Machtkomplexe offensichtlich nicht von sich aus die fragwürdigen Strategien ändern können, auf die sie sich programmiert haben, bleibt nur übrig, daß wir Menschen mit unserem gebündelten Willen gegensteuern.

Aus dem Kreise der vielen, die über die modernen gesellschaftlichen Bedrohungen beunruhigt sind, gelangen verschlüsselte, aber auch offene Anfragen speziell an uns Psychotherapeuten. Verschlüsselt sind die Fragen der zahlreichen Patienten – Erwachsene und Kinder –, die ihre diffusen Zukunftsängste lediglich mittels psychischer oder psychosomatischer Störungen ausdrücken, obwohl sie in ihren Krankheitstheorien solche Konflikthintergründe meist ausblenden, die über ihre engeren Lebensumstände hinausreichen. Erst wenn wir Therapeuten gezielt darauf achten, werden wir herausfinden, daß hinter vordergründigen individuellen Konflikten oft eine tiefreichende negative Grundstimmung wirksam ist, die sich mit pessimistischen Phantasien über die allgemeine Entwicklung verbindet. Auf die Dauer kann uns indessen nicht entgehen, daß sich in vielen Menschen die Fülle von Informationen über bedrohliche gesellschaftliche Entwicklungen zu einer nahezu sprachlosen Mischung von Angst, Unmut und Verzweiflung verdichtet hat. Die geradezu epidemische Schockwirkung von Tschernobyl hat für eine kurze Zeit eine existentielle Angst ans Licht gebracht, die untergründig längst vorhanden war, so wie sie auch jetzt nach einem neuen Verdrängungsschub weiter schwärt.

Aber neben den verdrängenden begegnen uns immer häufiger Menschen, denen Tschernobyl, die Atomrüstung, der kranke Wald, das Sterben der Arten, schließlich die fortschreitende Dehumanisierung unseres gesellschaftlichen Betriebs überhaupt nicht mehr aus dem Kopf gehen und die darüber nachdenken, ob und wie sie sich wehren können. Wie kann man solche Probleme überhaupt aushalten? Wie kann man das Gefühl der persönlichen Ohnmacht gegenüber den Kräften meistern, welche die unheilvolle Entwicklung steuern? Wie kann man einen Widerstand leisten, der fühlbar wird, ohne daß man sich aus Verzweiflung zu kontraproduktiven Überreaktionen hinreißen läßt? Wie kann man als Eltern rechtzeitig seine Kinder zu kritischer gesellschaftlicher Wachsamkeit erziehen, aber gleichzeitig vermeiden, sie über das Maß ihrer Tragfähigkeit hinaus zu beunruhigen oder sie unbedacht zu bevormunden? Wie kann man den Konflikt bewältigen, daß man seiner Familie fürsorglich soziale Sicherheit erhalten möchte, während man andererseits durch kritisches gesellschaftliches Engagement berufliche Rückschläge, Isolation bis zur Ächtung im Arbeitsbereich und in der Nachbarschaft gewärtigen muß?

Dies alles sind Fragen, die uns als Experten für Konfliktpsychologie, Familien- und Gruppendynamik unmittelbar angehen. Aber da sie nicht in den Bereich unserer Dienstleistungsaufgaben im Versorgungssystem fallen, könnten wir uns bequem hinter eine traditionelle Identitätsspaltung zurückziehen. Dann würden wir sagen: Als Psychotherapeuten müssen wir den politischen Mitbürger, der wir außerhalb unseres Berufs auch sind, heraushalten. Wie wir uns auf der anderen Seite als politische Mitbürger sehen und verhalten, hat nichts damit zu tun, daß wir auch Psychotherapeuten sind. Diese Spaltung erscheint bekanntlich vielen sogar als Kernstück einer offiziellen Berufsethik. Die »saubere« Trennung beider Bereiche gilt ihnen im Sinne einer ideologisierten analen Reaktionsbildung als eine standesgemäße Tugend.

Aber zu beobachten ist, wie schon gesagt, neuerdings auch

eine an Einfluß zunehmende erfreuliche gegenläufige Entwicklung. Es verändert sich etwas im Bewußtsein. Die besondere gesellschaftliche Situation stimuliert ein neues soziales Verantwortungsgefühl. Man erkennt, daß jeder in der Gesellschaft wie in einer großen Selbsthilfegemeinschaft einen Beitrag leisten muß, um ein gemeinsames Umdenken zu fördern. Zahlreichen Therapeuten haben schließlich der atomare Wettlauf und Tschernobyl die Augen dafür geöffnet, daß wir alle in einem Boot sitzen und daß wir als Therapeuten mit unseren Patienten wie allen übrigen Mitbürgern ein zunehmend bedrohtes Schicksal teilen. Die Konsequenz kann nicht sein, im Behandlungszimmer politische Erziehung zu versuchen oder in der therapeutischen Arbeit neurotische Übertragungskonflikte, statt sie durchzuarbeiten, durch Fraternisierungsangebote zu unterdrücken. Aber man kann von der verbreiteten Neigung abkommen, ins Politische weisende Ängste, Aggressionen oder Wünsche eines Patienten stereotyp auf apolitische kindliche Erlebnisvorlagen zu reduzieren und sie nur in ihrer immanenten Übertragungsbedeutung aufgehen zu lassen. So wie die Zuflucht zu einem politischen Thema in der Therapie ein konfliktvermeidendes Agieren sein kann, so kann umgekehrt die Entpolitisierung eines Konfliktthemas durchaus ebenso ein gemeinsames phobisches Ausweichen von Therapeut und Patient vor einer bedrückenden Realität sein, die ausgeklammert wird, nicht weil sie etwa nicht in die Behandlung gehört, sondern weil sie zuviel Angst macht.

Es wächst, soweit ich sehe, auch die Zahl der Therapeuten, die sich berufsspezifischen oder allgemeinen politischen Initiativen im Rahmen der neuen sozialen Bewegung anschließen, um dort unmittelbar für sozialpolitische, ökologische oder vorwiegend friedenspolitische Ziele zu arbeiten. Dort wird ihnen regelmäßig bald bewußt, daß sie in der Verarbeitung ihrer Ängste, Ohnmachtsgefühle, Resignationstendenzen oder Verbitterungen ähnliche Schwierigkeiten haben wie alle anderen in ihren Gruppierungen. Sie brauchen Unterstützung, so wie sie anderen helfen können, die eigenen Möglichkeiten klarer einzuschätzen und vor allem standfester zu werden. Manche unter uns werden die Erfahrung machen, daß Therapeuten, wenn sie diese Integration schaffen, obendrein durchaus noch gleichsam katalysatorhaft das eine oder andere konstruktiv bewirken können. Etwa indem sie aufgrund ihrer Schulung leichter als andere erkennen, wo scheinbar persönlich verursachte Gruppenkonflikte sich auflockern lassen, indem man sie als interne Abspiegelung äußerer gesellschaftlicher Probleme entlarvt, denen sich die Gruppe aussetzt. Entscheidend ist indessen, daß Psychotherapeuten, was sie auch immer von ihrer besonderen Kompetenz her gelegentlich beisteuern können, sich zunächst in ihrer mitmenschlichen Solidarität, Verläßlichkeit und Standhaftigkeit bewähren.

Diese Perspektive fiel mir, als ich das Thema dieses Vortrags vorschlug, zunächst gar nicht in bezug auf mögliche spezielle gesellschaftliche Engagements, sondern auf unser Selbstverständnis als Psychotherapeuten allgemein ein. Ich dachte daran, daß wir in Lehrveranstaltungen und auf Tagungen häufig von uns ein Bild entwerfen, in dem der Experte den schlichten Mitmenschen verdeckt oder sich von diesem abgetrennt sieht – so, als wirke nicht gerade in unserem Beruf dieser unablässig durch jenen hindurch. Aber neuerdings fällt uns diese Ausblendung schwerer, da wir uns Seite an Seite mit unseren Patienten in einer Welt erleben, deren steigende Bedrohung uns zu immer näherem Zusammenrücken nötigt. Wir lernen dadurch, uns ganzheitlicher zu sehen. Und, unser engeres Arbeitsfeld ins Auge fassend, mögen wir uns fragen, ob nicht ein Therapeut in seiner Patientenarbeit eher mangelhafte fachliche Fertigkeiten durch positive mitmenschliche Qualitäten wettmachen kann als umgekehrt. Trifft dies zu, dann drängt sich die weitere Frage auf, ob wir wirklich unseren Beitrag zum Wohle der Gesellschaft fördern, indem wir einseitig eine immer höher getriebene wissenschaftliche Professionalisierung mit inhaltlich immer umfangreicheren Lehr- und Prüfungsprogrammen anstreben. Dabei bin ich wieder, wie Sie erkennen mögen, bei meinen kritischen Ausgangsgedanken angelangt, nämlich bei der Feststellung, daß wir vermutlich in der Gesellschaft unsere Sache dann am besten machen, wenn wir nicht aus Angst, an den heiklen Anforderungen unseres Berufes zu scheitern, perfekter sein wollen, als wir können.

Literatur

Beckmann, D.: Untersuchungen zur klinischen Urteilsbildung bei psychoanalytischen Interviews. Inaugural-Dissertation, Justus-Liebig-Universität Gießen 1968

Beckmann, D. u. H.-E. Richter: Selbstkontrolle einer klinischen Psychoanalytiker-Gruppe durch ein Forschungsprogramm. Zeitschrift für Psychotherapie und medizinische Psychologie 18, 1968, S. 201–208

Freud, S.: Bemerkungen über die Übertragungsliebe. Ges. Werke, Bd. 10. Imago Publishing Co. Ltd., London 1940, S. 306–321

Freud, S.: Das Unbehagen in der Kultur. Ges. Werke, Bd. 10. Imago Publishing Co. Ltd., London 1940, S. 438

Lockot, R.: Erinnern und Durcharbeiten. Fischer Taschenbuch Verlag, Frankfurt a. M. 1985

Lohmann, H.-M. (Hg.): Psychoanalyse und Nationalsozialismus. Fischer Taschenbuch Verlag, Frankfurt a. M. 1984

Menninger, W. C.: A psychiatrist for a troubled world. The Viking Press Inc., New York 1967, S. 518

Psychoanalyse unter Hitler – Dokumentation einer Kontroverse. Hg. von der Redaktion Psyche. Frankfurt a. M. 1984

Riedesser, P. und A. Verderber: Aufrüstung der Seelen. Militärpsychologie und Militärpsychiatrie in Deutschland und Amerika. Dreisam Verlag, Freiburg 1985

Roth, K. H.: Die Ursprünge der Triage im Zweiten Weltkrieg: NS-Psychiater gegen Ausgebombte und Kriegsneurotiker. In: Tübinger Ärzteinitiative gegen den Krieg (Hg.): Unser Eid auf das Leben verpflichtet zum Widerstand. Eigenverlag der Tübinger Ärzteinitiative gegen den Krieg, Postfach 2360, 7400 Tübingen, S. 123

Ist die psychosoziale Idee am Ende?*

Anfangs, als sich der Begriff *psychosozial* ausbreitete, klang er wie eine Heilsformel. Er hätte von Herbert Marcuse erfunden sein können, welcher der Protestbewegung verkündete: »Kein radikaler gesellschaftlicher Wandel ohne radikalen Wandel der Individuen, die seine Träger sind.« Zugleich: »Keine Befreiung des Individuums ohne die der Gesellschaft. Das ist die Dialektik der Befreiung.«

Die psychosoziale Idee gab dann vielen Reformplänen der siebziger Jahre die Richtung an: Unter dem Stichwort Humanisierung strebte man in der Arbeitswelt, im Bildungswesen, in der Medizin Strukturveränderungen an, um gleichzeitig mit dem sozialen das psychische Wohlbefinden der Menschen zu verbessern. Unter den helfenden Berufen fing man an, von psychosozialer Gesundheit und psychosozialer Krankheit zu reden. Progressive Psychiater, Schwestern, Pfleger und Sozialarbeiter konzipierten eine neue »Soziale Psychiatrie«. Ihr Ziel war und ist, psychisch Kranke nicht länger auszugrenzen, sondern sie im Umfeld ihrer Gemeinden zu behandeln und zu unterstützen, u. a. durch betreute Wohngemeinschaften, spezielle Werkstätten und durch die Förderung von Selbsthilfegruppen. Die erkannte Notwendigkeit, auch in vielen anderen Bereichen psychologische und soziale Hilfe miteinander zu verbinden, prägte neue Modelle in der Arbeit mit Randgruppen, mit Straffälligen,

---

* Zur Einführung der neugestalteten Zeitschrift »psychosozial«, die seit 1986 in der Psychologie Verlags Union München erscheint.

verhaltensgestörten Kindern und Jugendlichen usw. In zahlreichen Regionen vernetzten sich die einzelnen psychosozialen Dienste zu »Psychosozialen Arbeitsgemeinschaften«, in denen Psychiatrie, Ehe-, Familien-, Sexual-, Alten-, Drogen-, Alkoholberatung, Lebenshilfe, Jugendgerichtshilfe, Familienfürsorge eine koordinierte Zusammenarbeit untereinander und auch mit diversen Selbsthilfegruppen versuchen.

Aber allmählich verlor die Leitidee an Kraft. Besorgt hat dies vielmehr die neokonservative Wendeströmung mit ihren Wertsetzungen: Schluß mit der These vom sozialen Wohlbefinden als Grundlage des psychischen Wohlbefindens! Der einzelne, nicht seine soziale Situation sei primär verantwortlich, was er aus sich mache, ob er sich durchsetze oder scheitere. Konkurrenz schaffe wie in der Wirtschaft so auch in allen anderen sozialen Bereichen, von der Schule angefangen, das rechte Klima in der modernen Leistungsgesellschaft. Der Staat müsse zuerst die Starken und Erfolgreichen fördern! Also kämpfe dich nach vorn, dann wird es dir auch sozial gutgehen!

Allmählich wich das »Lernziel Solidarität«, Titel eines meiner Bücher in der Reform-Ära, landauf, landab wieder dem »Lernziel Rivalität«. Eine konservative Psychiatrie gewann erneut die Oberhand über die kritische Soziale Psychiatrie. Die Psychoanalyse, eben noch von einer breiten Protest- und Reformbewegung mit großen gesellschaftspolitischen Hoffnungen besetzt, zog sich hinter die Couch zurück. Unauffällig eingeordnet in das medizinische Dienstleistungssystem konnten sich ärztliche und psychologische Psychotherapeuten Privilegien erhalten oder erobern. Standespolitischer Egoismus verdrängte die allgemeinpolitischen Interessen und markierte wieder stärkere Trennlinien zwischen den Psycho- und den Sozioberufen. Die in den Kinderläden und den frühen Wohngemeinschaften gewonnenen neuen psychosozialen Erfahrungen wurden in einer sich rasch ausdehnenden medizinalisierten Familientherapie und in gruppendynamischen Manager-Trainings nutzbar gemacht. So gehören heute Worte wie psychosoziale Mechanismen oder psychosoziale Techniken zum alltäglichen Sprachschatz in einer Szene, die mit der eigentlichen psychosozialen Idee wahrlich nichts mehr zu tun hat.

Aber diese kritische Idee läßt sich nicht beliebig unterdrük-ken, ohne daß wir uns auf die Dauer schädigen. Wenn Wirt-schaft, Technik, Rüstung zu wenig danach fragen, wie wohl wir uns dabei innerlich befinden bzw. was sie uns an Zweifeln, Ängsten, Pessimismus eintragen, dann verlieren sie – wie wir sehen – alles Maß für die vertretbaren Risiken. 74 Prozent unse-rer Jugendlichen leben z. B. – laut Shell-Studie »Jugend '85« – in der Annahme, daß Technik und Chemie die Umwelt zerstören werden. Nur ein Drittel der Jugendlichen rechnet noch damit, daß die Umweltprobleme je gelöst werden könnten. Versteht sich da nicht von selbst, daß diese düstere Vision tiefreichende Bedrücktheit oder – zumindest – angestrengte Verdrängung erzeugt mit entsprechenden Rückwirkungen auf das politische Verhalten?

Wird verkannt, daß sich Politik und die Psyche der Menschen wechselseitig ineinander spiegeln, entstehen eine inhumane Poli-tik und eine lebensfremde Psychologie.

Tschernobyl war ein Lehrstück. Es hat bewiesen, daß in den Ängsten der Anti-AKW-Bewegung mehr vorausschauende Weisheit steckte als in der scheinbar überlegenen Rationalität der Atompolitiker und ihrer Experten, die rechnerisch widerlegt hatten, was wir alle nun erlebt haben. Anstatt uns zu bemühen, uns gegenüber noch so bedrohlichen politischen, technischen, militärischen Bedrohungen zu unentwegter psychischer Har-monie zu zwingen, sollten wir also eher unsere angemessenen Beunruhigungen nutzen, um uns gegen inhumane Zumutungen zu wehren. Diese Gegenwehr ist anstrengend. Aber ohne sie verlieren alle kritischen Einsichten mit der Zeit ihre Kraft, weil der Suggestionseffekt einer Propaganda erheblich ist, die fort-während legitime Besorgnisse bagatellisiert oder pathologisiert. Praktiziert man nicht, was man erkannt hat, kann man eines Tages auch nicht mehr erkennen, was man tun sollte.

Kein Wunder, daß die psychosoziale Idee inzwischen am deutlichsten in der Szene wieder aufgelebt ist, wo kritisches Denken und kritisches Engagement Hand in Hand gehen, also in den neuen sozialen Bewegungen, während sie in den Zünften der psychologischen und sozialen Berufe noch weiterhin gegen verbreitete neokonservative Anpassungstendenzen zu kämpfen hat. Aber wenn es zutrifft, daß die psychosoziale Idee nichts anderes als ein Bekenntnis zur ganzheitlichen psychosozialen Wirklichkeit von Mensch und Umwelt ist, dann ist es notwendig, alles zu fördern, was in ihrem Sinne gedacht, geforscht und praktisch unternommen wird.

Literatur

Jugendwerk der Deutschen Shell (Hg.): Jugendliche und Erwachsene '85. Jugendwerk der Deutschen Shell, Überseering 35, 2000 Hamburg 60, Bd. 1, 1985, S. 118

Marcuse, H.: Konterrevolution und Revolte. Suhrkamp Verlag (edition suhrkamp 591), Frankfurt a. M. 1973, S. 41

Richter, H.-E.: Lernziel Solidarität. Rowohlt Verlag, Reinbek bei Hamburg 1974, 7. Aufl. 1978. Rowohlt Taschenbuch Verlag, Reinbek bei Hamburg 1979, 3. Aufl. 1985

Die Familie als Selbsthilfegruppe*

Als in den sechziger Jahren unter Psychotherapeuten familiendynamisches und familientherapeutisches Denken aufkam, betrachtete man die Familie zunächst wie eine Art neues Großindividuum, das seine Lebensform, seine Konflikte und Krankheiten von innen heraus produziert. Ich erinnere mich, wie es mich selber faszinierte, unbewußte Abwehrmechanismen, welche die Psychoanalyse als intraindividuelle Prozesse beschrieben hatte, als strukturierende Kräfte in der Familiengruppe zu entdecken und zu beschreiben. Wo wir frühen Theoretiker der Familientherapie uns auch unterschieden – in einem stimmten wir weitgehend überein, nämlich in dem Versuch, uns die Familie als eine Ganzheit mit einer in sich geschlossenen Innenwelt vorzustellen. Mein Buchtitel »Patient Familie« spiegelte dieses Konzept genau wider. Die Familie verschmolz zu einem Wesen, dessen innere Spannungen sich ähnlich verstehen ließen wie die Integrationskonflikte eines individuellen Patienten, der mit den divergierenden Ansprüchen seiner von Freud beschriebenen psychischen Instanzen fertig werden muß. Diese theoretisch isolierte Familie als geschlossene Einheit, die sich selber regelt und für ihre Gesundheit oder Krankheit autonom verantwortlich ist, stellt eine Modellvorstellung dar, die operational nützlich ist, solange man sich über ihre Künstlichkeit und Relativität klar ist.

Aber es gibt keinen unabhängigen »Patienten Familie«. Unter

---

* Eröffnungsreferat auf der Tagung »Familiendynamik und Familientherapie im Wandel der Gesellschaft« in Gießen am 18. 9. 1986 dem Einfluß der Protestbewegung Ende der sechziger Jahre lernten viele von uns, unseren Blick für die Wechselbeziehungen zwischen makro- und mikrogesellschaftlichen Prozessen zu schärfen. Wir erkannten in spezifischen Familien-Pathologien die Auswirkungen gesellschaftlicher Zwänge. Auf der anderen Seite fragten wir danach, ob und wie aus der Familie heraus dazu beigetragen werden könnte, positive Veränderungen in der Gesellschaft zu fördern. Ich selber studierte diese Problematik damals speziell am Beispiel der Angstneurose. Zuvor hatte ich untersucht, wie die diversen Mitglieder einer Familie zusammenwirken, um eine angstneurotische Familienstruktur herzustellen. Ich hatte dieses Familienmuster als eine Form von familiärer Charakterneurose idealtypisch beschrieben und von anderen familiären Charakterneurosen wie von sogenannten familiären Symptomneurosen abgegrenzt. Jetzt beschäftigte mich, daß die angstneurotische Familie, die zur Konfliktvermeidung ihren sozialen Horizont phobisch einengt, eine gesellschaftliche Überanpassung vollzieht. Ich studierte diese gesellschaftliche Ausweichhaltung genauer und kam dann darauf, daß die familiäre Angstneurose nur die quantitative Steigerung der autoritätsergebenen Lebensform der »normalen« Kleinbürgerfamilie darstellt.

In einem nächsten Schritt war zu überlegen, wie gesellschaftlicher Druck und angstneurotisch gefärbte Familiendynamik zusammenhängen. Es wurde deutlich, daß autoritäre gesellschaftliche Strukturen und phobische Autoritätsergebenheit einander wechselseitig fördern. Das familienpathologische und das gesellschaftspolitische Problem verschränkten sich ineinander.

Dementsprechend erweiterte sich damals das Blickfeld politisch sensibilisierter Familientherapeuten. Zu der Frage: Was macht eine Familie mit sich selbst?, traten zwei neue Fragen: Wie wirkt die Gesellschaft in die Familie hinein? und: Wie wirkt die Familie in die Gesellschaft zurück?

Eine Gruppe von Therapeuten plädierte indessen mit pragmatischen Argumenten dafür, die zweite und die dritte Frage fallenzulassen. Manch einer bot freilich Hinweise dafür, daß er als pragmatische Opportunität rationalisierte, was in Wirklichkeit Ausfluß einer eigenen phobischen Vermeidungshaltung war. Umgekehrt konnte eine eher masochistische Voreingenommenheit dazu führen, gestörte Familien allzuoft als Opfer gesellschaftlicher Unterdrückung zu phantasieren, während narzißtische Allmachtswünsche die Hoffnung nähren mochten, aus der Familie heraus direkt die Gesellschaft verändern zu können.

Wie sich viele von Ihnen noch erinnern werden, vereinigten sich als Folge der 68er Rebellion zahlreiche junge Familien ohne Zutun von Therapeuten in der Kinderladen-Bewegung. Eltern taten sich gruppenweise zusammen und experimentierten landesweit mit Modellen antiautoritärer Kindererziehung. Es waren vor allem Akademiker, die aus sozialistischer und psychoanalytischer Literatur Rezepte ableiteten, mit deren Hilfe sie ihre Kinder zu mutigeren, freieren und sozial verantwortlicheren Menschen entwickeln wollten. Damit einher gingen Versuche der Eltern, durch Gruppenaktivitäten die übliche soziale Abkapselung der Kleinfamilien zu überwinden. Ein spezielles Ziel war die Stärkung der Frauen bei gleichzeitiger Veränderung der Männer, u. a. durch eine Neuaufteilung der Aufgaben im Haushalt und in der Kinderpflege. Auch die Stellung der Kinder in der Familie sah man in neuem Licht. Wollte man die Kinder widerstandsfähiger machen, mußte man als Eltern lernen, ihnen mehr zuzuhören, ihre Kritik toleranter zu ertragen und ihren neurotischen Symptomen mit einfühlendem Verständnis nachzugehen.

In meinem Buch »Die Gruppe« habe ich seinerzeit meine Freude darüber nicht unterdrückt, wie ernsthaft und konstruktiv zwei Eltern-Kinder-Gruppen, die mich zur psychoanalytischen Mithilfe eingeladen hatten, ihre Arbeit betrieben. Gewiß gab es in dieser Bewegung Übertreibungen. Da und dort gab man Kindern zu wenig Halt, verführte sie eher zu chaotischem Benehmen und überforderte sich selbst durch uneinlösbare pädagogische Idealvorstellungen. Auch überschätzte man die Möglichkeit, unmittelbar aus diesen Modellen heraus übergreifende gesellschaftliche Strukturen verändern zu können. Aber rückblickend stellt sich diese Bewegung der Eltern-Kinder-Gruppen als eine der konstruktivsten und folgeträchtigsten familiären Selbsthilfe-Initiativen seit dem letzten Kriege dar. Ihre Mitglieder bemühten allerdings nur gelegentlich den Begriff Selbsthilfe, der erst später Mode wurde. Aber sie waren die großen Pioniere, die für alle späteren sozialen Selbsthilfegruppen ein einzigartiges Vorbild lieferten. Geht man die Themen durch, die in den Kinderläden nicht nur diskutiert, sondern in der Umgestaltung von Lebensformen auch praktisch aufgegriffen wurden, findet man bereits alle Zielvorstellungen der nachfolgenden sozialen Basisbewegungen vor.

Herbert Marcuse faßte diese Themen wie folgt zusammen: »Ablehnung grobschlächtiger Virilität..., Bejahung der Sensibilität und der Sinnlichkeit des Körpers..., der ökologische Protest, die Verachtung des falschen Heldentums der Weltraumeroberungen und Kolonialkriege, die Emanzipationsbewegung der Frauen...« Das waren Leitbilder, auf die man das Denken und die Lebensformen in jenen Gruppen ausrichtete. Hellsichtiger als manche der Nachfolge-Initiativen beherzigten die Kinderladen-Familien das von Marcuse formulierte Prinzip: »Kein radikaler gesellschaftlicher Wandel ohne radikalen Wandel der Individuen, die seine Träger sind.« Zugleich aber: »Keine Befreiung des Individuums ohne die der Gesellschaft.«

Tausende von Kinderladen-Familien haben seinerzeit eine Saat gelegt, aus der, ohne daß den meisten Heutigen dieser Zusammenhang noch bewußt ist, wichtige Früchte hervorgegangen sind. Die allmähliche Ausbreitung unautoritärer Erziehungsprinzipien, der Aufschwung der Frauen- und Ökobewegung, der Abbau des herkömmlichen Männlichkeitsbildes sind durch jene Werkstätten der Kinderladen-Bewegung deutlich beeinflußt worden.

Dabei hatte sich diese anregende Wirkung nicht ohne weiteres voraussehen lassen. Denn jene Bewegung hatte bei der bürgerlichen Mehrheit eine ziemlich einhellige Entrüstung ausgelöst. Erst später zeigte sich, daß manches von dem Abgelehnten unbewußt verinnerlicht wurde. Obzwar zahlenmäßig nur eine bescheidene Randgruppe, haben die Kinderladen-Familien jedenfalls viel mehr an Umbesinnungsprozessen in Gang gesetzt, als man ihnen aufgrund des negativen öffentlichen Echos und der gesellschaftlichen Kräfteverhältnisse zutrauen konnte.

Nicht zuletzt haben sie den seinerzeit noch kleinen Kreis der in Mitteleuropa tätigen Familientherapeuten beeinflußt. Das läßt sich aus dem Konzept der Internationalen Arbeitsgemeinschaft für Familienforschung und Familientherapie ersehen, die wir 1971 von Gießen aus zusammen u. a. mit Kollegen aus Göttingen, Frankfurt, Zürich, Lausanne, Wien und Salzburg gründeten. Dazu gehörten u. a. Strotzka, Reiter, Willi, Uchtenhagen, Gastager, Schindler, Wilfing, Kaufmann, Brocher, Massing, Sperling, Baumann und aus Gießen Rücker-Embden, Wegener, Plaß, Beckmann und ich. So lauteten die Aufgaben, die wir uns damals stellten:

1. Erarbeitung von operationalisierbaren Konzepten zur Erwachsenenbildung auf den Gebieten: Kindererziehung, Konflikthilfe für Familien- und Erziehungsprobleme, Rollenprobleme der Frau.

2. Studium neuer Modellversuche bei Ehepaargruppen, Wohngemeinschaften, kollektiver Kindererziehung usw.

3. Studium familientherapeutischer Methoden unter Einschluß moderner soziotherapeutischer Verfahren bei Randschichtfamilien.

4. Erstellung von Unterlagen bzw. Planungshilfe für Weiterbildungs- und Supervisionsmöglichkeiten für Berufe aus dem Sektor Ehe-, Familien- und Erziehungsberatung, familienbezogene Sozialarbeit und Familientherapie.

5. Erarbeitung von Unterlagen und Planungshilfen für moderne Kindergärten und -horte, zentrale Beratungsdienste an den neuen Bildungszentren, Community-Organization-Programme.

Aus der Arbeitsgemeinschaft fertigten wir ein Gutachten über die Lage der Familientherapie an, das in die Psychiatrie-Enquete aufgenommen wurde. Wir konnten erreichen, daß auch in dem Bericht der Enquete selbst familientherapeutische Aspekte verschiedentlich hervorgehoben wurden.

Die ausgeprägt sozialkritisch orientierte Arbeitsgemeinschaft konnte mit Hilfe von Forschungsgeldern der Familientherapie in unseren deutschsprachigen Regionen zu einem erheblichen Auftrieb verhelfen. Noch unser gemeinsam verfaßtes Buch »Familie und seelische Krankheit« von 1976 demonstriert deutlich, daß wir gemeinsam mit einer Förderung der Familientherapie verbesserte psychosoziale Prävention durch soziale Reformen im Auge hatten. Und es blieb ein Leitgedanke von uns, daß wir vor allem Basisinitiativen besser unterstützt sehen wollten.

In der Folgezeit machte sich dann aber sowohl in der allgemeinen Bevölkerung wie unter den Familientherapeuten, die sich rascher als erwartet kräftig vermehrten, die aufkommende *Wendestimmung* bemerkbar. In den Kinderläden schmolz der reformerische Elan. Die zuvor eingeschüchterten rechtskonservativen gesellschaftlichen Kräfte nutzten das Erlahmen der Reformbewegung zu einem Feldzug für eine Restitution hierarchischer Ordnungen in den Erziehungs- und Bildungsinstitutionen. Disziplin, Gehorsam, Leistung sollten in Familie, Schule, Universität und Betrieb wieder Leitprinzipien werden. Familientherapie und Psychotherapie allgemein sahen sich in die Rolle reiner anpassungsfördernder Dienstleistungsdisziplinen gedrängt. Dies kam natürlich auch dem Bedürfnis solcher Kollegen entgegen, die sich ohnehin in einer hierarchischen Autoritätsposition gegenüber Einzelpatienten oder Patientenfamilien wohler fühlten und von vornherein eher einen apolitischen Spezialistenstatus nach klassischem Arztvorbild anstrebten.

Es konnte nicht ausbleiben, daß die Wendetendenz in unserer wie auch in zahlreichen anderen sozialen Berufsgruppen zwischen denen, die sich der Wende eher anpaßten, und denen, die ihr widerstrebten, deutliche Spannungen erzeugte und noch immer unterhält. Die einen betreiben eher eine fortschreitend medizinalisierte Familientherapie und benutzen vornehmlich der Technik entlehnte theoretische Modellvorstellungen. Sie erklären als Verwissenschaftlichung der Familiendynamik und Familientherapie, was in Wirklichkeit eine Reduzierung des Blickwinkels auf eine eindimensionale pseudonaturwissenschaftliche Betrachtungsebene ist. Ihr therapeutisches Bestreben geht dahin, daß die Familie als System harmonisch funktioniert, was auch immer um sie herum vor sich geht und auf sie einwirkt. Die anderen verstehen die Familie nach wie vor *auch* als Spiegel und Austragungsort übergreifender gesellschaftlicher Prozesse. Was oft nur als familiärer Binnenkonflikt erscheint, enthüllt sich ihnen als Ausdruck schwieriger Auseinandersetzungen der Familie mit äußeren Belastungen. Man denke etwa an die Wechselbeziehungen zwischen Familienkrisen und neuer Armut oder an die pathogenen Wirkungen von Atomängsten.

Wer die Familie in gesellschaftlichem Zusammenhang sieht, wird in manchen ihrer Störungen und Leiden die angemessene Folge einer sensiblen Verarbeitung eines sozialen Mißstandes erkennen. Leben wir nicht alle heute unter gesellschaftlichen Bedrohungen, die, wenn wir sie nicht durch Verleugnung oder Projektion neutralisieren, notwendigerweise in unsere Familienbeziehungen hineinwirken? Und sind wir in diese Bedrohungen nicht selbst mitverantwortlich durch ein falsches Denken verwickelt, das überall auf Bemächtigung statt auf Solidarität und Ehrfurcht vor dem Leben ausgerichtet ist? Wie aber könnte ein konstruktives Umdenken vor sich gehen ohne krisenhafte Prozesse in den Familien? Das betrifft die Mann-Frau-Beziehung, indem die Frauen konsequent die herrschenden Ideale der patriarchalischen Gesellschaft abzubauen haben, den megalomanen Bemächtigungsdrang und den heroistischen Mythos des Gesinnungsmilitarismus. Und das kann nicht ohne massenhafte Destabilisierung von Zweierbeziehungen ablaufen, in deren Strukturen sich das falsche Bewußtsein tief verankert hat. Ist es schließlich nicht sinnvoll, wenn die junge Generation, die ihre

Zukunft durch eine unverantwortliche Risikopolitik der Älteren gefährdet sieht, sich von diesen stärker absetzt und ihnen die Vorbildrolle verweigert? Ist es nicht plausibel, daß – wie die Autoren der Shell-Studie konstatieren – »die überkommene Balance der Macht zwischen Jüngeren und Älteren in der Familie ins Wanken gekommen ist«? Daß ferner – auch ein Ergebnis der Shell-Studie – neuerdings weniger die Kinder Schwierigkeiten haben, sich von übermächtigen Eltern zu lösen, als vielmehr eher hilflose Eltern, ihre Anklammerung an ihre Kinder aufzugeben? Die Elterngeneration hat sich selbst in eine Defensivposition manövriert, indem sie den Kindern eine zunehmend gefährdete und beschädigte Welt offeriert, die diese so nicht akzeptieren können. Jedenfalls bestätigt die Shell-Untersuchung einen »Verfall elterlichen Orientierungswissens« und einen von der Jugend ausgedrückten »Dissens in zentralen Lebensbereichen«.

Diese Entwicklung wirft die Frage auf, ob der notwendige Denkwandel in der Gesellschaft überhaupt nicht besser von den einzelnen gegen die Familie statt in und mit dieser gefördert werden kann. Hemmen nicht die Loyalitäten der traditionellen Familienideologie z. B. die Frauen, sich von männlichem Herrschaftsdenken und die Jugendlichen, sich von den gefährlichen Strategien der machttragenden Älteren zu lösen? Müssen wir uns nicht demzufolge auch als Therapeuten überlegen, ob Paar- und Familientherapie in jedem Fall das richtige zur Bearbeitung von Beziehungskonflikten sind, zu denen wir um Rat gefragt werden? Wozu z. B. Familientherapie bei Jugendlichen, die in einer Familientherapie vielleicht dazu verführt werden, sich mit ihren Eltern dort zu versöhnen, wo ihnen eine kompromißlose Verteidigung einer Widerstandshaltung besser täte? In den letzten Jahren läßt sich ohnehin beobachten, daß die Indikation für Familientherapie vorsichtiger und kritischer gestellt wird. Aber nur wer Familientherapie voreilig mit einer konservativ restaurativen Ideologie identifiziert, kann darauf kommen, ihre autonomie- und emanzipationsfördernde Fähigkeit grundsätzlich in Frage zu stellen.

Ich habe die Kinderläden deshalb so ausführlich behandelt, weil sie ein Beispiel dafür geliefert haben, daß und wie tiefgreifende Umdenkprozesse gerade in *gemeinsamer Familienarbeit* in Gang gebracht und gefördert werden können. Jene Familien unterstellten, daß man das Gespräch miteinander gerade auch dort brauche, wo man sich gegeneinander mit neuen Erwartungen und Wünschen entwickeln wollte. Die Kinderladen-Eltern setzten sich mit ihrer radikalen Offenheit und Diskussionswut den fürchterlichsten und schmerzlichsten Konflikten aus. Es gab kaum etwas, was sie in ihren Zweierbeziehungen nicht in Frage stellten. Obwohl als psychoanalytischer Begleiter nicht unmittelbar verwickelt, hatte ich mitunter Mühe, ein solches Maß an Schonungslosigkeit auszuhalten und obendrein da und dort klärend einzuwirken. Jedenfalls wurde, was damals wegweisend als neue Leitbilder von Weiblichkeit und Männlichkeit, von Eltern-Kind-Partnerschaft und ökologischem Verantwortungsgefühl erarbeitet wurde, miteinander wahrhaft *errungen*. Es war ein Erzeugnis ständigen gemeinsamen Redens. Allerdings hatte jedes Elternpaar als Korrektiv und zugleich als Stütze die ganze Kinderladen-Gruppe zur Verfügung. Der einzelne und auch das einzelne Paar wären überfordert gewesen, die konfliktreiche Arbeit ohne die Gruppenhilfe durchzustehen.

Jene Ära mit ihrem revolutionären und zumindest reformerischen Elan ist nun vorbei. Unter der Oberfläche einer grassierenden Wohlstandseuphorie haben sich neue Ängste, Gefühle von Ohnmacht und Verbitterung ausgebreitet. Gerade die sensibilisierten, kritischen Bevölkerungsteile, die damals mit Eifer sich selbst und die Gesellschaft verändern wollten, tun sich heute schwer damit, auch nur innerlich zu ertragen, was ihnen u. a. durch Tschernobyl, Wackersdorf, SDI, Umweltvernichtung zugemutet wird. Die Friedens- und die Alternativbewegung hat sich abgewöhnen müssen, die zeitweilige Ausstrahlung ihrer Proteste und Modelle mit gestaltender politischer Macht zu verwechseln. Was kostet es allein für Kraft, laufend den gefärbten, verlogenen, verdeckenden, vom Eigentlichen ablenkenden

Informationen der von den Herrschenden gesteuerten Medien standzuhalten!

Aber gelingen kann ein solches Standhalten, das so not tut, nicht dem isolierten einzelnen. Dazu ist unerläßlich, daß man unermüdlich miteinander redet. Und trotz ihres eingeengten Raumes ist die Familie immer noch *ein* entscheidender Ort, wo dieses Reden möglich ist. Und zwar ein *menschliches* Reden, das sich absetzt von der Worthülsen-Rhetorik der Politiker, von der entseelten Computer-Sprache und dem verlogenen Gestammel der Werbung. Die Chance, sich durch gemeinsames, offenes Reden und sensibles Zuhören seiner selbst zu vergewissern und miteinander Probleme zu klären, hat sich seit jener Ära der Kinderläden im Bewußtsein erhalten. Die Shell-Forscher haben in ihrem Bericht »Jugendliche und Erwachsene '85« ermittelt: »Das Leitmotiv der Erziehung, die die achtziger Jahre zu kennzeichnen vermag, heißt *miteinander reden*. Die Theorie des *herrschaftsfreien Diskurses* ist die Zielvorstellung vieler geworden, die an der Erziehung etwas ändern wollen.«

In der Tat ist dieses Gesprächsmuster ganz besonders für die Eltern-Kind-Beziehung in einer Zeit wichtig, in der Kinder und Jugendliche häufig hellsichtiger als die Älteren erkennen, wo und wie dringend umgedacht werden muß, um bedrohliche Entwicklungen zu stoppen. Vieles wird vor den Kindern verheimlicht, angeblich um diese mit Problemen zu verschonen, denen in Wirklichkeit die Eltern ausweichen wollen. Und vielem, was die Kinder ausdrücken wollen, hören die Eltern nicht zu, nur um die eigene Ratlosigkeit zu verdecken. Selbst die Psychiater und die Psychotherapeuten, die in den USA, in Kanada, Rußland, Skandinavien und hierzulande die heutigen Kinderängste erforscht haben, waren zumeist bestürzt, wie sehr sie die Urteilsfähigkeit der Kinder zuvor unterschätzt hatten. Also selbst diejenigen, die eher als Anwälte der Kinder deren Bedürfnisse vertreten, mußten lernen, daß die Kinder sie längst schon mit Antworten und Forderungen dort überholt hatten, wo sie diesen noch nicht einmal die Reife zur einschlägigen

Fragestellung zugetraut hatten. Wer im August 1986 in dem Baden-Badener Fernseh-Magazin »Report« die Diskussion von Kindern mit Politikern und Wissenschaftlern zum Thema Atomrüstung verfolgt hat, wird ähnlich verblüfft über die klaren und entschiedenen Vorstellungen der Kinder im Gegensatz zu den Ausflüchten und den Orwellschen Verklausulierungen der Politiker gewesen sein.

Ist es unsere Hoffnung, daß die junge Generation für die sozialen, ökologischen und militärischen Probleme bessere Antworten findet und durchsetzt als die machttragende ältere Generation, die mit den selbstgeschaffenen Risiken kaum mehr fertig wird, dann müssen Eltern damit anfangen, sich früher, offener und selbstkritischer ihren Kindern zum Gespräch zu stellen und dort von ihnen zu lernen, wo sie selbst nichts zu belehren haben. Aber auch wir Familientherapeuten können dabei eine hilfreiche Rolle spielen. Schließlich ist es über diverse Schulen hinweg unser gemeinsames Anliegen, gerade innerfamiliäre Sprachlosigkeit überwinden zu helfen. Ist es doch unsere tägliche Aufgabe, Verhaltensstörungen oder psychosomatische Symptome in verbalisierbare Probleme zu übersetzen oder zurückzuverwandeln. Freilich werden wir, wo solche Probleme an die vitalen Grundlagen unserer gemeinsamen Existenz rühren, immer nur dann ermutigend und klärend wirken können, wenn wir uns selbst und in unseren eigenen Familien diesen Fragen zu stellen wagen. Schließlich sind wir, bloß weil wir Therapeuten sind, unseren Klientenfamilien noch lange nicht im gesellschaftlichen Bewußtsein voraus.

Es ist eine Tradition dieser Gießener familientherapeutischen Tagungen, daß wir im Gespräch miteinander mehr darüber zu lernen versuchen, wie die Familie bestimmte Probleme in der Gesellschaft besser bearbeiten kann und wie wir sie dabei zu unterstützen vermögen. Wir nehmen uns im Programm vorzugsweise Themen vor, die besonders heikel sind. Das sind entweder solche, über die man aus Gründen kollektiver Verdrängung in der Öffentlichkeit sehr wenig redet – Beispiele:

chronisch Kranke und Behinderte, soziale Psychiatrie. Oder es sind solche, über die man sich besonders kontrovers ereifert, weil man sie weder dauerhaft unterdrücken noch besonnen betrachten kann – Beispiele: Verarbeitung der Hitlerzeit und der Umgang mit Migranten.

Es wird nicht ausbleiben, daß wir auch Konflikte unter uns registrieren werden. Denn wie in den Familien selbst spiegeln sich natürlich auch in uns Therapeuten die großen gesellschaftlichen Kontroversen wider. Es dürfte uns nützen, daran festzuhalten, daß wir in unseren eigenen Familien viele Schwierigkeiten mit unseren Klientenfamilien teilen und daß wir bei einer schon deshalb gebotenen bescheidenen professionellen Selbsteinschätzung am ehesten zu der teilnehmenden Einfühlung fähig sind, die für unsere Arbeit am wichtigsten ist.

Literatur

Jugendwerk der Deutschen Shell (Hg.): Jugendliche und Erwachsene '85. Jugendwerk der Deutschen Shell, Überseering 35, 2000 Hamburg 60, Bd. 1, 1985, S. 17f.

Richter, H.-E.: Patient Familie. Rowohlt Verlag, Reinbek bei Hamburg 1970, 3. Aufl. 1972. Rowohlt Taschenbuch Verlag, Reinbek bei Hamburg 1972, 14. Aufl. 1986

Richter, H.-E.: Die Gruppe. Rowohlt Verlag, Reinbek bei Hamburg 1972, 10. Aufl. 1978. Rowohlt Taschenbuch Verlag, Reinbek bei Hamburg 1978, 5. Aufl. 1987

Richter, H.-E. u. D. Beckmann: Herzneurose. Thieme Verlag, Stuttgart 1969, 3. Aufl. 1986

Richter, H.-E., H. Strotzka u. J. Willi (Hg.): Familie und seelische Krankheit. Rowohlt Verlag, Reinbek bei Hamburg 1976

Wegener, U. mit Arbeitsgruppe Familientherapie am Zentrum für Psychosomatische Medizin der Universität Gießen: Familientherapie. In: Anhang zum Bericht über die Lage der Psychiatrie in der Bundesrepublik Deutschland. Deutscher Bundestag, 7. Wahlperiode, Drucksache 7/4201, S. 954–958

Sterben können heißt leben können

In ein Pathologisches Institut wird die Leiche einer jungen Frau eingeliefert. Der sezierende Pathologie-Assistent überprüft alle Organe der Verstorbenen. Aber er kann nirgends eine krankhafte Veränderung entdecken, die den Tod erklären könnte. Von seinem Chef wird er angehalten, verschiedene Organe mikroskopisch zu untersuchen. In den folgenden Wochen legt er Dutzende von Gewebsschnitten an und fahndet mit dem Mikroskop nach pathologischen Veränderungen – vergeblich. Der Kollegen am Institut bemächtigt sich eine eigenartige Spannung. Es klingt halb scherzhaft, drückt aber zugleich Beunruhigung aus, wenn sie ihn wieder und wieder fragen: »Na, hast du die Soundso endlich totgekriegt!«

Sie meinen: Ein unerklärlicher Tod darf nicht sein. Indirekt sind die Pathologen in unser aller Auftrag unablässig um den Nachweis bemüht, daß der Tod eigentlich keine Notwendigkeit sei, sondern immer nur durch diese oder jene zufällige oder zumindest prinzipiell ausschaltbare Ursache zustande kommt. Sie helfen damit, die Unsterblichkeitsphantasie zu stützen, an die wir uns zu klammern pflegen. Der anscheinend naturwissenschaftlich unerklärliche Tod der jungen Frau bedroht diese Phantasie. Deshalb soll der Assistent seine mikroskopische Detektivarbeit so lange fortsetzen, bis er endlich den verborgenen speziellen Urheber auch dieses Todes überführt hat.

In »Zeitgemäßes über Krieg und Tod« schreibt Freud 1915: »Wir betonen regelmäßig die zufällige Veranlassung des Todes, den Unfall, die Erkrankung, die Infektion, das hohe Alter und verraten so unser Bestreben, den Tod von einer Notwendigkeit zu einer Zufälligkeit herabzudrücken.«

Aber was ist der Tod denn nun wirklich? Ist seine Einschätzung als zufällig nicht unter Umständen wissenschaftlich zu rechtfertigen? Daß Freud zumindest zeitweise diese Möglichkeit erwogen hat, ergibt sich aus einer Äußerung in dem Aufsatz »Das Unheimliche« von 1919: »Unsere Biologie hat es noch nicht entscheiden können, ob der Tod das notwendige Schicksal jedes Lebewesens oder nur ein regelmäßiger, vielleicht aber vermeidlicher Zufall innerhalb des Lebens ist.«

Wiederholt findet sich bei Freud die Äußerung, im Unbewußten zeige sich primär keine Phantasie des eigenen Todes. In »Hemmung, Symptom und Angst« heißt es: »Im Unbewußten ist aber nichts vorhanden, was unserem Begriff der Lebensvernichtung Inhalt geben kann. Die Kastration wird sozusagen vorstellbar durch die tägliche Erfahrung der Trennung vom Darminhalt und durch den bei der Entwöhnung erlebten Verlust der mütterlichen Brust; etwas dem Tode Ähnliches ist aber nie erlebt worden oder hat, wie die Ohnmacht, keine nachweisbare Spur hinterlassen.«

»Todesangst«, so lautet ein Satz aus dem Kapitel »Unser Verhältnis zum Tode«, »... ist... etwas Sekundäres und meist aus dem Schuldbewußtsein hervorgegangen.«

Das heißt, da der Tod kein Analogon in der infantilen Vorerfahrung habe, könne Angst sich nicht auf ihn beziehen, da er in der Phantasie nicht existiere. Freud nennt indessen Beobachtungen, die seine Vermutung in Frage stellen. So fällt ihm auf, daß Kinder oft unbefangen vom Tod reden und Erwachsene etwa mit der Bemerkung schockieren: »Liebe Mama, wenn du leider gestorben sein wirst, werde ich dies oder jenes.« Als 72jähriger erinnert er sich in einem Brief an Ernest Jones, der gerade seine Tochter verloren hatte, an den kleinen Heinerle, der als Viereinhalbjähriger im Hause Freuds gestorben war: »Ganz merkwürdig ist eine Übereinstimmung zwischen ihm und Ihrer Kleinen. Er war auch von überlegener Intelligenz und unsäglicher seelischer Anmut, und er sprach wiederholt davon, daß er bald sterben werde! Woher wissen es diese Kinder?«

In der Tat hört man solche Äußerungen immer wieder von chronisch schwerkranken Kindern. Diese wissen also durchaus um ihr Sterben. Ihr Wissen wird bloßgelegt, wenn die Krankheit den darüber gelagerten narzißtischen Unsterblichkeitsglauben erschüttert. Die Kinder erfahren ihr Leiden als eine Vorphase des Sterbens. Daß dieses Wissen vom Sterben vorhanden ist, ist also nach zahlreichen klinischen Beobachtungen nicht zu bezweifeln. Woher es kommt, ist für uns heute wie für Freud eine nicht zu beantwortende Frage. Leichter ist zu erklären, warum Erwachsene Kindern die Phantasie der Sterblichkeit abzusprechen neigen. Die Antwort hat Freud in seinem Aufsatz »Zur Einführung des Narzißmus« gegeben. An dessen Ende erwähnt er die Neigung der Eltern, ihre eigenen infantilen Unsterblichkeits- und Größenphantasien auf die Kinder zurückzuprojizieren. Er sagt dort:

»Krankheit, Tod, Verzicht auf Genuß, Einschränkung des eigenen Willens sollen für das Kind nicht gelten.«

Das heißt, wir Erwachsenen wollen Kinder so sehen, daß diese nicht sterben müssen und sich auch nicht für sterblich halten, weil wir selbst an den eigenen Tod nicht glauben wollen.

Von ihren Eltern lernen die Kinder, daß das Todesthema tabu ist. Sie lernen, an einer kulturspezifischen Verdrängung teilzunehmen, die es indessen in der gegenwärtigen Intensität und Form lange Zeit nicht gegeben hat. Philippe Ariès belehrt uns in seinem Buch »Geschichte des Todes« darüber, daß es im Abendland eine lange Periode gab, in der die Einstellung zum Tod eine viel offenere und unbefangenere war. Die gläubige Gesellschaft des Mittelalters hat uns viele Zeugnisse darüber hinterlassen, daß man damals mit der bewußten Erwartung des Todes lebte und daß man sich im Glauben an seinen christlichen Sinn auf ihn vorbereitete. Noch im 18. Jahrhundert blühte die Produktion von Schriften, die man Kranken und Gebrechlichen aushändigte, damit sie sich bewußt auf ihr bevorstehendes Sterben einrichten könnten. Erst mit dem zunehmenden Verlust des Glaubens schwand die Möglichkeit mehr und mehr, den Tod zu akzeptieren.

Es bildete sich nun eine eigentümliche Zwiespältigkeit im Verhältnis zum Tod heraus, deren Verständnis auf einige Schwierigkeiten stößt. Es setzte eine naturwissenschaftliche Erforschung der Todesursachen ein, die u. a. zur Institutionalisierung jener Disziplin Pathologie geführt hat, von der in dem einleitenden Beispiel die Rede war. In dieser Perspektive ordnet sich der Mensch scheinbar bescheiden den Naturgesetzen unter, und es sieht so aus, als sei er mit seinem kreatürlichen Sterben nicht nur ausgesöhnt, sondern imstande, sich dieses kontinuierlich zu vergegenwärtigen. Aber dieser Interpretation widerspricht eine ganz andere Haltung, die Kurt Eissler in seinem Büchlein »Todestrieb, Ambivalenz, Narzißmus« so beschreibt: »Seit dem Anfang des 19. Jahrhunderts sind die Menschen nicht mehr geneigt, über den Tod nachzudenken. Das Thema paßt nicht zu einer Gesellschaft, die durch einen gewaltigen Sprung nach vorn in Wissenschaft und Technologie geblendet ist und an den allgemeinen Fortschritt glaubt.«

Freud spricht die moderne Widersprüchlichkeit im Verhältnis zum Tod in »Totem und Tabu« folgendermaßen an: »In der wissenschaftlichen Weltanschauung ist kein Raum mehr für die Allmacht des Menschen, er hat sich zu seiner Kleinheit bekannt und sich resigniert dem Tod wie allen anderen Naturnotwendigkeiten unterworfen. Aber in dem Vertrauen des Menschengeistes, der mit den Gesetzen der Wirklichkeit rechnet, lebt ein Stück des primitiven Allmachtsglaubens weiter.«

Darin steckt die offene Frage, ob die Erforschung der Natur ursprünglich dem Zweck diene, sich deren Gesetzen zu unterwerfen, oder ob nicht von vornherein die Absicht vorwalte, mit diesen Gesetzen zu rechnen und sich ihrer im Sinne eines Allmachtswunsches zu bemächtigen. Heute finden wir es jedenfalls ungehörig, wenn jemand sich ausdrücklich mit seinem unvermeidlichen Sterben oder mit dem bevorstehenden Sterben anderer beschäftigt. Wer laut Gedanken an seinen eigenen Tod nachhängt, wird zu einer Belästigung für die Umgebung. Wer unbefangen über den möglichen Tod anderer redet, macht sich automatisch verdächtig, diesen ein baldiges Ende zu wünschen. So müssen sich viele Angehörige immer noch in Todesanzeigen rechtfertigen, daß der gerade Verstorbene völlig unerwartet verschieden sei. Wehe dem, der inserieren würde, der betreffende Verwandte sei völlig erwartet gestorben.

Hier hat sich also eine markante Veränderung vollzogen. Ausgangspunkt dieser Wandlung ist die Schwächung der Religiosität und damit des Glaubens an ein Fortleben der Seele. Der fromme Arzt, der früher den Kranken in dessen Hoffnung bestärken konnte, daß es mit ihm nach dem Tod nicht zu Ende sein werde, traf sich mit dem Patienten in einer gemeinsamen religiösen Sinngebung des Sterbens, die beiden einen festen Halt gab, wenn sie über das Thema sprachen. Gewiß ist es kein Zweifel, daß unter den ärztlichen Autoren, die sich neuerdings besonders für das offene Gespräch mit Todkranken einsetzen, solche mit einem unerschütterlichen Glauben eine besondere Rolle spielen. Aber niemand wird verkennen, daß ein Großteil der Bevölkerung jenen religiösen *Heils*glauben inzwischen in einen anderen Glauben verwandelt hat. Nämlich in so etwas wie einen absoluten *Heilungs*glauben. Das heißt: in den Glauben an den ewigen Fortschritt einer naturwissenschaftlichen Medizin. Der Arzt bzw. der medizinische Forscher hat einen erheblichen Teil der früher dem Priester zugeflossenen Erwartungen geerbt. Irgendwann werde der Arzt etwa die hormonalen Ursachen des Alterns aufdecken und ausschalten. Irgendwann werde er die immunbiologischen Geheimnisse des Krebses lüften und diesem mit einer sicheren Interventionsmethode zuleibe rücken können. Als Urheber anderer heute noch unbehandelbar scheinender Leiden werde er sicher eines Tages spezifische Viren entlarven, die er alsbald unschädlich machen werde. Und die Organtransplantation wie die Implantation von Plastikersatzorganen werde noch ungeahnte Erfolge feiern. Schließlich werde die Gentechnik zur Eliminierung der meisten Erbkrankheiten durch Genmanipulation führen.

Wehe dem, der sich dazu versteigt, solche Träume zurechtzurücken. Die verzweifelte Wut vieler ist ihm gewiß, für welche die scheinbar immer näherrückende Omnipotenz der Medizin Inhalt eines unentbehrlichen Ersatzglaubens darstellt.

In der Tat paßt dieser Glaube exakt in den Zusammenhang einer Gesellschaft, die den Menschen hauptsächlich an seiner Stärke, seiner Fitneß und seiner Leistungskraft mißt. Schwäche, Gebrechlichkeit, Siechtum, Behinderung sind trotz aller Verbrämungen zu reinen Minusmerkmalen im allgemeinen Bewußtsein geworden, das einzig das Obenauf-Sein verherrlicht, die Großartigkeit, die Potenz, die Macht. Welche Wechselbeziehung zwischen diesen Leitbildern und der ökonomischen Praxis der Rivalitätsgesellschaft besteht, möchte ich hier nicht weiter verfolgen.

Ich habe mir vor einiger Zeit die bittersten Anfeindungen zugezogen, als ich auf dem Berliner Fortbildungskongreß für Ärzte in einer Jubiläumsrede zu prognostizieren wagte, daß die Erfolgskurve der naturwissenschaftlich-medizinischen Forschung sich in Zukunft noch deutlicher als in letzter Zeit abflachen werde und daß wir Ärzte den Menschen rechtzeitig und planvoll helfen müßten, die unserem Berufsstand entgegengebrachten überidealisierenden Fortschritts- und Perfektionserwartungen abzubauen. Ähnlich verübelte man mir den Hinweis, daß das Gespräch am Kranken- und Sterbebett in dem Maße an Bedeutung gewinnen müsse, in dem die Wunderhoffnungen auf die aufgeblähte Labor- und Apparatemedizin zu relativieren seien. Renommierte Fachkollegen, darunter der Präsident und ein Expräsident zweier der größten medizinischen Fachgesellschaften, ereiferten sich über diesen, wie sie meinten, ungeheuerlichen Angriff auf das großartige Bild der Medizin, wie sie es der Öffentlichkeit gegenüber dargestellt zu sehen verlangen.

Ich hingegen bleibe dabei, daß gerade solche Kollegen unserem Berufsstand und vor allem der Bevölkerung einen schlechten Dienst erweisen, die nicht mithelfen, die Medizin von megalomanen Ansprüchen zu entlasten, die uns Ärzte unter einen unerfüllbaren, aber auch prinzipiell fragwürdigen Erfolgszwang setzen. So wie es heute gilt, unser Verhältnis zur natürlichen Umwelt kritisch zu überdenken, so erscheint es ebenso unerläßlich, unser Verhältnis zu dem Stück Natur zu überprüfen, das unser zerbrechlicher Körper darstellt. Gerade wir Ärzte müssen helfen, die falschen Erwartungen der vielen zu korrigieren, die von unserer Wissenschaft verlangen, daß wir den Tod bald als einen vermeidbaren Zufall entlarven und besiegen. In der Tat wächst die Zahl der Kollegen eher, die sich ganz bewußt an ein bescheideneres berufliches Selbstbild halten und dieses auch nach außen vertreten. Darunter findet man allerdings häufiger einfache Ärzte und weniger die Herren über jene medizinischen Hochburgen, die nur noch zur Hälfte Krankenhaus, zur anderen Hälfte Großlaboratorien darstellen.

Aber unser möglicher Beitrag zur allgemeinen Umbesinnung kann nur wirksam werden, wenn ihm eine entsprechende Bereitschaft der Menschen entgegenkommt, die sich uns anvertrauen. Das heißt, daß sich wieder eine Vorstellung von Leben verbreitet, die den Tod einschließt. Dies ist eine zentrale Aufgabe, die schon im ersten Drittel unseres Jahrhunderts Max Scheler und nach ihm Martin Heidegger nachdrücklich beschworen haben. Scheler hat sich in seinem wichtigen nachgelassenen Aufsatz »Wesen und Erkenntnistheorie des Todes« über die Bedeutung der »intuitiven Todesgewißheit« und über die unheilvolle Todesverdrängung »als Folge eines tiefen Bewußtseins der Seinsunwürdigkeit« geäußert. »Sterben heißt, den Tod als Tod vermögen«, lautet eine Formulierung Heideggers. Auch Freud hat mit seiner späteren Theorie den Tod gewissermaßen wieder ins Leben eingeführt, wenngleich ich mit Kurt Eissler bezweifle, ob er mit dem Begriff »Todestrieb« treffend bezeichnet hat, was er mit den Kräften beschrieb, die das Leben zum Tode führen.

Seit einigen Jahren können wir immerhin beobachten, daß über das Sterben wieder öffentlich geredet wird. Humanes Sterben ist ein vieldiskutiertes Thema geworden. Die Fragen an die Medizin, wie sie es mit der künstlichen Lebensverlängerung halte und was sie besser machen könne, um ein würdiges Sterben zu garantieren, beziehen sich nur vordergründig auf die technischen Umstände des Todes. In Wahrheit geht es um unser aller grundsätzliches Verhältnis zum Sterben. Wenn Todkranke oft überflüssigerweise aus der Familie in die Klinik verbracht werden, wenn hier der Tod bis zum letzten als Feind bekämpft oder, wenn er unvermeidlich wird, in Isolierräumen verheimlicht wird, dann geschieht dies bislang in einer stillen gesellschaftlichen Übereinkunft über die Notwendigkeit der Verdrängung. Nunmehr also wird diese Verdrängung gelockert. Das erzeugt Spannungen. Es bilden sich in der Ärzteschaft und z. T. auch in der Öffentlichkeit zwei gegeneinander moralisch argumentierende Parteien. Die Vertreter des traditionellen Tabus nehmen für sich in Anspruch, den Patienten, den Angehörigen und letztlich der Gesellschaft eine angeblich unnötige oder gar schädliche Ängstigung zu ersparen – die sie freilich in aller Regel zunächst für sich selbst vermeiden wollen. Die Gegenseite fordert nicht nur, sondern sie glaubt an den Mut zur Angst und an die Kraft, mit dem Tod offen und bejahend umgehen zu können.

Wenn sich in letzter Zeit psychosomatische Forscher verstärkt und gezielt mit chronisch Schwerkranken und ihren Angehörigen beschäftigen, so ist dies meines Erachtens symptomatisch für das um sich greifende allgemeine Bedürfnis, herauszufinden: Können Kranke, können Angehörige, können Ärzte, können wir alle lernen, unser Verhältnis zum Sterben zu ändern? Ist es möglich, im Angesicht des Todes zu leben, ohne zusammenzubrechen? Läßt sich die Angst, die Heidegger so eindrücklich formuliert hat, aushalten? Und kann es, wenn diese Angst getragen wird, vielleicht gar zu einer Art Befreiung, zu einer Erweiterung des Lebens kommen?

Wenn es früher aber nun so war, daß Menschen leichter sterben und Ärzte ihnen dabei besser helfen konnten, weil beide Seiten durch den *Glauben* verbunden waren, so fragt man sich, was kann denn der heutige Arzt noch bieten, was kann er heute noch machen, wenn der Glaubenstrost nicht mehr wie früher wirksam ist?

Ich halte die Frage nach dem Geben oder Machen des Arztes in dieser Form für voreilig. Sie nimmt eine noch gar nicht geklärte Aufgabenstellung vorweg. Wenn wir uns an die zuvor genannte sensibilisierte Gruppe von Patienten erinnern, sind das denn Menschen, die von uns Ärzten für alles eine Antwort oder eine Problemlösung erwarten? Bleiben wir nicht in unserem geläufigen technokratischen Denkmuster befangen, wenn wir meinen, wir müßten immerfort etwas geben und tun? Wir müßten gegen Sterbeangst genauso etwas machen wie gegen wuchernde Metastasen, schrumpfende Nieren oder zirrhotische Leberprozesse?

Nicht, was der Arzt *macht*, sondern daß er *da* ist, daß er *Anteil nimmt*, daß er *zuhört*, daß er nicht flüchtet, wenn er sozusagen als Gesundheitsingenieur am Ende ist, das ist vielfach bereits eine unerhörte Hilfe. Natürlich hat der Patient einen Anspruch darauf, daß der Arzt einen malignen Prozeß zu stoppen, zumindest Schmerzen zu lindern versucht. Aber stets kommt der Augenblick, da der Arzt gerade durch ein Nicht-Tun, im mechanischen Sinne gemeint, für den Patienten zur eigentlichen Stütze wird. Und dies im Gegensatz zu jenem Kollegen, der immer hektischer und polypragmatischer herumtherapiert, um sein Schuldgefühl gegenüber einem unaufhaltsamen letalen Krankheitsverlauf zu kompensieren. Ich denke, daß jeder von uns Älteren sich dereinst als junger Doktor mit ganz geringer Erfahrung nicht selten darüber verwundert hat, daß er von so manchem sehr viel reiferen älteren Patienten in der Endphase als hilfreicher Partner ernst genommen wurde. Da zählte überhaupt nicht die Ingenieurskunst, sondern nur die Verläßlichkeit, die einfache, engagierte Zuwendung.

Viele Patienten zeigen, daß sie mehr als alles sonst entlastet, wenn der Arzt ihnen nur bekundet, daß er etwas mit ihnen mitträgt. Daß er sein Interesse gerade dann nicht reduziert, wenn er mit seinem medizinischen Ingenieurslatein am Ende ist. Desinteresse stellt sich leicht bei einem Kollegen ein, der sich nur für die Maschine Organismus kompetent hält und meint, das übrige sei eigentlich nicht mehr ärztliche Aufgabe, vielmehr nur noch eine Zutat des privaten menschlichen Wohlwollens. Dieses private Engagement könne man sich aber als Luxus nur leisten, wenn man sein organmedizinisches Tagewerk vollbracht habe. Da man mit diesem indessen alle Hände voll zu tun habe, dürfe man sich hinterher zu Recht sagen: Jetzt bin ich mit meinen Kräften am Ende und für private Wohltaten gegenüber meinen Kranken einfach nicht mehr fähig. Da müssen halt die Schwestern einspringen.

Keinesfalls verkenne ich dabei, wieviel die Schwestern den Kranken in dieser Hinsicht tatsächlich geben können und daß sie als psychische Helferinnen manchen Arzt weit übertreffen. Aber dies ändert nichts an der Notwendigkeit, daß der klinische Arzt sich in diese Aufgabe einbezieht und daß man sich im Team gemeinsam und gründlich darüber bespricht, wie man die Patienten und ihre Angehörigen bei der Verarbeitung eines schweren Krankheitsschicksals am besten unterstützt.

Noch ein Wort zu dem *Machen* und dem *Nicht-Machen*. Es sagt sich so leicht dahin, daß es wichtiger sei, in Gemeinsamkeit mit dem Patienten einfach etwas auszuhalten, etwas in Anteilnahme mitzutragen, anstatt sich immerfort durch irgendein Machen und Geben bewähren zu wollen. Unsere gesamte medizinische Ausbildung trainiert uns ausschließlich darauf, dahinterzukommen, was wir jeweils am besten *machen* können. Gut ist der Arzt, der stets weiß, was zu *machen* ist. Und richtig ist, daß nicht wenige Patienten und Angehörige zunächst nur auf unser *Tun* fixiert sind. »Herr Doktor, ist noch etwas oder ist nichts mehr zu *machen*?« – »Um Gottes willen, Herr Doktor, *tun* Sie alles, was Sie können, was es auch immer kostet!« Halt, da ist auch noch dieser Punkt: Die *Allmacht des Geldes*. Die Phantasie, der teuerste Arzt, das teure Interferon oder die teure Klinik in Amerika könnten vielleicht in einer Welt, in der das

Wertvollste auch am meisten kostet, noch die Rettung bringen. Wiederum ein moderner Ersatzglaube. Was gibt es sonst, das man für Geld nicht haben kann?

Aber es mehrt sich, wie gesagt, anscheinend die Zahl gerade der Schwerkranken, die nicht mehr den Arzt suchen, der sich als Mensch hinter einem kostspieligen oder weniger kostspieligen Machen versteckt. Um so wichtiger wird es für den Arzt, daß er seinerseits die Patienten als Menschen wieder voll wahrzunehmen lernt. Aber diese Wahrnehmung kann er nur nutzen, wenn er erkannt hat, daß er sich als Begleiter eines unheilbaren Kranken nur noch teilweise als kompetenter Experte, zum anderen Teil einfach als stützender Mitmensch zu bewähren hat. Die Überwachung der guten Pflege und die Linderung quälender Symptome sind Aufgaben, die erledigt werden können, ohne daß die Kommunikation mit dem Patienten durch Ablenkung auf fachliche Daten behindert wird. Der Arzt kann auch dort noch führen, wo er nicht mehr überlegen ist. Die Dialektik seiner Rolle besteht jetzt darin, daß er vorangeht und eigentlich doch nicht der erste ist. Er bietet dem Patienten an, mit ihm die Wahrheit zu tragen. Er vermittelt ihm zugleich die Hoffnung, daß dieser sich dazu durchringen kann, das Leben, das ihm noch verbleibt, um so intensiver zu fühlen und zu nutzen. Dies aus der Erfahrung, daß manche Unheilbare ebendiese Entwicklung vollziehen können, zumal dann, wenn sie Partner haben, die sie darin bestärken.

Was die Bewältigung der Sterbeangst anbetrifft, ist der Arzt seinem Kranken aber nicht als Experte voraus. Darin ist er ebenso Laie wie dieser und oft sogar dem Patienten gegenüber im Rückstand. Ein Kranker, der mit dem Bewußtsein seiner Unheilbarkeit zu leben versteht, mag in dem angerührten Arzt erst Reifungsprozesse anstoßen, zu denen dieser ohne die Begegnung mit Menschen, die diese Prüfung bestanden haben, noch nicht fähig wäre.

Aber was ist das eigentlich, das Menschen, die sich nicht durch die Verheißung eines seeligen Todes trösten können, ihre Sterbeangst bewältigen läßt? Und was ist es an der Beziehung zum Arzt oder anderen zugewandten Partnern, das ihnen einen wesentlichen Halt geben kann? Die Mittel der Psychologie reichen nicht aus, dies zu fassen. Vielleicht kann es in aller Not eine Genugtuung sein, wenn jemand entschieden zu bejahen vermag, was er als Bestimmung stets in sich getragen, aber wie alle anderen verdrängt hatte. Im Sinne von: ducunt fata volentem, nolentem trahunt.

Ein anderer Grund könnte die Idee sein, daß man nicht als isoliertes Wesen einfach verlorengeht, sondern als Spur in anderen erhalten bleibt, denen man entnehmen kann, daß man ihnen wichtig ist und bleiben wird. In vielen von uns mag eine Vorstellung wirken, die von Paracelsus bis Scheler und Elias immer wieder in Varianten formuliert worden ist: die Idee nämlich, daß wir nicht als abgehobene Einzelwesen geboren werden und sterben, sondern eingebettet in Verbindungen und Beziehungen.

So kann man sich daran halten, daß man nach dem Tod fortwirkt in einem sozialen Kreis, dessen Teil man war und in welchem man selbst sein Leben kreisförmig vollendet. Beobachten läßt sich jedenfalls, daß Menschen leichter sterben, wenn sie sich bis zum Ende in positiven Beziehungen gehalten fühlen und auch selbst aktiv Halt geben. Wir sprechen das Wort Liebe heute nur noch mit Scheu aus. Aber ist es nicht immer noch der treffendste Ausdruck dafür, was hier als Stärkung wirksam ist? Das Bewußtsein, bis zuletzt lieben zu können und geliebt zu werden und diese Liebe gegen Angst und Verzweiflung behaupten zu können?

Literatur

Ariès, P. (1978): Geschichte des Todes. Hanser Verlag, München 1980
Eissler, K. R. (1972): Todestrieb, Ambivalenz, Narzißmus. Kindler Verlag, München 1980

Federlin, K., K. Fleischer, H. G. Lasch, H. W. Pia u. K. Voßschulte: Braucht die Medizin ein neues Bild vom Menschen? Deutsches Ärzteblatt 79, H. 41, 1982, S. 57–65

Freud, S. (1914): Zur Einführung des Narzißmus. Ges. Werke, Bd. 10, S. 138–170

Freud, S. (1919): Das Unheimliche. Ges. Werke, Bd. 12, S. 229–268

Freud, S. (1924): Das ökonomische Problem des Masochismus. Ges. Werke, Bd. 13, S. 371–383

Freud, S. (1926): Hemmung, Symptom und Angst. Ges. Werke, Bd. 14, S. 113–205

Freud, S. (1930): Das Unbehagen in der Kultur. Ges. Werke, Bd. 14, S. 421–506

Heidegger, M.: Vorträge und Aufsätze. Neske Verlag, Pfullingen 1954

Richter, H.-E.: Die Rolle und das Selbstverständnis des Arztes. Festvortrag auf dem 30. Deutschen Kongreß für ärztliche Fortbildung, Berlin, Juni 1981. In: Ders.: Sich der Krise stellen. Rowohlt Taschenbuch Verlag, Reinbek bei Hamburg 1981, 2. Aufl. 1982, S. 69–87

Scheler, M. (1933): Wesen und Erkenntnistheorie des Todes. Schriften aus dem Nachlaß. Ges. Werke, Bd. 10. Francke Verlag, Bern 1957

Voßschulte, K., K. Fleischer, H. W. Pia, H. G. Lasch u. K. Federlin: Medizin und Anspruch auf Humanität. Die Welt, 23. 7. 1982. Klare Antwort auf den Ruf zur Umkehr. Die Welt, 27. 7. 1982

Wider die Selbsterschaffung des Menschen*

Wir wissen, was aus der bevölkerungspolitischen Ideologie des »Dritten Reiches« zur Höherzüchtung des Menschen geworden ist. Die pseudowissenschaftliche Rassenlehre wurde zu einem Instrument, die infernalische Judenverfolgung zu legitimieren. Den Zwangssterilisationen folgte schließlich die Massentötung psychisch Kranker und Behinderter.

Wenn ich als Zeitzeuge heute an diese Vorgänge erinnere, so deshalb, weil ich einem vielerorts wuchernden Vorurteil entgegentreten möchte, das da lautet: Im Ansatz seien die damaligen bevölkerungspolitischen Ideen durchaus richtig gewesen. Nur sei es in ihrer Anwendung zu einem freilich verheerenden Mißbrauch gekommen. Warum soll es unzulässig sein, auf die Prozesse der Evolution positiv mit Hilfe der modernen Gentechnik einzuwirken, das heißt, die biologische Entwicklung unseres Geschlechtes günstig zu beeinflussen?

Der Philosoph Wolfgang van den Daele spricht die Erwartung aus: »Die Idee der Vervollkommnung der Gesellschaft durch den neuen Menschen wird sich vermutlich stark verbreiten, gestützt durch das sogenannte Weltbild selbstorganisierender Systeme. Da sich ohnehin alles evolutionär entwickelt und der Versuch, die Evolution anzuhalten, zum Scheitern verurteilt ist, könne man sich auch aktiv daran beteiligen. Mißerfolge der

* Referat auf einer Diskussionsveranstaltung zum Thema: »Gen- und Reproduktionstechniken – Weg zur Menschenzüchtung oder Hilfe gegen Kinderlosigkeit?«, in Frankfurt, 20. 11. 1986

Neukonstruktion des Menschen seien einzukalkulieren, da
nichts total rational beherrschbar sei.«

Van den Daele hält diese Auffassung, deren künftige Verbreitung er fürchtet, zu Recht für verheerenden Unsinn. Aber er
begründet seine skeptische Erwartung damit, daß in unserer
Industriegesellschaft ein unkritischer technologischer Optimismus die herrschende Triebkraft sei: »In die etablierten Institutionen und Wertorientierungen ist der Zwang zu technologischem Optimismus gleichsam eingebaut. Wie für alle Lebensbereiche gilt auch für den Menschen selbst: Es gibt immer schon
einleuchtende Gründe, technische Möglichkeiten in technische
Imperative zu übersetzen.«

Immerhin haben wir ja nun eine Gegenbewegung gegen den
unkritischen technologischen Optimismus. Zweifel an der Verträglichkeit des technischen Fortschritts sind durch die diversen
Umweltkatastrophen und die unheimlichen Risiken der atomaren Bedrohung aufgeflammt. Auswüchse der Intensivmedizin
beschäftigen die Öffentlichkeit. Ein diffuses Mißtrauen gegen
die Schulmedizin wandelt große Scharen zu Anhängern der
Naturheilkunde. Viele andere vollziehen keine so radikale
Abkehr, sehen der Schulmedizin aber wachsam auf die Finger
und achten darauf, wo etwa mächtige wirtschaftliche Interessen
risikoreiche oder auch nur unnütze Methoden oder Präparate
lancieren. Sie verlangen, daß trotz der für die Forschung verbürgten Freiheit Grenzen eingehalten werden, wo Eingriffe in
die Natur das vertretbare Maß überschreiten.

Aber, auf die moderne Gentechnik bezogen, wo ist da die
Grenze des Vertretbaren? Darüber hat sich bekanntlich kürzlich
die nach ihrem Vorsitzenden benannte Benda-Kommission, ins
Leben gerufen vom Justizminister und dem Forschungsminister, gründlich Gedanken gemacht. Auch die Bundesärztekammer hat 1985 Richtlinien darüber herausgebracht, was noch und
was nicht mehr zulässig sein sollte. Danach gilt die In-vitro-
Befruchtung neuerdings als berufsrechtlich anerkannt, wenn
Zulassungs- und Durchführungsbedingungen eingehalten wer-

den. Das bedeutet, die Vereinigung einer Eizelle mit einer Samenzelle außerhalb des Körpers mit nachfolgender Einführung des Embryos in die Gebärmutter wird grundsätzlich als Methode der Behandlung von Unfruchtbarkeit gebilligt. Der Arzt solle das Verfahren allerdings nur bei verheirateten Paaren anwenden und außerdem darauf achten, ob »zwischen den Partnern eine ausreichend stabile Bindung« bestehe. Diese Einschränkungen werden mit dem Kindeswohl begründet.

Tatsächlich breitet sich die Methode der In-vitro-Befruchtung schnell aus. Bereits im letzten Jahr wurden zwanzig Kliniken und Facharzt-Praxen gezählt, in denen das Verfahren angewandt wurde. Die Erlanger Klinik berichtete bereits im April 1983 über eine Warteliste von über 1500 Personen.

Als psychosomatischer Arzt mit langer Erfahrung in Familientherapie sehe ich mit Besorgnis, wie unkritisch die neue Methode weithin akzeptiert wird. Wie will ein Arzt feststellen, ob die Bindung zwischen Eheleuten so stabil ist, wie es die Ärztekammer als Voraussetzung für den Eingriff wünscht? Nebenbei: Nichts beweist, daß unverheiratete Paare oder Alleinerziehende automatisch Kinder schlechter fördern als Ehepaare. Ich kenne indessen Paare in einer festgefügten Ehe, die ungeduldig nach einem Kind verlangen, aber so tief in neurotischen Problemen stecken, daß ihre Unfruchtbarkeit darin ihre Ursache hat. Ich denke z. B. an junge Frauen, die sich gar nicht auf ein Kind einstellen, sondern sich mit diesem nur vor ihrer Mutter beweisen oder ihren männlichen Partner festhalten wollen, zugleich aber unbewußt gegen die Abhängigkeit von der Mutter oder vom Partner ankämpfen. So glauben sie ein Kind haben zu müssen, ihr unbewußtes Widerstreben mißachtend. Aber der Organismus läßt sich nicht nach Belieben kommandieren. Spürt er das unbewußte Sträuben, mag er sich der Empfängnis verweigern, und heraus kommt eine seelisch bedingte Unfruchtbarkeit. Die Bundesärztekammer nennt zwar psychogene Sterilität als eingeschränkte Kontraindikation für In-vitro-Befruchtung, aber nur einer Minderzahl von psychosomatisch

308

gut ausgebildeten Ärzten ist zuzutrauen, daß sie solche Zusammenhänge zu erkennen vermag. Handelt es sich hier doch um unbewußte Konflikte, die meist erst durch mehrere sehr gründliche Gespräche zu eruieren sind. Leicht wird eine psychogene Sterilität als eine hormonale oder anatomische Störung verkannt.

Wir Psychotherapeuten erleben, daß manche psychogen unfruchtbaren Paare nur deshalb drängend nach einem Kind verlangen, weil dieses sie aus einer tiefen Lebensunzufriedenheit oder aus einem desolaten Beziehungskonflikt erlösen soll. Ein psychosomatischer Arzt würde in solchem Fall den Partnern zu erkennen helfen, daß sie eigentlich ein Kind nur dazu mißbrauchen wollen, ihre Lebens- und Beziehungskrise zu überwinden. Wiederholt habe ich Paare erlebt, die sich dann einsichtsvoll einer Psychotherapie unterzogen haben. Ließen sich die psychogenen Schwierigkeiten innerhalb der Partnerschaft lösen, trat öfter auch irgendwann plötzlich eine Schwangerschaft ein, die sich mit der Einsicht der Frau verband, daß sie für dieses Ereignis jetzt erst die innere Bereitschaft erlangt hatte. Aber mitunter sehen beide Partner auch ein, daß sie erst noch längere Zeit zur Lösung ihrer Probleme brauchen, ehe sie sich zutrauen, für ein Kind sorgen zu können.

Vor kurzem erst traf ich eine Bekannte, die nach fünfjährigem Warten endlich ein Kind bekommen hatte. »Wie gut, daß es nicht schon vorher geklappt hat!« meinte sie. »Ich wollte zwar immer, aber erst jetzt habe ich begriffen, daß ich noch nicht soweit war. Ich hätte mich auf ein Kind noch nicht richtig einstellen können.«

Ich kenne auch Paare, die eine Unfruchtbarkeit irgendwann als Schicksal akzeptieren und ein oder mehrere Kinder in Pflege nehmen oder adoptieren. Dabei kann der Widerwille gegen die künstliche Befruchtungsmanipulation ebenso eine Rolle spielen wie der Wunsch, elternlosen Kindern ein Zuhause zu bieten.

Aber vieles spricht dafür, daß die In-vitro-Befruchtung bald als Routinemethode in jedermanns Nachbarschaft angeboten werden wird. Zu erwarten ist, daß schließlich zahlreiche Kinder künstlich produziert werden, für deren Nichtzustandekommen bei psychogener Sterilität die Natur ihre sinnvollen Gründe hat. Als psychotherapeutischer Arzt erwarte ich, daß sich zu den Befruchtungseinrichtungen zu einem nicht geringen Anteil solche Frauen oder Paare drängen werden, denen ich im Hinblick auf ihre eigene Entwicklung und das Kindeswohl kaum geraten hätte, diesem Weg zur Lösung ihrer Probleme Vorrang zu geben. Der Andrang wird sich bei Verbesserung der Erfolgsstatistiken erhöhen, wenn die extrakorporale Befruchtungstechnik erst zu den sogenannten »eleganten« Verfahren der modernen Medizintechnik zählen wird.

Es sollte uns nachdenklich machen, daß der Schritt zur In-vitro-Fertilisation weitere Manipulationsmöglichkeiten von ungeheurer Tragweite nach sich zieht. Man kann an den Embryozellen Erbkrankheiten diagnostizieren und solche Embryonen ausschalten. Gerade habe ich einen DDR-Professor schwärmen hören, daß er diese künftige Möglichkeit für eine sozialistische Gesellschaft außerordentlich begrüße. Könnte das nicht auf einen Vorschlag an den Staat hinauslaufen, die Gentechnik für eine eugenische Kontrolle der Bevölkerung auszunutzen? Zweifellos würde sich zur Zeit zumindest der Großteil der Humangenetiker noch gegen solche staatlichen Eingriffe verwahren. Aber wie ist es, wenn genetische Menschheitsverbesserer eines Tages den Geist wiederbeleben, der noch unlängst in unserem Lande herrschte und der unter der Decke kollektiver Verdrängung noch in zahlreichen Köpfen schlummert? Aber es bedarf unter Umständen gar nicht erst einer dirigistischen Gesellschaftsordnung, um eine gentechnische Selektionspraxis zur Gewohnheit zu machen. Könnte es nicht irgendwann zu einem Massentrend werden, beim Nachwuchs präventiv auf biologische Fitneß zu achten und zu diesem Zweck extrakorporal produzierte Embryonen vorher auf Genminderwertigkeit testen zu lassen? Ich könnte mir gut vorstellen, daß gewisse soziale Kreise eines Tages die Anstandsnorm proklamieren, erbkranke oder behinderte Kinder mit Hilfe gentechnischer Methoden verhindern zu lassen. Familien, in denen dennoch geschädigte Kinder zur Welt kämen, müßten hinfort um ihren Ruf bangen. Den Trägern erblicher Krankheiten und Behinderungen selbst – Produkte elterlicher oder medizinischer Fahrlässigkeit –, wäre eine offene Diskriminierung gewiß.

Ähnlich wie bei genetischen Defekten ist eine manipulative Selektion des *Geschlechtes* am Retortenembryo möglich. Man entnimmt Zellen und analysiert die Chromosomen. Wollte man eine Selektion nach Geschlechtsmerkmalen betreiben, müßte man allerdings sogenannte »Überschuß-Embryonen« produzieren, und die Technik müßte einfacher und billiger sein als heute. Prinzipiell ist die Möglichkeit aber gegeben. Van den Daele prognostiziert, daß es dann bei der üblichen Zweikinderfamilie zu einem Standard kommen würde, sich erst einen Jungen und dann ein Mädchen anzuschaffen. Die Folge wäre eine Festschreibung der Männer-Dominanz in der Gesellschaft.

Weitere technische Möglichkeiten möchte ich hier gar nicht im Detail erörtern. Dazu gehören: Gefrierkonservierung von Embryonen, Embryobanken, die Übertragung von Embryonen in Leihmütter, schließlich der Mißbrauch von Embryonen als bloßes Forschungsmaterial.

Ein Problem teilen die Forscher auf dem Gebiet der Reproduktions- und Gentechnologie mit den Experten der Atomphysik und der Kerntechnik: Ihr Erkenntnisdrang läßt sie zunächst oft die Risiken unterschätzen, die sich aus der Anwendung ihrer Errungenschaften ergeben. Man erinnere sich an die berühmten alten Atomphysiker, die am inständigsten vor den Folgen ihrer eigenen Entdeckung warnten – als es *zu spät* war. Als sie die Spaltung des Atomkerns bejubelten, begriffen sie diese zu Recht als einen revolutionären Fortschritt auf dem Weg der Naturbeherrschung. Aber die meisten unter ihnen unterdrückten den Gedanken, daß dieser naturwissenschaftlich-technische Fortschritt die sittlichen Kräfte der Menschheit überfordern und das Risiko einer Selbstzerstörung der Gattung heraufbeschwören könnte. Es sind keine unkritischen Katastrophendenker, die heute dieses Risiko vor allem durch die Atomrüstung nach wie vor als schwer kontrollierbar einschätzen.

Auch der Fortschritt in der Reproduktions- und Gentechnologie ist von revolutionärer Bedeutung. Auch er erweitert für uns die Grenzen des Machbaren weit darüber hinaus, was wir nach ethischem Ermessen machen sollten. Es könnte wieder einmal dazu kommen, daß eines Tages altgewordene Pioniere dieser Technik gewissensgeplagt als Wanderprediger durch die Lande ziehen und verspätet den Mißbrauch ihrer Errungenschaften bejammern.

Aber während die Atomphysiker die nuklearen Vernichtungswaffen ohne eine zuschauende und mithelfende Bevölkerung entwickeln konnten, sind die Spezialisten der genetischen Reproduktionstechnik auf die Zustimmung von Menschen angewiesen, die ihnen ihre Körper, ihre Ei- und Samenzellen zur Verfügung stellen. Gerade deshalb sind ja auch Teile der Öffentlichkeit aufgewacht und spüren, daß wir alle dafür mitverantwortlich sind, an welcher Grenze wir auf diesem Gebiet eine Manipulation der Natur zu verhindern haben.

Es ist notwendig, daß wir nach Seveso, Bhopal, Tschernobyl, Sandoz unsere hörige Unterwerfung unter die Pioniere des technologischen Fortschritts revidieren. Nur wenn wir als Bevölkerung mündig mitbestimmen, haben wir überhaupt die Chance, uns in der Gentechnologie nicht auch wieder von der Allianz blinden Forscherdrangs und mächtiger wirtschaftlicher Interessen, etwa noch flankiert durch staatliche Absicherung, überrollen zu lassen. Wir alle, jede und jeder von uns, sind Experten dafür, was – modern ausgedrückt – natur- und sozialverträglich ist. Es gibt keine wissenschaftlichen Spezialisten oder Politiker, die besser als wir alle wissen, nach welchem Maß wir miteinander und in der Natur zusammenzuleben haben. Ich freue mich, daß anscheinend die Zahl derer zunimmt, die dieses menschliche Maß etwa darin definiert sehen, was Albert Schweitzer mit seiner Ethik der »Ehrfurcht vor dem Leben« gemeint hat.

Zur besseren Orientierung darüber, was wir tun oder lassen

sollten, empfiehlt sich auch immer wieder ein Blick über unsere Industriegesellschaft hinaus. Dazu habe ich eine scharfe, aber passende Formulierung von Wolfgang Höppe in einem Heft der philosophischen Zeitschrift »Widerspruch« gefunden. Er kritisiert, »daß in den riesigen Hinterhöfen dieser Welt täglich Kinder an Hunger, Krankheit – auch Elternlosigkeit – in der Größenordnung einer Kleinstadt verrecken, während im Befruchtungsbusiness der Ersten und Zweiten Welt unter enormem technischem und finanziellem Aufwand und mit horrenden ›Verlustziffern‹ auf dem Marsch der Ingredienzien durch Eifänger, Brutapparaturen und Permafrostanlagen eine Handvoll Kinder hergestellt werden.«

Literatur

Daele, W. v. d.: Mensch nach Maß? C. H. Beck Verlag, München 1985, S. 33
Daele, W. v. d.: Stellungnahme zur Ethik der Gentechnik. Widerspruch 1, 1986, S. 26
Höppe, W.: Und weil es nichts gibt, woran man sich halten kann. Widerspruch 1, 1986, S. 77
Richtlinien 1985: 88. Deutscher Ärztetag: Richtlinien zur Durchführung von In-vitro-Fertilisation (IVF) und Embryotransfer als Behandlungsmethode der menschlichen Sterilität. Deutsches Ärzteblatt 82, 1985, 1649, 1691 -1698

Böse aus Angst

Es erscheint als selbstverständliche Forderung, daß ein Arzt seinen Patienten mit freundlichem Wohlwollen begegnet. Aber was ist, wenn sie ihm Angst oder gar Abneigungsgefühle einflößen? Glücklicherweise hatte ich nicht oft mit diesem Problem zu tun. Nur eine Patientengruppe gab es, die mich als jungen Arzt immer wieder besonders irritierte. Schon als 29jähriger zum Leiter einer kinderpsychiatrischen Beratungs- und Forschungsstelle in West-Berlin berufen, wurde ich nicht selten von Eltern mit geistig schwerbehinderten Kindern aufgesucht. Selbst aus entfernten Städten der »Ostzone« reisten Familien mit der Hoffnung an, wir hätten vielleicht im Westen neue großartige Heilmittel, um solchen Kindern zu helfen. Meist waren es Mädchen oder Jungen mit hochgradigen Hirndefekten und massiven psychischen Störungen. Einige waren so unruhig, daß ich sie nicht einmal untersuchen konnte. Mich quälte, daß ich die verzweifelt hoffenden Mütter enttäuschen mußte. Aber ich hatte auch mit dem geheimen Entsetzen zu kämpfen, das mich nicht selten beim Umgang mit den hochgradig behinderten Kindern befiel. Während die Mütter mir alles mögliche Gute zutrauten, erschienen sie mir vielfach viel besser befähigt, ihre Kinder zu verstehen und zu akzeptieren. Ich hatte Mühe, gegen das Gefühl der Überforderung anzukämpfen. Und so fürchtete ich mich manchmal schon im voraus, wenn die Schwestern mir wieder den Besuch einer solchen Familie ankündigten.

Ich hoffe, daß die Mütter – und auch die Kinder – mir meine Ambivalenz und Unsicherheit nicht zu sehr angemerkt haben.

Selbstverständlich habe ich mich diesen Familien eingehend gewidmet, den Müttern zugehört, die Kinder gründlich beobachtet und gesagt, was ich wußte und raten konnte.

Aber insgeheim war ich mit mir unzufrieden. Es kränkte mich, daß meine Gefühle dem Bild widersprachen, das ich von mir als Arzt haben wollte. Weit unterlegen fühlte ich mich vielen der Mütter, die ich ihre Kinder mit bewunderungswürdiger Einfühlungsbereitschaft versorgen sah. Wo nahmen diese Frauen nur die Kraft zu solch inniger Partnerschaft her? Was an den armen Kindern stützte sie in ihrer Freude und Energie, die sie in der Beziehung ausdrückten?

Meine Neidempfindungen brachten mich auf eine Hypothese, mit der ich mich zu entlasten versuchte: Vielleicht bemühten sich diese Mütter nur deshalb so unerschütterlich liebevoll um ihre Kinder, weil sie damit unbewußte negative Impulse überkompensierten. Aber mehr und mehr drängte sich mir die Einsicht auf, daß ich nur mein eigenes Versagen rechtfertigen wollte.

Es ist bei mir ein langer Lernprozeß geworden, der mich schließlich meine anfängliche Angst vor dem Anblick des schwerbehinderten Lebens begreifen ließ. Diese Kinder bildeten etwas ab, was ich in mir um keinen Preis wiederfinden wollte. Ich lebte noch mit der narzißtischen Phantasie, unversehrbar stark zu sein, und unterdrückte, wie schwach und zerbrechlich ich in Wirklichkeit war. Ich selbst war der Überkompensierende, der als Arzt Herrscher über Krankheiten sein und im aktiven Helfen die eigene Hilfsbedürftigkeit ersticken wollte. Die unheilbar hirngeschädigten Kinder kränkten mich durch die Ohnmacht, die sie mir nachwiesen. Wäre ich doch vor manchen von ihnen am liebsten geflüchtet, um die Angst vor meiner eigenen Schwäche zu vermeiden, die sie ungewollt entlarvten.

Im Besitz noch so intakter Gesundheit trägt jeder das Wissen in sich, daß auch er irgendwann gebrechlich und unheilbar sein wird. So hilflos schwach, wie er es als Kleinkind war, wird er zumindest unmittelbar, vielleicht auch bereits Jahre vor seinem

Tod sein. Erst wer diese Wahrheit festhalten kann, vermag selbst mit Schwerbehinderten partnerschaftlich umzugehen. Alle sichtbaren Defekte werden ihn nicht mehr daran hindern, sich mit dem Stück positiver Fähigkeiten in Verbindung zu setzen, die allemal spürbar sind.

So erschloß ich mir das Geheimnis jener bewunderten Behinderten-Mütter: Sie sahen in ihren Kindern eben nicht in erster Linie das Beschädigte, sondern jeweils ein vollständiges kindliches Wesen mit wie immer ausgedrückten Hoffnungen, Wünschen und auch Freuden. Sie gingen mit dem um, was ihre Kinder noch *konnten*, wie wenig das auch sein mochte. Sie hatten gelernt, selbst verstümmelte verbale und nonverbale Ausdrucksformen zu entziffern, und darauf konnten sie einen einfachen Dialog aufbauen. Mit ihrem inneren Auge vermochten sie das Bild eines liebenswerten *Du* zu komplettieren, von dem sie auch für ihr *Ich* Wichtiges gewinnen konnten.

Als Medizinstudent hatte ich einmal gelernt, daß man es als Arzt und in anderen Heilberufen nicht mit Krankheiten, sondern mit kranken Menschen zu tun habe. Inzwischen würde ich diese Formel revidieren: Nicht der *kranke* Mensch, sondern der *Mensch schlechthin* ist der Partner, mit dem man helfend zu kooperieren hat. Immer ist die ganze Person und nicht nur der Träger einer Krankheit oder Behinderung wichtig zu nehmen. Es entwürdigt den Patienten, wenn nur wahrgenommen wird, was von ihm unmittelbar mit der Krankheit, ihrer Verursachung und Verarbeitung zu tun hat. Er ist eine Ganzheit, und die Krankheit ist immer nur ein Teil, der den Blick auf die Ganzheit nicht verstellen darf.

Unleugbar macht der hektische hochtechnisierte Betrieb in vielen medizinischen Praxen und Kliniken Lernprozesse der geschilderten Art schwer. An vielen Orten scheint es inzwischen an der Zeit zu fehlen, sich überhaupt noch um anderes als die Analyse und die mögliche Reparatur der Maschine Organismus zu kümmern. Da wird zum Ziel für das Personal, die Effizienz seiner technischen Aktivitäten in geringst möglichem Maße durch emotional aufwendige Kontakte mit Patienten oder Angehörigen behindern zu lassen. Was man aber nicht mehr berührt, davor kann man weder erschrecken noch sich davon anrühren oder gar zu inneren Lernprozessen stimulieren lassen. Aber es bleiben eben weite Felder der Medizin, in denen sich dieser Berührung nicht ausweichen läßt. Da sind die Träger schwerer chronischer Krankheiten, unheilbarer Erbleiden und Behinderungen, bei denen man mit Medikamenten oder Apparaten – wenn überhaupt – nur wenig tun kann. Hier stehen dann keine Methoden mehr zur Verfügung, hinter denen der Arzt sich als Mitmensch verstecken kann. Aber wie soll er die Probe bestehen, wenn er vielleicht nie anderes gelernt hat, als eigene Ängste durch forsche diagnostische und therapeutische Aktivitäten zu ersticken? Wie kann er als einer, der sich immer stark und mächtig fühlen sollte, nun mit der aufgezwungenen Machtlosigkeit umgehen? Wie kann er dort mitempfinden und mittragen, wo er sich nicht mehr durch irgendein Tun Erfolgserlebnisse verschaffen kann?

Hier kann nun offenbar eine Reaktion einsetzen, die eine der schlimmsten Verirrungen der Medizin erklärt, die in unserem Lande vor einem halben Jahrhundert stattgefunden hat. Ein unbewußter Mechanismus kann Angst in tödlichen Haß verwandeln. Und dieser kann sich als eine moralisch gerechtfertigte Strategie maskieren, beschädigtes Leben als unwert zu eliminieren. Die eigene Leidensunfähigkeit projiziert man in die Kranken hinein und behauptet, diese von Qual erlösen zu müssen. Aber zum Hauptargument wird die Idee, die Menschheit von »erblichen Minderwertigkeiten« zu befreien. Am Ende kann man sich dann sogar eine edle Opfergesinnung bescheinigen. Man lobt sich für die Selbstüberwindung, kranke Mitmenschen (durch Sterilisation) zu verletzen oder gar zu töten.

Die Massensterilisierungen und die Tötung von einhunderttausend psychisch Kranken und Behinderten in der Nazizeit lediglich als das Werk einer brutalen Verschwörerclique zu interpretieren wäre ein verhängnisvoller Fehler. Bedeutende

Naturwissenschaftler und Ärzte haben damals die Ausmerzungsstrategie im Grunde gutgeheißen. Führende Nervenärzte haben mitgemacht. Die informierten Lehrstuhlinhaber der Psychiatrie vereinigten sich nicht, obwohl von einem ihrer Kollegen dazu aufgefordert, zu entschlossenem Widerstand. Sämtliche hohen Richter und Staatsanwälte des »Großdeutschen Reiches«, mehr als fünfzig an der Zahl, wurden vom kommissarischen Justizminister gründlich über die industriemäßig betriebene Tötung der psychisch Kranken im Rahmen der sogenannten Euthanasie-Aktion unterrichtet. Keiner von ihnen protestierte. Nur eine Handvoll Ärzte, keiner dieser Juristen wurde nach dem Krieg zur Rechenschaft gezogen.

Es reicht nicht aus, über diese Phänomene entsetzt zu sein. Wenn man sich eingestehen muß, daß von der moralischen Pervertierung große gesellschaftliche Gruppen bis hinauf in die Berufe, die speziell zum Hüten humanitärer Werte in der Gesellschaft bestellt sind, angesteckt waren, dann müssen wir mit einer allgemeinen Anfälligkeit für solche Impulse rechnen. Wir müssen akzeptieren, daß wir von einer Generation abstammen, in der die Vernichtung »unwerten« Lebens offizielle Lehrmeinung war. Im offiziellen Lehrbuch über »Ärztliche Rechts- und Standeskunde« für Medizinstudenten, 1942 von Ramm verfaßt, wurde ausdrücklich die Euthanasie bei manifest erblich Geisteskranken gefordert, aber auch bei solchen, bei denen »durch späteres Inerscheinungtreten krankhafter Erbanlagen ein Verfall der geistigen Persönlichkeit« vor sich gehe.

Vieles, was in diesem Sinne damals gelehrt und vor allem gemacht wurde, ist noch immer unentdeckt und unbesprochen. Das Grauen über das Geschehene macht es schwer, auch nur genau hinzusehen. Und wer hinsieht, gerät rasch in die Versuchung, nur zu ächten und anzuprangern. Es ist eine Berührungsfurcht, als würde man von einer Art psychischer Aids-Infektion bedroht. Die Erforscher der einschlägigen Vorkommnisse sieht man teilweise wie mit psychischen Gasmasken und Schutzanzügen in dem historischen Material herumstöbern. Es ist eine begreifliche Versuchung, nunmehr nur die Ausmerzer anstatt der seinerzeit Ausgemerzten ächten zu wollen. Aber da stoßen die Untersucher auf eine Schwierigkeit: Unter den führenden Ärzten der »Ausmerzungslehre« in der Nazizeit finden sie bei näherem Hinsehen hochgeachtete Persönlichkeiten mit allen möglichen sympathischen Eigenschaften. Der Genetiker Müller-Hill hat z. B. mit seinerzeit maßgeblich beteiligten Anthropologen und Psychiatern oder ihren nächsten Angehörigen gesprochen. Er erwartete, ausschließlich »typische unerfreuliche Kopflanger des vergangenen Regimes« zu treffen, und begegnete zum Teil »Menschen, denen meine Sympathie zu versagen mir unmöglich war«.

So schwierig und bedrückend es auch ist: Eine Wiederkehr der Ausrottungsmentalität – im Zuge der Erweiterung der gentechnischen Möglichkeiten – werden wir nur verhüten können, wenn wir uns näher darauf einlassen, uns in die krankhaften Motive der »Euthanasie«-Mentalität einzufühlen. Denn wir können die Annahme nicht abweisen, daß wir nicht nur blutsmäßig, sondern auch psychisch denen verwandt sind, die besonders schutzwürdiges krankes Leben mit Hilfe einer perversen Pseudomoral verfolgt haben. Erst wenn wir wirklich verstehen und nicht nur angeblich »Unbegreifliches«, »Unfaßbares« anprangern wollen, können wir der Mechanismen Herr werden, die nach wie vor als Bereitschaft zu unserer Anlage gehören.

Am ehesten läßt sich diese Reaktionsbereitschaft natürlich im Umfeld solcher Schwerbehinderten studieren, an denen sich die damaligen Ausmerzungsideen entzündeten. Ich sammle seit Jahren Erfahrungen mit Familientherapie bei Chorea Huntington, das ist eine dominant vererbliche unheilbare Nervenkrankheit. Sie pflegt im mittleren Lebensalter auszubrechen und im Laufe von Jahren zu einem schleichenden Siechtum mit Bewegungsstörungen, Abmagerung und zunehmenden psychischen Beeinträchtigungen zu führen. Der Arzt kann einige Symptome lindern, so etwa die Bewegungsunruhe und überschießende psychische Erregung, aber sonst sind er und die Angehörigen machtlos. Für diese und den Patienten stellt dieses Leiden eine Prüfung dar, wie man sie sich schwerer kaum vorstellen kann. Manche Familien entwickeln unter dieser Aufgabe eine bewunderungswürdige menschliche Tragfähigkeit. Aber man sieht auch Zusammenbrüche und gelegentlich bei einem Angehörigen genau den Umschlag von Mitgefühl in Todeswünsche, wie er seinerzeit zumindest bei einigen von denen abgelaufen sein mag, die sich in der Psychiatrie von Helfern in Verfolger ihrer Kranken verwandelt haben.

Zur Veranschaulichung möchte ich ein Beispiel aus meiner klinischen Praxis skizzieren. Ich zeichne einen protokollierten Gesprächsverlauf eines Interviews mit einer Chorea-Huntington-Familie nach:

Bereits seit fünf Jahren leidet die 42jährige Frau L., ehemalige Verwaltungsangestellte, an Chorea Huntington. Sie sucht mich zusammen mit ihrem 51jährigen Ehemann, Vertreter einer Arzneifirma, und ihren beiden Töchtern Gisela, 21, und Jutta, 18, auf. Eigentlich waren es die beiden Töchter, die zu dem Besuch gedrängt haben. Es bedrückt sie, daß der Vater zu Hause mit der Mutter oft schimpfe. Während sie sich bemühten, der Mutter Mut zu machen und anzuerkennen, was sie trotz ihrer Krankheit noch zu Hause leiste, werde sie vom Vater fast nur für ihre Schwächen und ihr Versagen gerügt. Er halte die Nähe der Mutter kaum aus und mache sich davon, wann immer das möglich sei.

Ich spüre die Erwartung der Töchter, ich möge den Vater von seiner Angst entlasten, um ihn zu besserer Kooperation in der Familie und vor allem mit seiner Frau fähig zu machen.

Es stellt sich heraus, daß der Vater im Haus seiner damals noch gesunden Frau miterlebt hat, wie der Schwiegervater an der gleichen Erbkrankheit zugrunde gegangen ist. Wie er versichert, habe er erst nach der Geburt seiner beiden Töchter von der Erblichkeit der Chorea Huntington erfahren. Aber ich merke ihm an, daß ihm nicht wohl bei dem Gedanken ist, was er womöglich seinen Töchtern aufgebürdet hat.

Während die Mutter sich zunächst eher eingeschüchtert zurückhält, schildern die Töchter die häusliche Misere. Ich empfinde, daß sie den Vater gern haben, sosehr sie auch seine Intoleranz gegenüber der Mutter kritisieren. Sich rechtfertigend, schildert der Vater auf das ausführlichste, unter welchen Schwierigkeiten er sich hochgearbeitet, die Eigentumswohnung finanziert und bis in den letzten Winkel fürsorglich eingerichtet habe. Er wisse ja, daß seine Frau keine Schuld an der Krankheit habe. »Aber ich müßte blind sein! Ich kann einfach nicht mit ansehen, was sie alles anstellt! Ich weiß, daß es keine Hilfe gibt. Aber das kann sich keiner vorstellen, was ich schon jahrelang mitmache. Ich habe mehr getan für euch alle, als ihr glaubt. Aber da ist ja nichts Gemeinsames mehr. Da geht alles kaputt!« Er schildert dann, wie seine Frau infolge ihrer Bewegungsstörungen manche Gegenstände fallen lasse, wie die Wohnung allmählich vergammle, Möbel beschädigt werden usw.

Es kommt heraus, daß er als Kind von der alleinerziehenden Mutter früh in ein kirchliches Heim weggegeben worden war. Den im Krieg gefallenen Vater hat er nie kennengelernt. »Im Heim, da waren nur Pflichten, sonst nichts! Ich wußte gar nicht, was das war, Familie.« Später sei es sein besonderer Ehrgeiz geworden, ein guter Familienvater zu werden. Im Außendienst verschiedener Firmen sei er immer unerhört fleißig gewesen. Auch bei seiner jetzigen Firma sei er wegen seiner Tüchtigkeit geschätzt. Zu Hause habe er alles für seine Familie getan. Jetzt aber breche das Ganze zusammen.

»Ich kämpfe um alles. Aber ich kann nicht ertragen, was ich zu Hause sehe. Ich kann nicht am Schreibtisch sitzen, und es läuft jemand wie ein Tiger vor mir hin und her. Das macht mich krank. Wenn sie nur ruhig sitzen würde!« Tochter Gisela: »Das verstehen wir ja. Aber es ist doch kein Grund, daß du immer schlechte Laune hast und daß du manchmal zu Mama auch ›du Verrückte!‹ sagst. Du sagst, das nimmt die Mama nicht so ernst.

Ich bin aber überzeugt, daß sie das viel schwerer trifft. Das gibt sie nur nicht zu!«

Ich wende mich nun der Kranken zu und frage sie, was in ihr vorgehe. Sie beschreibt sich als einen stillen Typ. Sie lese noch viel, so gut es gehe.

Ich frage sie, ob sie sich vielleicht deshalb nicht gut wehren könne, weil sie sich für ihre Krankheit schäme.

Patientin: »Ich habe so geweint, als mein Mann gesagt hat, der Hitler hätte mich vergast.«

Danach reden alle aufgeregt durcheinander. Jutta meint: »Das hat der Vater nur gesagt, weil er es nicht verkraftet.«

Der Vater: »Natürlich habe ich das gesagt. Und ihr beide (zu den Töchtern gewandt) würdet kastriert werden, und dann wäre der Sache ein Ende gemacht. Und es wäre vielleicht auch so gut. Ja, ich sage ganz ehrlich, ich leide darunter so, daß ich finde – diese Krankheit muß ausgerottet werden. Vielleicht ist mein Gedankengang zu hart...«

Die Mutter sitzt starr. Beide Töchter können ihre Aufregung kaum beherrschen.

Ich wende mich an den Vater: »Jetzt möchte ich Sie mal etwas fragen. Wenn jemand so unerbittlich das Böse oder Kranke in der Welt ausmerzen will, dann denke ich, der hat auch irgendeine Ecke, die ganz schlimm ist und von der er sich ablenken will. Jetzt möchte ich Sie mal fragen, ob Sie denn mit sich selbst so hundertprozentig zufrieden sind oder ob es in Ihnen auch etwas ganz Schlimmes gibt.«

Vater: »Ich würde sagen, ich meine, meine Frau hat mit mir auch genug durchgemacht. Ich bin heute vielleicht egoistisch, das war ich früher aber nicht. Das ist alles so gekommen. Ich habe alles früher im Haus gemacht, aber jetzt... Mein Beruf ist nicht einfach. Ich habe mit vielen schwierigen Menschen zu tun. Und jetzt hat man Feierabend, ja, wo fährst du hin, wo hast du deinen Pol? Nirgendwo. Da müßte man wieder Kraft haben, um wieder von neuem anzufangen, so wie ich morgens an die Arbeit gehe...«

Ich: »Ich verstehe es so, daß Sie sich verhärten und daß Sie darunter wohl auch leiden. Vielleicht sehen Sie die Gefahr, daß Sie in sich Ihre Sensibilität abtöten.«

Der Vater: »Ich finde also ... da geht alles kaputt, alles. Und ich bin eben hilflos. Das ist das, ich kann nicht mehr ...« Er kämpft mit den Tränen, bis er schließlich hemmungslos weinen muß.

»Ich will auch leben, und mit so was kann man nicht leben. Das ist unvorstellbar. Das kann sich keiner vorstellen. Ihr Kinder geht alle aus dem Haus, führt euer eigenes Leben ...« Dann zählt er noch einmal auf, was er alles für die Familie schon getan habe.

Die Kranke legt begütigend ihren Arm auf seine Hand. Beide Töchter weinen mit und versichern dem Vater, wie sehr sie ihm danken, wie großartig er immer für die Familie gesorgt habe.

An diesem Beispiel läßt sich also im Ansatz verfolgen, wie der Wunsch entstehen kann, behindertes Leben zu töten. Dieser Mann beteuert, daß er diesem Impuls auch in früherer Zeit bestimmt nicht nachgegeben hätte. Immerhin gibt er ihn offen zu. Und er läßt erkennen, wie es dazu gekommen ist: Mit den geschilderten kindlichen Entbehrungen ist er offenbar dadurch zurechtgekommen, daß er gelernt hat, sich gegen aufkommende Depressivität mit ehrgeizigen Aktivitäten zu wehren. Was er passiv an familiärer Geborgenheit vermißte, hat er sich am Ende selber erschaffen. Deshalb wiederholt er viele Male: »Alles habe ich selber gemacht, alles!« Mit großer Willenskraft hat er dem Leben abgepreßt, was es ihm nicht geschenkt hat. Das Zuhause war von ihm so perfekt konstruiert, daß nichts mehr erinnern sollte an die kindliche Verzweiflung und Isolation.

Aber dann ist diese furchtbare Krankheit als ein definitives Hindernis erstanden. Unfähig, mit Widerständen anders als durch aggressives Niederkämpfen fertig zu werden, gerät er zunehmend in Panik. Gegen alle Einsicht erlebt er seine Frau weniger als arme Kranke, eher als böse »Tigerin«, die zerstörerisch in der Wohnung wütet und ihn quält. Der Haß, mit dem er seine Depression abzuwehren versucht, läßt ihn die Kranke beschimpfen und kränken. Blind müßte er sein, wie er meint, um ihren Anblick zu ertragen. Wenn das aber nicht sein kann, dann muß auf andere Weise das Übel aus der Welt geschafft werden, das er nicht mehr sehen will.

So wie er sich sonst als mächtig erlebt hat, alle Probleme mit Gewalt zu lösen, so kann er sich auch jetzt in die Rolle dessen hineinphantasieren, der die Welt durch Ausmerzung von einer Geißel befreit: »Diese Krankheit muß doch ausgerottet werden!«

Unterstützt von der Patientin und vor allem von den Töchtern wird es mir nicht schwer, ihm zum Eingeständnis der Verzweiflung zu verhelfen, gegen die er sich mit seinen martialischen Impulsen zu schützen versucht hatte. Es bewegt mich, wie die drei Frauen und vor allem auch die Kranke selbst ihm helfen, sich für die Gefühle zu öffnen, vor denen er sich so sehr ängstigt.

Bei einem weiteren Besuch erfahre ich, daß sich die Spannung in der Familie erheblich gemindert hat. Die Kranke beteiligt sich selbstbewußter an dem Gespräch. Beide Töchter sind darüber glücklich, daß vom Vater – zumindest vorläufig – manches von der Härte abgefallen ist, mit der er sich vorher gepanzert hatte.

Der Vater äußert zwiespältige Gefühle. Einerseits ist er froh, was ihm geschehen ist. Er fühlt sich seiner Frau gegenüber milder und sanfter gestimmt. Und es tut ihm sichtlich wohl, daß die drei Frauen ihn für sein verändertes Verhalten prämiieren. Dennoch gibt es in ihm einen Zweifel, wie er seine Veränderung bewerten soll.

»Sie haben mich schwächer gemacht! Irgendwie haben Sie mir einen Knacks beigebracht!« meint er. »Ich bin jetzt viel nachdenklicher geworden, und ich denke, ich bin nicht mehr so effektiv im Außendienst.«

Vorher habe er alles wegschieben können. Aber jetzt gehe das nicht mehr. »Wenn Sie in so einem Konzern sind, dann sind Sie in einer Mühle drin, da müssen Sie dauernd Erfolg haben, sonst sind Sie weg. Wir sind nur nach Zahlen ausgerichtet, nach nichts anderem. Der Mensch gilt da überhaupt nichts. In dem Moment, wo Sie schwach werden, sind Sie weg vom Fenster. Wir Älteren müssen immer aufpassen, daß wir noch genügend bringen. Die Jüngeren stehen schon vor der Tür!« Er macht mir dann auf näheres Befragen klar, daß er jetzt nicht mehr so strahlend erfolgssicher seine Ärztekunden besuchen könne. Die haben ihn schon gefragt: »Was ist denn mit Ihnen los? Wie sehen Sie aus? Haben Sie ein Problem?«

Er werde es bei den Kunden viel schwerer haben und weniger erfolgreich sein, wenn er als geplagter und nicht mehr als Mann mit selbstsicherer Überzeugungskraft durch die Tür komme.

Lächelnd sagt er: »Sie haben mich krank gemacht!« Entschuldigend relativiert er, daß er vielleicht jetzt ein besserer Mensch sei. Aber ich müsse wissen, daß draußen ganz andere Maßstäbe gälten.

Ich könne ihn sehr gut verstehen, antworte ich. Aber wenn er in Zukunft weniger Gewalt anwende, um seine traurigen Gefühle zu unterdrücken, könne das ihn ja auch vielleicht wieder stärken.

Ich habe sicher nichts Falsches gesagt. Aber mit seinem Einwand hat der Mann eine unwiderlegbare Wahrheit formuliert. In vielen Teilen der Arbeitswelt, insbesondere in der Wirtschaft, gilt keineswegs der Gesundheitsbegriff, der uns Psychoanalytikern und psychosomatischen Medizinern vorschwebt. Da werden emotionale Durchlässigkeit und die Fähigkeit zum Leiden leicht zu negativen Stigmata. Prämiiert wird, wer hart genug ist, um Enttäuschungen, Kränkungen usw. perfekt »wegstecken« zu können. Sensibilität wird schnell in problematische, wenn nicht pathologische Labilität umgewertet. Gesund ist, wer brauchbar funktioniert, was immer er dabei auch in sich unterdrückt oder abtötet.

So läuft es wieder auf den Punkt hinaus: die Menschen leben in einer Gesellschaft, die sich unmenschliche Sachzwänge geschaffen hat. Die Strukturen der Arbeitswelt, von der Schule angefangen, erziehen in vielen Bereichen zu einer einseitigen und oberflächlichen Funktionstüchtigkeit auf Kosten der Menschlichkeit. Massenhaft gehen zwischenmenschliche Beziehungen kaputt und verbreiten sich psychosomatische Schäden als Folgen der ökonomischen Sachzwang-Logik. Wo gehobelt wird, fallen Späne. Die Späne sind die menschlichen Schrumpfungsprozesse und Deformierungen, die kreisförmig wiederum negativierend auf die Gestaltung des gesellschaftlichen Betriebs zurückwirken.

Als die peinlichsten Späne des Hobelwerks bleiben die absolut Ohnmächtigen, die Behinderten und die unheilbar Kranken übrig. Was immer diese grandiose Wettbewerbsgesellschaft der Mehrzahl ihrer Mitglieder an Fertigkeiten antrainiert hat – offenkundig geschah das auf Kosten der Fähigkeit, mit den Beschädigten solidarisch zusammenzuleben. Diese Gruppe der Unterliegenden, der Abgehängten, wird zu einer reinen Negativ-Minorität, Objekt eines gönnerhaften Fürsorge-Luxus, den man sich in relativen Wohlstandsphasen noch so eben leisten kann. Aber was wird, wenn wieder einmal wirtschaftliche Krisen ausbrechen? Wird man da nicht wieder einem Psychiater wie jenem Prof. Hoche Gehör schenken, der einst schrieb:

»Unsere Lage ist wie die der Teilnehmer an einer schwierigen Expedition, bei welcher die größtmögliche Leistungsfähigkeit aller die unerläßliche Voraussetzung für das Gelingen der Unternehmung bedeutet, und bei der kein Platz ist für halbe, Viertels- und Achtelskräfte...«

Eine sich zunehmend verhärtende Leistungsgesellschaft könnte leicht wieder daran scheitern, in Notzeiten ihre Solidarität mit den Leistungsunfähigen, den »Viertels- und Achtelskräften« zu bewahren. Seien wir wachsam!

Literatur

Binding, K. u. A. Hoche: Die Freigabe der Vernichtung lebensunwerten Lebens. Ihr Maß und ihre Form (1920). Meiner Verlag, Leipzig, 2. Aufl. 1922, S. 55

Brockhausen, zit. nach Roth, K. H.: Die Ursprünge der Triage im Zweiten Weltkrieg: NS-Psychiater gegen Ausgebombte und Kriegsneurotiker. In: Tübinger Ärzteinitiative gegen den Krieg (Hg.): Unser Eid auf das Leben verpflichtet zum Widerstand. Eigenverlag der Tübinger Ärzteinitiative gegen den Krieg, Postfach 2360, 7400 Tübingen, S. 123

Dörner, K.: Nationalsozialismus und Lebensvernichtung. In: Dörner, Haerlin, Rau, Schernus, Schwendy (Hg.): Der Krieg gegen die psychisch Kranken. Psychiatrie-Verlag, Rehburg-Loccum 1980, S. 97

Kaul, F. K.: Die Psychiatrie im Strudel der »Euthanasie« (1973). Europäische Verlagsanstalt, Frankfurt a. M. 1979, S. 58

Klee, E.: »Euthanasie« im NS-Staat. Die »Vernichtung lebensunwerten Lebens«. Fischer Verlag, Frankfurt a. M., 2. Aufl. 1983, S. 228

Mitscherlich, A. u. F. Mielke: Wissenschaft ohne Menschlichkeit. Dokumentation des Nürnberger Ärzteprozesses (1947). Medizin ohne Menschlichkeit. Fischer Bücherei, Frankfurt a. M. 1960, 2. Aufl. 1962, S. 15

Müller-Hill, B.: Tödliche Wissenschaft. Rowohlt Taschenbuch Verlag (rororo aktuell 5349), Reinbek bei Hamburg 1984, S. 10

Richter, H.-E.: Die Chance des Gewissens. Hoffmann und Campe Verlag, Hamburg 1986, 4. Aufl. 1987, S. 130–139 u. S. 286 f.

Aids stellt die Gesellschaft auf die Probe*

Aids ist im Begriff, alle anderen gesellschaftlichen Ängste zu überwuchern. Immer mehr Menschen wird bewußt, daß sie in der Nachbarschaft von Infizierten leben. Und nicht wenige zweifeln, wie ein Test bei ihnen selbst ausfallen würde. Die Test-Positiven haben die eigene Krankheit zu fürchten, aber mindestens im gleichen Maße die Haltung der Umwelt. Denn dem pathologischen Phänomen Aids steht das pathologische Phänomen massenhafter hysterisch-phobischer Reaktionen des Publikums gegenüber. Wie keine andere Krankheit entfacht Aids im Umfeld panische Ängste, Fluchtimpulse, nicht selten aber auch Abscheu und feindselige Gefühle. Aids trifft eine Gesellschaft, die durch andere Traumen – Umweltzerstörung, atomare Bedrohung – bereits unter erhöhtem Angstdruck lebt. Die Viruskrankheit entblößt eine latente Unheimlichkeitsstimmung und versammelt gleichzeitig alle paranoiden Projektionen auf sich. Sie ist zu dem großen Verfolger schlechthin geworden. Wer seine Infektion verrät, provoziert um sich herum Bestürzung. Verständlich, daß viele, die soziale Stigmatisierung fürchtend, vor einem Test zurückscheuen.

Von manchen Aids-Patienten hört man, ihre Krankheit zu ertragen sei schlimm, aber schlimmer noch sei das Gefühl der chronischen Isolierung bis zur Ächtung. Freunde ziehen sich zurück. Es gibt keine Zärtlichkeiten mehr. Da sind Familien, die nur noch über Telefon oder Brief mit erkrankten Angehörigen

* Vorabgedruckt in: Die Zeit, Nr. 19, 1. 5. 1987

328

Kontakt haben wollen. Ich kenne intelligente Psychologinnen und Psychologen, die – obwohl über die Gefahrlosigkeit voll im Bilde – Begegnungen mit Aids-Kranken verweigern. Motiv ist hier wie in vielen anderen Fällen eine regelrechte neurotische Phobie. Aus dem Unbewußten aufsteigende Angst setzt sich gegen die rationale Einsicht durch. Sachkundige Belehrungen richten in solchen Fällen genauso wenig aus wie etwa bei Patienten mit Platzangst oder Tierphobien. Es ist, als habe uralter Dämonenglaube die Virusträger in vom Teufel Besessene verwandelt.

Zweifellos wird Aids momentan als die massivste Bedrohung unserer kulturell antrainierten heimlichen Unsterblichkeits- und Größenphantasien erlebt. Scheinbar stetig vorrückend zu einer Erweiterung und Sicherung des Lebens durch technische Errungenschaften und medizinische Triumphe, erfahren wir durch Aids die Brüchigkeit unserer Verdrängung von Todesangst. Plötzlich wird zur unerbittlichen emotionalen Gewißheit, was gemeinhin als abstrakte Idee ausgeblendet war. Aids widerlegt den Mythos einer Medizin, die nach dem Sieg über viele Seuchen bald der letzten tödlichen Krankheiten Herr werden sollte.

Da hat sich nun ein Virus eingeschlichen, gegen das keine Chirurgie, keine Röntgenstrahlen, kein Antibiotika und vorläufig auch keine Impfung helfen. Unheimlicherweise greift es nicht einmal selbst – wie der Tuberkelbazillus oder die Syphilisspirochäte – unsere Organe an, sondern beraubt uns einfach nur jeglicher Abwehrkraft gegen beliebige Erreger.

Aids läßt uns an dem Grundkonzept zweifeln, nach dem wir unseren Halt in einer Welt suchen, in der sich die meisten nicht länger von einem fürsorglichen Gott beschützt fühlen. Darauf bauend, uns gegen alles, was auch immer uns bedroht, in einem expansiven Fortschritt schützen zu können, erleben wir hier eine katastrophale Niederlage. Keine andere Massenerkrankung versetzt uns in ähnliche absolute Wehrlosigkeit gegenüber dem Tod. Keine andere widerlegt so massiv unsere Größenidee von einer prinzipiell machbaren Unversehrbarkeit. Gespenstisch ist an Aids zumal, daß es wie eine Strafe für unseren mächtigsten Lebenstrieb, die Sexualität, erscheint. Sah es so aus, als sei diesem Trieb nach langer kultureller Unterdrückung endlich eine freiere Entfaltung gesichert, so rührt Aids uralte Ängste wieder auf.

Tausende wähnen sich gegen alle Wahrscheinlichkeit angesteckt, weil sich in ihnen unbewußte Selbstbestrafungstendenzen melden. Sie verdächtigen sich, weil an ihren sexuellen Erfahrungen unverarbeitete Schuldgefühle hängengeblieben sind. Manch einer, der mit einer Vielzahl flüchtiger Sexualkontakte eine tiefere Lebensunzufriedenheit wettzumachen versucht hatte, wird zu einem Aids-Hypochonder. Es sind unterdrückte Skrupel, die sich nunmehr in einer zwanghaften Krankheitsbefürchtung niederschlagen. Diese führt zu einer argwöhnischen Beobachtung des eigenen Körpers. Was immer an Auffälligkeiten an der Haut oder an banalen Infektionen zum Vorschein kommt, wird als Aids-Symptom mißdeutet. Ziemlich hoch dürfte die Zahl eingebildeter Virusträger sein, von denen sich vorläufig nur eine Minderheit durch einen Test Beruhigung zu verschaffen wagt.

In analytischen Psychotherapien kommt zutage, wie neurotische Berührungsängste gegenüber Betroffenen ihren Ursprung in sehr frühen psychischen Entwicklungsstufen haben können: In Erwartung eines Gesprächs mit einem Aids-Kranken, dem sie nicht einmal die Hand geben muß, verliert eine Soziologin völlig die Fassung. Ist ihr auch im Kopf klar, daß ihr keine Ansteckung droht, bleibt dieses Wissen machtlos gegenüber dem in ihr aufgestiegenen Entsetzen. Wie in der Therapie herauskommt, ist sie seit früher Kindheit nie darin sicher geworden, sich autonom abgrenzen zu können. Die Phantasie, von einem mächtigen Partner – ursprünglich der Mutter – wehrlos überwältigt zu werden, hat ihr ganzes Leben begleitet, als Kehrseite von erhalten gebliebenen unbewußten Symbiosewünschen. In dieser Gefährdung war sie stets ängstlich bedacht, in allen Beziehungen die Distanz zu kontrollieren. Aids ist für sie nun der Inbegriff von Unkontrollierbarkeit, von Ausgeliefertsein an eine übermächtige Figur. Es ist ihr innerer Konflikt, der ihr in der Projektion als unentrinnbare äußere Gefahr entgegentritt.

Natürlich ist es insbesondere die Verbindung mit traditionellerweise verpönten Formen von Sexualität – Homosexualität, Analverkehr, Prostitution, Promiskuität –, durch die Aids archaische Triebkonflikte wiederbelebt. Kirchliche Sexualtabus und das über viele Generationen tradierte Grauen vor dem »venerischen Gift« der Lues verraten ihre Spuren. Vergiftung durch Sexualität – das war ja bereits über Jahrhunderte zentrales Thema der Angst und ärztlicher Warnungen. Es könnte auf Aids gemünzt sein, was der berühmte Arzt Christoph Wilhelm Hufeland 1796 über das »venerische Gift« – gemeint war die Lues – geschrieben hat:

»Was sind alle, auch die tödlichsten Gifte, in Absicht auf die Menschheit im Ganzen, gegen das venerische? Dies allein vergiftet die Quellen des Lebens selbst, verbittert den süßesten Genuß der Liebe, tötet und verdirbt die Menschensaat schon im Werden und wirkt also selbst auf die künftige Generation, schleicht sich selbst in die Zirkel stiller häuslicher Glückseligkeit ein, trennt Kinder von Eltern, Gatten von Gatten und löst die heiligsten Bande der Menschheit. Dazu kommt noch, daß es zu den schleichenden Giften gehört und sich gar nicht immer gleich durch heftige und Aufmerksamkeit erregende Zufälle verrät. Man kann schon völlig vergiftet sein, ohne es selbst zu wissen…«

Nach allem, was wir epidemiologisch wissen, werden die Zahlen der Aids-Infizierten und der manifest Kranken in den nächsten Jahren beträchtlich ansteigen. Intensive Forschungsbemühungen – mit vorläufig ungewissen Chancen – zielen auf die Entwicklung von Heilmitteln und eines wirksamen Impfstoffes. Da man – wie es in einem Slogan heißt – Aids nicht bekommt, sondern sich holt, versprechen Aufklärungs- und Beratungsinitiativen eine eindämmende Wirkung.

Umstritten ist, was man darüber hinaus machen kann oder soll: Zwangstests, Meldepflicht, Tätigkeitsverbote, Strafdrohungen? Die Kontroverse geht darum, ob erreicht oder gerade verhindert wird, was solche disziplinierenden Eingriffe angeblich bewirken sollen. Schwer vorstellbar ist in der Tat, wie es den Verantwortungssinn Betroffener – deren Verhalten keine Polizei der Welt perfekt überwachen kann – stärken sollte, wenn man ihnen systematisch mit einschüchternden Maßnahmen nachstellt. Dennoch spricht manches dafür, daß die Zeit, d. h. die weitere Ausbreitung der Seuche, eher für die in Bayern entwikkelte Kontroll- und Verfolgungsstrategie arbeiten könnte. Denn noch oder schon begegnet Aids einer verbreiteten paranoiden Stimmung, zu der das von Herrn Gauweiler entworfene Konzept nicht trotz, sondern wegen seiner Irrationalität paßt.

Ein Merkmal dieser Stimmung ist, Unbehagen um jeden Preis nach außen abreagieren zu wollen. Die gleichen, die sich eine restriktivere Ausländer- bzw. Asylantenpolitik wünschen, lassen sich von Politikern gern versprechen, daß man zur Abwehr von Aids nur die Rechte der Gesunden besser gegen die gefährlichen Infizierten verteidigen müsse. Es ist das Szenario, das dem gewohnten militaristischen Schema folgt, ein schicksalhaftes Ungemach in eine entlastende Sündenbockstrategie zu verwandeln. Kann man schon dem Virus selbst nichts anhaben, sollen sich zumindest seine Träger gefallen lassen, »unschädlich« gemacht zu werden. Nicht erst, was dieser Ansatz praktisch erreicht, sondern allein schon sein emotionaler Entlastungseffekt läßt ihn überzeugend erscheinen. Es ist ein Feind ausgemacht, durch den sich die Angst in eine stabilisierende Wehrbereitschaft verwandeln darf. Ein Hoch auf die Politiker, die dem Feind entschlossen zuleibe rücken, anstatt feige vor den »Verbreitern der Seuche« zu kapitulieren. Weichen dann eingeschüchterte Betroffene in Regionen aus, wo man toleranter mit ihnen umgeht – muß man ihnen dann hinterherweinen? Dazu die aufschlußreiche Äußerung des bayerischen Innenministers Lang: »Wenn einige unbelehrbare Verbreiter der Seuche aus Bayern tatsächlich abwandern sollten, so frage ich ernsthaft, ob wir uns hierüber grämen sollten?«

Noch zweifeln viele, ob es wohl schicklich sei, sich zur Sympathie mit diesem »heroischen« Kurs offen zu bekennen. Aber das könnte sich bei weiterer Ausdehnung der Seuche und der sie begleitenden Beunruhigung bald ändern. Die Anfälligkeit für eine Aussonderungsideologie – man erinnere sich an die Geschichte der hiesigen Psychiatrie – sollte nicht unterschätzt werden. Indessen könnte die Prüfung auch anders bestanden werden. Das große Erschrecken könnte am Ende ein Bewußtsein der Solidarität mit den Betroffenen fördern. Bald wird es von diesen ohnehin so viele geben, daß Ausgrenzen oder Ausweichen immer schwerer möglich wird. Also bestände die Chance, an den Infizierten anteilnehmend die eigenen Verdrängungen zu bearbeiten, aus denen die fatalen Sündenbockbedürfnisse entspringen. Die hysterische Angst könnte weichen, würde man ertragen, die sich in den Betroffenen widerspiegelnde eigene Zerbrechlichkeit anzunehmen.

Wie das zu lernen ist, zeigen eindrucksvoll die Schwestern, Pfleger, Ärzte, Berater, die in den Aids-Kliniken und Beratungsstellen Infizierten und »Risikopersonen« tagtäglich beistehen. Wer hier arbeitet – so hört man von manchen –, könne das nur, indem er bewußter als bisher den eigenen Tod bedenke. Nichtsdestoweniger haben diese Helfer einen enormen Druck auszuhalten, indem an sie delegiert ist, was die gesellschaftliche Umgebung versäumt. Sie sollen Nähe, Zuwendung, Bundesgenossenschaft oft stellvertretend für die Angehörigen und Freunde liefern, die sich zurückgezogen haben. Natürlich sind die Helfer überfordert, neben Pflege und Beratung noch die soziale Isolation ihrer Patienten zu kurieren.

Anstatt solche Helfer zu bewundern – was diese auch gar nicht wollen –, sollte man sich an ihrem Beispiel ermutigen, die eigene Einstellung zu verändern. Die Aufgabe ist, die gemessen an dem minimalen objektiven Risiko irrationalen inneren Hemmungen zu überwinden, um mit Virusträgern in Familien, Schulen, Betrieben ungezwungen zusammenzuleben. Betroffene, die sich

333

in diesen Gemeinschaften aufgehoben wissen – Selbsthilfegruppen mögen zusätzlich hilfreich sein –, können dadurch gestärkt werden, mit ihrer Infektion besonnen und jederzeit verantwortungsbewußt umzugehen. Auch die Scheu, sich freiwillig testen zu lassen, dürfte bei vielen Unsicheren in dem Maße schwinden, in dem der Sorge vor möglicher sozialer Ausgrenzung der Boden entzogen würde.

Ob und wie unsere Gesellschaft den Reifetest, dem Aids uns aussetzt, endgültig bestehen wird, ist noch unentschieden. Jedenfalls ist es keine Aufgabe, welche die einen gegen die anderen bewältigen könnten. Es wäre ein Weg in die Unmenschlichkeit, die Lösung vornehmlich in Abgrenzung oder gar Frontstellung gegen die Infizierten zu suchen. Gemeinsam ist zu tragen, was im Grunde alle betrifft.

Literatur

Finkenzeller, R.: Die tiefsten Abgründe der Menschennatur. Frankfurter Allgemeine Zeitung, Nr. 85, 10. 4. 1987, S. 12

Hufeland, Ch. W. (1796): Die Kunst, das menschliche Leben zu verlängern. 2. Bd., Akad. Buchhandlung Jena, 2. Aufl. 1798, S. 66f.

Jäger, H.: Aids: Ethische Fragestellungen. Deutsches Ärzteblatt 84, Heft 14, April 1987, S. C-592–C-596

Lang, A. R., zit. nach Frankfurter Rundschau, Nr. 83/15, 8. 4.1987, S. 1

Süssmuth, R.: Aids. Wege aus der Angst. Hoffmann und Campe Verlag, Hamburg 1987

Horst-Eberhard
Richter

Die Chance des Gewissens
Erinnerungen und Assoziationen

Horst-Eberhard Richter enthüllt die vielfältigen Beziehungen
zwischen seinem Leben – Kindheit und Jugend unter Hitler – und
seinen Interessen als Forscher, Therapeut und engagierter
Intellektueller. In seinem Erinnerungsbericht stellt er
seine wichtigsten wissenschaftlichen und moralischen Positionen als
Ergebnis der inneren Verarbeitung seiner gesellschaftlichen
Erfahrungen dar: als die Chance des Gewissens.

»Wenn in fünfzig Jahren ein junger Historiker darangehen sollte,
eine Geschichte der Bundesrepublik zu schreiben, die die Absicht hat,
politische Geschichte, Sozial- und Geistesgeschichte als
Einheit zu sehen, dann wird das jetzt vorgelegte Buch von
Horst-Eberhard Richter zu den zehn Quellenwerken gehören, die
dieser Historiker auf jeden Fall lesen muß, wenn er
begreifen will, was sich in dieser Zeit geistesgeschichtlich
und zwischenmenschlich abgespielt hat. Auch der Leser von heute wird
wenig Werke finden, in denen er so unmittelbar sich selbst
und seine Zeit im Spiegel sehen kann.« (Hellmut Becker in: Die ZEIT)
320 Seiten, gebunden.

Hoffmann und Campe

Lew Kopelew

Verbietet die Verbote!

In Moskau auf der Suche nach der Wahrheit. Aus dem Russischen
von Heddy Pross-Weerth und Heinz-Dieter Mendel.
Vorwort von Max Frisch. 124 Seiten, Paperback.

Tröste meine Trauer

Autobiographie 1947–1954. Aus dem Russischen von
Heddy Pross-Weerth und Heinz-Dieter Mendel. 412 Seiten, gebunden.

Der heilige Doktor Fjodor Petrowitsch

Die Geschichte des Friedrich Joseph Haass
Bad Münstereifel 1780 – Moskau 1853,
erzählt von Lew Kopelew. Mit einem Vorwort von
Heinrich Böll. Aus dem Russischen von Heddy Pross-Weerth.
232 Seiten mit 15 Schwarzweiß-Abbildungen, gebunden.

Worte werden Brücken

Aufsätze, Vorträge, Gespräche 1980 – 1985
Mit einem Vorwort von Marion Gräfin Dönhoff. 256 Seiten, gebunden.

Hoffmann und Campe